D0836954

P. 55-64
193-205

L'inconscient qu'on affiche

DORIS-LOUISE HAINEAULT
JEAN-YVES ROY

L'inconscient qu'on affiche

Un essai psychanalytique
sur la fascination publicitaire

AUBIER

Si vous souhaitez
être tenu au courant
de nos publications,
il vous suffit
d'envoyer
vos nom et adresse
aux

Editions Aubier Montaigne
13, Quai de Conti
75006 PARIS.

ISBN 2-7007-0354-5
© 1984 by Editions Aubier Montaigne.
Droits de reproduction réservés pour tous pays.

Ce livre est dédié à : Roland Barthes,
Michel Serres
et Julia Kristeva

de même qu'à tous ceux que préoccupe le nécessaire décloisonne-
ment de nos savoirs élémentaires.

D.-L. H.
J.-Y. R.

Remerciements

Le travail que nous présentons ici dans sa forme destinée au public exigea, est-il besoin de le dire, un travail concerté et constant dont l'ampleur, avec les années, ne devint soutenable que grâce à l'assistance à la fois multiple et discrète de diverses sources inestimables. En souhaitant les citer, nous n'avons pas le sentiment de leur rendre justice, mais plutôt de rendre compte du fait que cet ouvrage a accumulé des dettes. La liste de ces redevances ne sera forcément que partielle : nous en assumons d'avance l'inexcusable incomplétude.

Le Conseil des Arts du Canada et le Ministère de l'Education du Québec ont subventionné la partie de cette recherche qui constituait le mémoire doctoral de Doris-Louise Haineault soutenu à Paris en mars 1981. Ces subventions ont rendu possibles certains déplacements et une première miméographie du texte doctoral. Sans de tels déplacements, le texte n'aurait pas acquis, entre autres, sa dimension internationale et nous aurions dû, en maintes situations, nous satisfaire de documents de seconde qualité.

Mais il fallait donc avoir accès à ces documents de première main, et, là aussi, nous devons plus qu'on imagine à certaines âmes téméraires. Connaît-on beaucoup de publicitaires qui accepteraient, sans garantie aucune, d'ouvrir à deux chercheurs à peu près inconnus leurs archives et, parfois même, leurs projets ? Gabriel Banville l'a fait pour nous en toute confiance. Non seulement, il nous a permis d'accéder à ses propres documents mais il nous a introduit aussi aux documents ou aux personnes d'autres agences. Sans lui, ce livre n'aurait pas été possible. Guy Lalumière et M. Girard ont été, au Québec, les plus généreuses de nos sources d'information.

La France, pour sa part, a une Régie de la publicité. Une telle institution facilite bien entendu la tâche des chercheurs de notre espèce. Encore faut-il que les portes nous en soient ouvertes et que nous y soyons reçus sans animosité. Christine Berbudeau fut merveilleuse, efficace et généreuse. Michel Coudeyre, qui a rédigé en maintes circonstances l'excellent bilan du club des directeurs artistiques et qui connaît le monde de la publicité avec une érudition peu commune nous a très largement ouvert ses portes et nous lui en sommes reconnaissants. L'agenve CLM & BBDO et son représentant, M. L'Héritier, ont pareillement accepté de discuter avec nous de plain pied certains souvenirs d'archives voire quelques projets de nature inachevée. Jacques Hintzy (pour la publicité des P.T.T.) et Noëlle Dadier ont fait de même. Il fallait à ces personnes une audace peu ordinaire.

Que dire encore de tous ceux qui, en de telles circonstances, s'occupent à provoquer des liens, à susciter des rencontres, à proposer telle ou telle ouverture ? Nous ne nommerons ici que Richard Salesse de Radio-Canada, à Paris, et Alain Weil du musée de l'Affiche, mais la liste, à coup sûr, est abrégée.

La rédaction d'un ouvrage comme celui-ci, avec ses multiples archivages, avec les innombrables discussions qu'elle enclenche, a exigé aussi, en cours de route, la foi de certains interlocuteurs privilégiés, voire leurs répliques provocantes et créatrices. A mi-parcours, Danielle Desmarais, Marcel Rioux et Robert Sévigny ont accepté de lire le manuscrit, de le commenter et d'en susciter la ré-orientation. Au moment de la soutenance de son mémoire, Doris-Louise Haineault a pu bénéficier des commentaires non moins éclairants de Christian Metz, Louis Marin et Julia Kristeva.

En fin de ce même parcours, l'encouragement d'amis et d'aînés tels Chantal Chawaf, Joyce McDougall ou Michèle Montrelay s'est encore avéré des plus précieux, de même que les remarques extrêmement judicieuses de l'éditeur. René Major, pour sa part, nous a stimulés, tout au long de ce parcours, à découvrir, sous l'énonciation, la représentation.

D'autres personnes encore ont collaboré plus qu'ils ne le savent à ce travail. C'est le cas de Madeleine LaHaye qui nous a procuré certaines revues et périodiques. C'est le cas de Rita Pédamay-Pincince qui a dactylographié les pages de ce texte de nombreuses fois. C'est le cas de nos analysants qui, malgré la publicité de ce sujet, nous ont sans cesse ramenés à l'intimité de la motivation humaine. C'est le cas, enfin, de Colin-Philippe, notre fils qui a patienté plus souvent que de raison et supporté de son sourire et de sa créativité ses parents débordés de travail.

Pour tous ceux-là nous nous devions de mener à terme cette lente gestation. Au public, désormais, de répliquer.

D.-L. H.
J.-Y. R.

Avant-propos

Le terme de *publicité* désigne, au sens premier, l'état de ce qui est public. Ce n'est que par extension qu'il connote la qualité promotionnelle ou incitative d'un discours. Cet héritage terminologique est plus parlant qu'on ne le croit généralement.

Bien sûr, au premier chef, un tel glissement de sens se justifie dans l'intention même du publicitaire qui vise à publier la connaissance de son produit. Mais, il y a plus : tant dans le cas de tout discours public que dans celui de l'appareil promotionnel, un tel passage du secret au connu, du privé au public, de l'intime à l'affiché, s'accompagne forcément de manœuvres rhétoriques qui méritent considération.

Pour devenir public, un discours, en effet, doit peu à peu s'affranchir de sa spécificité et conquérir l'assentiment d'une vaste majorité. En conséquence, il ne peut jamais tabler que sur le plus petit commun dénominateur affectif ou intellectuel de l'auditoire auquel il se destine. Il se privera donc, dès le départ, de la richesse humaine que constitue notre profonde diversité et ce, d'autant plus qu'il visera un plus large public.

L'adresse du publicitaire, tout comme l'art des idéologues, consiste donc, essentiellement, à nous faire oublier notre position de sujet pour nous rallier aux traits communs d'une appartenance définie. De singuliers que nous sommes, chacun, la magie du publicitaire consiste à nous faire devenir, pendant quelques secondes des *êtres publics*. Dans une telle position, il est évident que certaines de nos banalités doivent se désavouer tout comme s'efface alors la petitesse ou la fragilité. Pendant trente ou soixante secondes, nous voilà des héros, célèbres ou célébrés, capables de résoudre magiquement les conflits qui, l'instant d'avant, nous tenaillaient.

C'est fascinant et, en échange, nous nous passionnons volontiers pour ces brefs instants de *publicité* qui nous sont accordés. Nous les aimons parce qu'ils transforment le quotidien en exploits majestueux. Nous les adulons parce que, à travers eux, c'est l'enfant-magicien qui triomphe de l'impossible.

Au fil des ans, à mesure que s'est élaborée cette recherche, c'est cet enfant ravi de prestidigitation que nous avons dû redécouvrir en chacun de nous : cet enfant qui préfère la naïveté à l'enquête troublante ou la facilité à la complexité. Par instants, nous avons été déçus de constater à quelle supercherie nous pouvions, l'un ou l'autre, consentir ; dans l'ensemble, toutefois, l'expérience nous aura plus qu'enrichis.

L'expérience psychanalytique est, en effet, un lieu d'intimité, une parole qui se trame et se tisse aux antipodes de la publicité. L'enfant magique préside, certes, à cette parole, mais il lui sied aussi d'en prendre la juste mesure. Dans la publicité, au contraire, il triomphe secrètement ; à s'enfouir sous le fatras du verbe ; loin de se dénoncer, il consomme avec allégresse. Du divan à l'écran, la divergence, certains jours, paraissait insoluble. Pourtant, nul n'est sans le savoir, cet enfant sage et conscient de sa banalité cohabite dans le quotidien avec l'enfant magique et triomphant. L'un et l'autre se disputent l'avant-scène de la représentation humaine. L'un et l'autre prétendent tour à tour à la vérité.

L'écriture — geste éminemment public — exigeait donc de nous, au fil des ans, de réconcilier ces deux univers opposés du désaveu et de la conscience : sortes d'avers et de revers d'une même monnaie humaine. Le résultat est sans doute plus modeste que nous l'espérions — magiquement peut-être — mais nous souhaitons tout de même avoir rendu, en certains cas, à une possible intimité un discours qui triomphe à se maintenir dans la publicité.

D.-L. H.
J.-Y. R.

Première partie

PUBLICITÉS STATIQUES

Chapitre premier

L'AFFICHE :
LE DÉSIR, LA DÉFENSE

De la page imprimée du moindre périodique aux murs les plus inattendus du métro ou de la ville, l'image publicitaire ne cesse de nous assaillir. Pourtant, même avertis, il n'est pas évident que cette surenchère nous sature. Malgré l'urgence de nos lectures, malgré la hâte de nos pas, nous arrêtons notre regard sur ces panneaux qui nous réclament. Malgré toutes les lucidités que proposent mille associations de consommateurs, cette imagerie nous touche et nous atteint. Le créateur publicitaire, dans cette surabondance, s'évertue à se signaler, s'efforce d'étonner ou de demeurer insolite. Mais, quelque part aussi, nous sommes complices de cette attraction. Et l'analyse, forcément, si elle doit passer par le repérage de la rhétorique de l'autre, doit revenir vers nous puisque nous sommes aussi parties prenantes à cet échange de mensonges et d'artifices. C'est donc sur la rhétorique du panneau affiché que nous nous pencherons dans un premier moment de ce chapitre ; mais c'est, dans un second temps, vers nos défenses psychiques que se redirigera notre réflexion.

L'affiche : considérations générales

L'on peut considérer que l'affiche publicitaire comme telle a débuté autour de 1880. Ce fut l'époque des Chéret, Toulouse-Lautrec, Walker. Chacun y est allé de son style, de ses idées, de son intuition pour faire évoluer cet art de la persuasion. C'est ainsi que s'est développé l'art de l'atmosphère, de la suggestion, c'est-à-dire l'art de communiquer plastiquement une qualité du produit. Au tout début, on informait plus qu'on ne vendait, c'est-à-dire qu'on se souciait surtout d'intégrer le produit au style de la peinture, de la lithographie de tel ou tel artiste.

Mais, vers 1950, l'affiche publicitaire prend un tournant important. La guerre vient de se terminer et la grande production commence. La radio instaure une vive concurrence et oblige l'affiche à se spécialiser dans l'élément qui la différencie : l'illustration visuelle. De plus, l'Amérique, à cette époque, entreprend de confier à la photographie des représentations qu'hier encore on s'obstinait à considérer comme le privilège de l'artiste. Peu à peu donc, les créateurs rangent leurs pinceaux, leurs crayons, leurs couleurs pour mettre l'œil à l'objectif. L'Europe hésitera un moment. Des talents, tel celui de Savignac, auront encore le temps de s'épanouir. Mais, inéluctablement, le mouvement qui conduit de la toile à l'émulsion l'emportera lui aussi. De sorte que, désormais, la photo domine irréductiblement l'univers des publicités.

Progressivement aussi, ce qui s'affirme, à travers les exigences de la concurrence de plus en plus considérable, c'est la subtilité ou l'audace du message. Pour continuer d'étonner et de surprendre, l'affiche doit proposer, entre produit et image-signe, des rapports neufs, inattendus. C'est à l'étude de ces rapports, précisément, que nous nous sommes consacrés depuis quelques années.

Pour élucider ces rapports produit/affiche, nous avons recensé plus de 25 000 affiches réalisées depuis les années 1950, compilant, de ce fait, ce qui nous semble un échantillonnage passablement représentatif de l'affiche contemporaine.

Pour connaître la démarche qui conduit l'artiste du produit à l'affiche, à travers cette notion qui lui paraît fondamentale du *concept,* nous avons interviewé bon nombre de publicitaires. En général, il nous ont appris peu de choses, affirmant presque à l'unanimité qu'ils y allaient tout simplement de « leurs intuitions ». C'est donc à l'étude détaillée de ces milliers d'affiches qu'il a fallu nous en remettre pour élucider les éléments éventuels d'une structure de la représentation publicitaire.

L'étude de l'affiche proprement dite ou de sa rhétorique, comme nous aimons à le prétendre, nous posait, à son tour, quelques questions. Cette « rhétorique », en effet, est loin d'être univoque. Il arrive que les procédés utilisés appartiennent à la rhétorique du langage comme il arrive que le lien que l'on suggère soit d'ordre tout à fait plastique. Le plus souvent, de toutes manières, la stratégie du créateur publicitaire est mixte et passe par l'un et l'autre de ces champs. Force nous fut donc d'opérer dans cette masse d'informations un certain tri qui devait nous conduire d'abord à une étude du *signifiant* publicitaire avant de pouvoir aborder la dimension du *signifié*. Un premier déblayage devait nous amener à distinguer les procédés *élémentaires* avant de pouvoir étudier les stratégies de *composition*. Un premier balisage, enfin, en passant d'abord par l'analyse des *rapports plastiques* énoncés autour d'un produit nous a permis une analyse ultérieure des *rapports logiques* (causalité, isomorphisme, etc.) utilisés par la publicité en fonction du produit à vendre.

Si l'on accepte que toute distinction trop rigide entre signifiant et signifié soit forcément arbitraire et qu'un niveau renvoie inévitablement à l'autre, l'on peut proposer que la première partie du texte qui suit concerne surtout le registre du *signifiant*. Dans un premier temps, cette analyse isole des *procédés élémentaires de la figuration plastique* (calligraphie - dessin - photo et graphisme accessoire) pour ensuite considérer leur mise en place conjointe et, donc les *procédés de composition* de la figuration plastique. Dans un second temps, nous abordons le registre du *signifié* et celui également des *liens logiques* proposés par le créateur publicitaire entre un produit et une image. Mais cette étude du signifié, loin d'être exclusivement « logique » ou « objective », est celle-là même qui nous introduit à reconsidérer nos défenses psychiques. Puisque c'est justement à cet appareil défensif que s'adresse l'argument publicitaire, il serait très présomptueux de les examiner séparément. On retrouvera donc, dans cette étude sur le signifié, une structure qui s'articule intimement avec des phénomènes plus psychiques que sémiologiques : une structure qui s'articule au déni, à la projection, au refoulement et à l'identification. Les procédés métonymiques ou métaphoriques ne sont pas, de ce fait, escamotés : ils s'intègrent tout simplement à cette autre lecture que nous avons crue préférable.

L'affiche : ses procédés élémentaires

La calligraphie

Le mot calligraphie utilisé ici comme titre ou comme désignation d'un procédé ne renvoie pas forcément à l'idée première de ce mot qui est de désigner une belle écriture. Nous renvoyons plutôt notre lecteur à l'usage oriental en la matière, usage qui consiste, avec un minimum de traits, hautement symboliques, à représenter de façon aussi complète que possible le réel. L'écriture, si elle peut encore porter ce nom en de pareilles circonstances, ne cherche donc plus seulement à se faire lisible ; elle veut d'abord et avant tout signifier le plus possible, véhiculer le plus grand nombre possible d'informations, voire d'évocations allusives.

Pour étudier ce procédé, il importe de souligner, d'un point de vue méthodologique, que nous avons concentré notre attention sur des affiches où ces démarches calligraphiques occupaient une place importante. Dans certains cas, cette calligraphie tient même toute la place de la publicité ; dans tous les autres, elle accapare une surface majeure du panneau-réclame.

Dans de telles affiches, le dessin de l'écriture (calligraphie) prend toute son importance. Le choix d'un caractère épais, par exemple, n'est pas confié au hasard. L'épaisseur se veut signifiant d'une certaine densité, d'une consistance, d'une solidité, ou d'une pérennité éventuelle du produit. Les lignes elles-mêmes supportent des mots, adoptent certaines dimensions. Selon le but visé, elles s'organiseront, à l'intérieur de l'affiche, selon les cadres d'une aire triangulaire, rectangulaire ou circulaire dont la valeur signifiante sera toujours à mettre en relation avec la nature soulignée du produit « publicisé ».

La banderole désormais célèbre du syndicat polonais Solidarité constitue, au sens précis que nous donnons ici à l'expression, un exemple éloquent de travail publicitaire calligraphique. Démonstration, s'il en fallait, que l'Occident « capitaliste » n'a pas le monopole du design ingénieux et de la créativité en matière de représentation.

Les lettres de l'unique mot *Solidarnosc,* peintes en rouge sur un fond blanc, se lient les unes aux autres à mi-auteur : comme une armée de travailleurs en marche qui se tiendraient par la main. Insolence à l'endroit d'une Armée rouge encore plus légendaire ? C'est difficile à dire. Mais ce qui est certain, en revanche, c'est qu'ainsi *solidaires* les unes des autres, ces lettres forment un bloc de marcheurs dont le projet, en abîme, est de porter à son tour une banderole (au-delà du N) dans un désordre relatif qui évoque davantage la liberté associative que le militarisme contraignant. Conséquence de cette astuce de représentation, la base de chaque lettre présente, par rapport à ses voisines, un certain degré d'irrégularité. L'on dirait une danse des lettres ou, plutôt, dans l'esprit du concepteur, le respect du rythme (et du pas) différent de chacun de ces marcheurs unis.

D'un tout autre point de vue, l'on peut enore apercevoir dans les multiples lignes verticales de la calligraphie (O.L.I.D.), une certaine symbolisation des grilles de l'usine de Gdsansk fermée aux ouvriers qui demandent une relative liberté.

L'écarlate révolutionnaire rappelle à l'Occident tous les mai 68 qui hantent sa mémoire. Le sigle est efficace de cri et de douleur, d'espoir et d'effort soutenu. Il hurle la colère mais montre la marche décidée et respectueuse des ouvriers. C'est, en fait, un chef d'œuvre à la fois de chaos et d'ordre. Cette affiche — c'en est une — a acquis une valeur symbolique inestimable. Elle nous rejoint probablement dans le chaos pulsionnel qui est le nôtre et dans l'ordre que nous tentons d'y introduire ou d'y maintenir.

Sans adhérer à Solidarité de façon directe, on portera volontiers le macaron au sigle de ce syndicat pour indiquer sa sensibilité à l'injustice, voire son indignation en face du totalitarisme, le nôtre, le leur, peut-être même celui de nos dirigeants. Le sigle, en partie grâce à sa calligraphie, a trouvé acculturation chez nous.

Certains rétorqueront ici que ce sont les événéments qui font l'histoire et que les luttes syndicales de Gdansk auraient trouvé place en nos préoccupations de toute manière. Il importe donc de préciser, d'entrée de jeu, que nous ne nions pas ici l'événementiel mais que nous affirmons, en revanche, que, si la bannière Solidarité a acquis cette fonction de représentation quasi universelle qu'on lui connaît encore, c'est qu'elle contenait des éléments propices à notre projection. Sinon, nous aurions élu un autre objet comme symbole : un sigle, une musique, une photo, comme ce fut le cas pour Khomeiny. C'est là un des constats premiers : l'affiche qui fonctionne ou que l'on se remémore est rarement banale ; elle doit proposer sa structure de support autonome sans quoi, comme spectateur, on la délaisse.

La rondeur simple, la pureté des lignes presque infantile des affiches du Club Méditerranée contrastent, de toute évidence, avec le travail très élaboré du graphisme Solidarnosc. Ici, des

mots uniques : « Manger », « Dormir », « Pleurer », « Boire »,
ou « Aimer » s'accolent à des images d'exotisme aisé. Rien,
justement, ne doit sembler complexe. L'épaisseur du lettrage et
sa haute lisibilité, le classicisme du caractère et sa limpidité, la
prose réduite de l'expression univerbale renvoient le spectateur à
la facilité : de cette facilité qu'on souhaite au moment des
vacances. En revanche, cette pureté même convie à l'impression
de solidarité, de plénitude, voire d'inaltérabilité. Le Club est une
institution qui va durer, capable d'exotisme mais aussi de
pérennité, capable de folie mais aussi de raison : nous sommes
rassurés. L'idéalisation devient possible. Si l'exotisme, ici, se
transcrivait dans une calligraphie voluptueuse ou débridée qui
sait si nous ne prendrions pas peur ; si nous consommerions avec
autant de confiance ? Le publicitaire, en tout cas, n'a pas pris le
risque.

Mac Keen, dans des affichettes amusantes (1978), utilise
autrement encore notre fonction de lecture. Nous en relevons ici
deux cas.

Dans le premier de ces tableaux, nous sommes confrontés avec
diverses orthographes possibles de la marque. «MacKeel »
(keel = quille de bateau), « Mat King », « Mac Inn »
(inn = hôtel, auberge). Le panneau est déclaré : *faux*. En
contrepoint, un second panneau explique : « Usage du faux ».
Huit poches arrière de jeans arborent les étiquettes falsifiées,
quasi-homonymiques. A chaque fois, la calligraphie varie
légèrement, de même que l'orthographe. Les huit jeans sont
identiques. Bien sûr, nul n'avouera qu'il préfère le faux au vrai,
la copie à l'original. Chacun, c'est bien connu, s'affirme d'abord
comme authentique. D'autant qu'un jean tellement « copié »
doit, on l'espère, être profondément original !

L'uniforme et la divergence parlent ici de notre besoin de
singularité. L'on entend d'autant mieux que le produit, le jeans,
obéissant à certaines prémisses relativement précises, ne peut, à
l'infini, promettre de variété.

Le second cas est plus abstrait. Le tableau de lecture d'un
opticien, tableau classique aux lettres de dimension de plus en
plus réduite, sert ici de support à la « mesure » de l'acuité
visuelle du consommateur. Sur six lignes donc, l'on retrouve, une
à une, puis deux à deux, puis de plus en plus nombreuses à
mesure que l'« épreuve » se précise, les lettres d'un message
artificiellement délié : « Un Mac Keen, ça coûte la peau des
fesses ». Plus bas, en caractères réduits, le message se répète. La
phrase peut s'entrevoir comme provocante. Fesse y évoque la

scatalogie de nos enfances, coûter la peau des fesses promet un prix exorbitant. L'on devrait donc, en théorie, s'éloigner d'un pareil produit.

Si nous n'en faisons rien, c'est que l'affichette opère à un autre registre. La peau des fesses est ici le centre d'intérêt. Certains éprouveront peut-être l'acuité de leur vision à la percevoir sous le « jean moulant ». En ce sens, pour le porteur de Mac Keen, son jean peut lui coûter cette peau. Mac Keen : ça cache la peau des fesses ; ça la coûte donc au regard puisque ça la dérobe.

L'opticien de fiction n'est pas ici très exigeant puisque nul n'échoue à son épreuve. Nous avons tous « les yeux qu'il faut » pour lire le « petit caractère », c'est-à-dire regarder à la limite du décent. L'honneur est sauf.

Sur le plan de la calligraphie, l'on peut encore noter que les lettres du haut de l'affichette ont la largeur d'un bassin tandis que les lettres du bas sont de plus en plus effilées, comme une jambe idéale. Mac Keen nous ferait-il à tous « une belle jambe ? » C'est à y voir de près !

Notons seulement, de manière générale, qu'un code presque absolu régit à l'habitude les publicités de jeans. Les hommes, en effet, y apparaissent de face, tandis qu'on y voit les femmes de dos. Les fesses des femmes, le sexe des hommes. En passant chez l'opticien, Mac Keen nous en *met plein la vue* sans recourir à ce cliché. C'est en soi un exploit. Il n'eût sans doute pas été possible sans recourir à la calligraphie.

New Man (1980) utilise, sous ce rapport, un autre stratagème. Les mots New Man sont, sur une affichette, écrits à l'aide de comprimés pharmaceutiques multicolores. L'inscription respecte, avec une certaine fantaisie, la marque de commerce déposée de la maison de confection. L'on se demande un peu le sens de ces comprimés-écritures, on est donc quelque peu surpris : veut-on nous signifier que l'homme moderne a besoin de vitamines, ou de tranquillisants ? Un mot vient alors à l'esprit : Capsule. Sur le boulevard, les deux boutiques de prêt-à-porter se font une chaude concurrence. New Man, ainsi *écrit,* contient Capsul. New Man vient d'absorber (!) son concurrent.

L'on connaît tous la marque déposée qui caractérise depuis bon nombre d'années les produits de « laine vierge ». Echeveau de laine symbolisé par des arcs de cercle entrecroisés : la marque s'applique à tous les manufacturiers dont le produit rejoint les normes de l'institution internationale Woolmark.

Dans un vallon, est-ce de Bretagne ou d'Australie, on ne saurait dire, des moutons sont disposés par un astucieux berger en arcs de cercle entrecroisés à la manière parfaite de la marque de commerce. Calligraphie complexe et fort subtile : le photographe compose la réclame. Une parfaite adéquation s'établit d'évidence entre produit et origine. L'intégration est remarquable. Le cru et le cuit, le naturel et le civilisé, le fond et la forme se confondent ici magiquement. En un coup d'œil, l'on est sursaturé d'information. Woolmark a mis à son service un procédé classique mais efficace. D'ailleurs, n'est-ce pas l'une des intentions de la marque de nous promettre la tradition dans le modernisme ? L'objectif est atteint.

D'autres affiches, encore, évoquent plutôt le rapport destinataire/produit. Vittel (1978) par exemple intégrera à sa calligraphie *légère* des individus des deux sexes, tout à fait sains de corps, et qui, de l'index et du majeur, formeront le V de Vittel. Est-ce là l'exemple d'un corps sain dans une publicité saine ? nous ne saurions le dire. Un détail, en revanche, n'échappera à personne : ce V évoque la victoire et les luttes politiques. Ou est-ce la victoire sur le corps dompté et les luttes athlétiques ? Le message est tout à fait double. On en est volontiers complice.

Dans certaines publicités de voiture automobile, ce n'est pas dans le lettrage lui-même que se trouve la calligraphie évocatrice, mais c'est, comme à l'inverse, l'écriture fort ordinaire qui se trouve à son tour utilisée d'une manière suggestive. Cette écriture s'arrête, en effet, selon certaines lois précises, en certains points de l'affiche. Avec un certain recul, on voit que l'ensemble noir des lettres découpe, sur le fond blanc du panneau, la silhouette de la voiture en question. Dès le premier coup d'œil, le spectateur se voit ainsi informé de la nature du message qu'on lui livre. L'effet de surprise suscité par une disposition inusitée des caractères d'imprimerie aurait attiré son attention : c'est suffisant dans la plupart des cas. C'est, en tout cas, la fonction de l'affiche ; l'information détaillée sera fournie à la télévision ou ailleurs selon la stratégie employée par le publicitaire.

Dans ce même esprit, mais à un niveau un peu plus symbolique cette fois, la firme de cigarettes « Tigra » propose une publicité où l'on force les caractères d'imprimerie à emprunter la forme d'un tigre. Le contour des lettres en arrive, sous la main de l'artiste, à épouser, ou plutôt à reproduire, les contours du dos et du museau de ce félin redoutable. Une fois de plus, notre attention est captive quelques secondes au moins. Et c'est tout ce que demande le publicitaire, d'autant plus que pour une

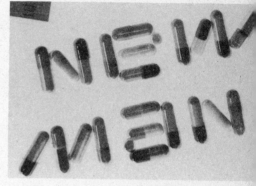

DESSIN

cigarette, il n'est pas véritablement besoin de transmettre
nombre d'informations.

Il est, finalement, un autre niveau d'utilisation de l'écriture sur
lequel il nous apparaît important de réfléchir avant de nous
consacrer à l'étude de l'utilisation publicitaire du dessin ; c'est
celui de la valeur symbolique de l'écriture elle-même.

Lorsque certaines publicités utilisent le graffiti dans leurs
annonces statiques, elles évoquent à coup sûr l'histoire des
résistances ou des luttes sociales et politiques. Dans certains cas,
il s'agit de démontrer que la maison qui fabrique le produit est
d'avant-garde ; ailleurs, il s'agit de souligner que cette maison
résiste aux tensions les plus extrêmes, qu'elle est prête à tout.

L'inscription sur la pierre évoque, quant à elle, la pérennité
des choses. On la verra utilisée dans la publicité de produits qui
doivent durer, ou de produits au sujet desquels on veut donner
l'impression qu'ils sont « vieux comme le monde », vieux, en tout
cas, comme certains textes hébraïques ou égyptiens.

L'écriture elle-même, à la limite, revêt, sous cet aspect, un
caractère sacré. Geste quotidien, s'il en est, elle est en même
temps signe d'une certaine forme d'inscription du geste humain
dans le temps. « Les écrits restent », dit le proverbe. S'il n'est pas
certain que tout écrit demeure, l'on se doit au moins d'affirmer
que la trace graphique du geste humain représente, pour ce
geste, l'espoir unique de participer de la mémoire collective.
L'histoire qui n'est pas écrite, en d'autres termes, a bien des
chances de mourir.

Ainsi perçue, l'écriture, en tant que telle, acquiert une très
haute valeur symbolique. Non seulement les mots ont un sens
spécifique, mais leur expression graphique a elle-même un sens.
L'inscription matérielle d'une pensée dans un caractère d'imprimerie quelconque fait du mot un signifiant, mais également un
signifié, un référent. Parce qu'il est mot, le mot prend
consistance d'une icône. D'entrée de jeu, il est image polysémique, connotatif à plusieurs niveaux. Telle l'image d'un rêve, il est
en quelque sorte sacré, dans la mesure où il rejoint en nous toute
une gamme de sentiments et d'émotions refoulés. Violences
mythiques ou tendresses premières, il est, enfouie au fond de
nous, une série de vécus dont les traces mnésiques cherchent un
support. Autour de ce support, se trame la dialectique de la
transgression, celle du désir et de l'interdit ; niveaux que
l'affiche, à n'en pas douter, vise à rejoindre en chacun de nous

Le dessin

Nous l'avons déjà souligné dans l'introduction à ce chapitre : la photo a très nettement remplacé le dessin dans l'appareil publicitaire et ce, depuis les années 1950. La photographie, en effet, paraît offrir un haut degré de précision dans la reproduction du réel, elle donne accès à une sorte de vérité, puisqu'elle se présente comme un document non truqué ; enfin, la photographie implique ou connote une certaine idée de reproductibilité que ne procure par le dessin. Il s'ensuit donc que l'on utilisera le dessin dans un ensemble de circonstances où l'on veut quitter d'une certaine manière la rigueur de la démonstration, où l'on éprouve moins le besoin d'un document absolument réaliste à l'appui d'une proposition.

La bande dessinée

La bande dessinée est un excellent exemple de cette utilisation du dessin. Sorte de pastiche de la B.D. classique, la bande dessinée publicitaire présente une série d'images les unes à la suite des autres, ornées de bulles ou de légendes et reliées entre elles par le fil conducteur d'une historiette. La maison Fruki a présenté bon nombre de publicités en suivant ce modèle. L'historiette est celle d'un fils et de sa mère. Cette dernière veut convaincre son fils des bienfaits éventuels du yoghourt. Dans la mesure où il lui obéit, on le voit par la suite grandir puis devenir pompier. Et la mère, fort admirative, le regarde avec ravissement.

On saisit que l'usage de la B.D. dans ce dernier exemple a l'avantage de reproduire, pour un public non encore adulte, un univers qui lui est familier : celui de la bande dessinée, donc de se situer d'entrée de jeu à la portée de son lecteur. Il n'en reste pas moins que la B.D. a ici un autre avantage : elle permet une sorte de fantasmagorie, une sorte d'allégorie qui coïncide très bien avec le paradigme de la B.D., mais qui va nettement à l'encontre de l'effet de réalité que cherche à produire la photo. Par son appel à l'imaginaire, par sa non-cristallisation du réel, l'image esquissée laisse libre cours à des fantasmes plus libres que ceux qu'interpelle l'univers factuel de la photographie.

On retrouve encore cet appel au fantasme et, plus particulièrement, à la *légende* dans les publicités du Crédit agricole de 1973. Ici, le public est adulte, mais la publicité cherche à convier à une espèce d'atmosphère de rêve et d'irréel. Elle tient à dépasser l'anecdotique (univers plus proprement photographique) pour accéder à une espèce de monde où « tout marche comme sur des roulettes ».

Evidemment il convient de nous interroger, en sens inverse, sur l'absence relative de dessins dans la publicité courante. Et la première réflexion qui nous vient alors à l'esprit concerne l'univers où nous vivons. Dans une civilisation hautement technologique, le recours à la preuve (photo) semble désormais   + +
quasiment une exigence ; autrement, « ça ne fait pas sérieux »...
Quand on veut dire la vérité, on doit pouvoir l'étayer sur des documents. Et la publicité est réputée tellement « mensongère » qu'elle ne peut pas se permettre de faux-pas sur ce chapitre.

Le Crédit agricole, au contraire, en recourant à une forme de pression un peu naïve, transmet une impression de bonhommie, connote sa propre image d'une auréole de simplicité, n'interpose pas, entre le client et ses succursales bancaires, d'appareil trop technologique, ce qui, somme toute, n'est pas détestable de la part d'une banque où, de façon générale, on se sent coincé dans des rapports chiffrés, pondérés, et technologicisés.

LE TRAIT

Le dessin au trait, d'où, par définition, les détails s'estompent volontiers, a l'avantage de présenter l'essentiel d'une forme et de suggérer à son spectateur le tout. Cette forme d'expression, à cause de son imprécision inhérente, ne peut que représenter des réalités suffisamment connues pour que le spectateur puisse « remplir les vides ». Inversement, par entraînement, l'utilisation du trait renforce l'impression que la forme en question est vraisemblablement assez connue pour que l'on puisse saisir les détails absents.

Volkswagen a misé sur cette forme de dessin, réduisant sa « petite coccinelle » à une forme dépourvue de détails. La « célèbre petite voiture » acquiert, comme prévu, une dimension légendaire lorsqu'elle est ainsi ramenée à l'essentiel.

La compagnie aérienne El Al s'y est prise à peine différemment pour suggérer une atmosphère de conte ou de légende. « No goose, no gander » est le slogan de cette publicité où deux oies, dessinées au trait, sont respectivement posées au-dessus des mots « gander » et « goose ». Plus subtilement cette fois, nous trouvons là une réplique à des publicités de compagnies d'aviation nord-africaines (Royal Air Maroc, en particulier) où de grands oiseaux, du genre des oies, servent de symbole prestigieux. Finalement, l'expression anglaise « No goose no gander » signifie aussi, au niveau idiomatique, « ni l'un ni l'autre ». Ce sens populaire de l'expression citée semble nous ramener à un climat de paix et de neutralité bienveillante. L'affirmation subliminale suggère, a priori, un choix ; l'expression manifeste promet l'absence de compromission, l'absence de démêlés quelconques avec les Arabes, la piraterie aérienne ou quoi que ce soit.

Evidemment, planant au-dessus des mots qui, dans le présent, pourraient agacer, l'allusion implicite à des figures universelles, le dessin figuré au trait, signe de ce que l'on s'entend bien pour en définir le contenu, appelle un climat de pérennité. Il évoque le fantasme d'une nation israélite ayant pour ainsi dire toujours existé ; une sorte de permanence ou, à tout le moins, une attitude de défi et d'assurance en face de la survie qui ne saurait s'exprimer ailleurs que dans un mode symbolique d'expression. Il est très improbable qu'une photo d'oiseaux puisse ici produire autant d'effet que ces dessins.

Une autre utilisation du dessin au trait consiste à représenter un objet ou un animal de valeur symbolique en rapport plus ou moins direct avec le produit « publicisé ». Ainsi, le cochon ou l'éléphant stylisés figureront la tirelire, l'idée d'épargne ou d'économie. Le tigre représentera souvent la puissance (publicité d'essence) ; le chat dira la souplesse (de certains pneus), la longévité de certaines semelles de souliers (Cat's Paw) : ne dit-on pas que les chats ont neuf vies ? Il s'associera encore à l'épargne, au café, à l'électricité, au gaz, au charme sophistiqué d'une maison de haute-couture ou d'une boutique de chapeaux.

Bref, dans chacune de ces circonstances, on fait appel à la valeur symbolique ou évocatrice du trait utilisé. On n'a besoin de précision dans aucun de ces cas, au contraire ; le climat d'évocation, ou de polysémie est ici souhaité, recherché.

Il en va exactement de même de certains dessins qu'on utilise aux fins de suggérer une atmosphère particulière. La maison Eminence, par exemple, présenta, en 1972, sa nouvelle collection de sous-vêtements masculins en faisant ressortir sur un fond sombre des maillots de corps et des slips de couleurs attrayantes. L'ombre au tableau avait été savamment choisie : elle évoquait, sans confusion possible, les grandes silhouettes à long manteau et chapeau texan récemment popularisées par les films de Leone. Le talent qu'a eu Leone de produire des images saisissantes, presque d'emblée acceptées à des niveaux archétypiques de notre inconscient, est assez remarquable. Le dessin de l'affiche évoque ici ces images de légende, ces images qui rejoignent, de toute manière, tout le folklore western, qui renvoient le spectateur au climat d'épopée et de bravoure du siècle dernier. A n'en pas douter, les héros « de cette belle époque » devaient être des « super-mâles », des hommes d'une virilité à toute épreuve... Une partie importante du message publicitaire se trouve, précisément, dans cette légende des super-mâles, transmise fort adroitement à un public qui en rêve ; à un public, au fond, à qui on suggère de s'identifier à ces figures fortes et d'autant plus mystérieuses et fascinantes qu'anonymes et suggérées par un dessin plutôt que reproduites fidèlement avec la précision anti-mythologique de la caméra.

L'identification proposée n'est pas toujours du même type. En certaines circonstances, c'est le climat d'une époque que l'on veut suggérer. C'est sur ce phénomène d'identification à une époque que misent certaines publicités qui imitent, dans leur style, des productions picturales d'il y a trente ou quarante ans. Le dessin d'un homme ou d'une femme, aux postures empruntées, le dessin d'un produit mal imprimé, comme à l'époque où l'on connaissait mal les techniques d'imprimerie, tout cela compose l'affiche. L'ensemble rappelle les placards publicitaires des années 40, et il se dégage de ces anachronismes réunis une impression de durée. Le produit, semble-t-il, a survécu à de nombreuses années d'usage. Plus encore, la maison qui fabrique ce produit n'a « même pas besoin de renouveler ses techniques de publicité, tant le produit se vend bien ; cette maison peut se permettre de ménager ses efforts de ce côté ». La maison Simmenthal, une compagnie italienne de conserves culinaires exploite entre autres ce sytle vieillot de publicité et ce, malgré la tendance prépondérante en Italie à des formes très modernes d'expression esthétique au niveau des panneaux publicitaires.

Suivant l'intention poursuivie, l'on indiquera ou non, par un détail quelconque, l'inscription temporelle de l'affiche. Ainsi, dans certaines affiches dessinées de chez Simmenthal, on verra une photo très actuelle d'un personnage dont l'une des fonctions est de dater en quelque sorte le message. Ailleurs, cette date est complètement omise. Pour annoncer Paris à des touristes éventuels (1971), on a ainsi dessiné, sur une même ligne scénique, dans la posture classique des filles des Folies Bergères, tout à la fois le policier typique de Paris, la jeune fille existentialiste, le peintre extravagant et, bien sûr, la danseuse de French Cancan si caractéristique... Ici, la date aurait embrouillé le message. L'impression recherchée est celle d'un Paris éternel, intemporel... Un Paris où tout est plaisir, danse ou fantaisie. Ce n'est pas le policier réel dont on veut proposer la rencontre, mais une espèce de policier légendaire, mythologique ; c'est la jeune existentialiste de tous les temps dont on veut chanter les mérites, dont on veut signifier qu'elle contribuera à votre plaisir lors de votre visite dans la Ville Lumière... Et, à coup sûr, le réalisme photographique aurait fait barrage à cette imagerie de fable et d'illusion plutôt que de concrétude.

Est-ce dire que la photo joue toujours un rôle de rappel de la réalité ? Assurément, la production publicitaire obéit à des lois très complexes que nous commençons à peine à discerner et il nous faut, à ce propos, réfléchir avec beaucoup de nuances. C'est ce à quoi nous nous efforcerons maintenant en étudiant l'utilisation de la photo publicité.

La photographie

Une preuve à l'appui

Là où la fonction typiquement *documentaire* de la photographie ressort avec le plus d'évidence, c'est dans les cas où ce médium d'expression se trouve utilisé en conjonction avec un autre, par exemple le dessin. La maison Good Year (1970-71, 72, 73), par exemple, nous présente certains panneaux-réclames où l'on voit des photos de pneus posés en des points stratégiques d'un dessin allusif. Le dessin en question est du type dessin-trait décrit plus haut. En quelques lignes essentielles, il a pour fonction d'évoquer *la* route. On y voit des arbres, d'autres autos, une auto vedette. Et, comme nous l'avons déjà dit plus haut, au sujet du dessin, cette route est en quelque sorte intemporelle, ne correspond pas à un lieu localisable. Cette route, c'est toutes les routes que l'on peut imaginer. Contrastant avec ce flou du fond, des encarts iconiques illustrent avec une grande précision la trame du pneu, le détail de sa semelle, la confection de ses parois. Chacune des photos sert un angle particulier de la réalité à illustrer. Avant même d'imprimer quelque texte que ce soit, l'affiche a déjà parlé : vous pouvez imaginer la route à votre guise, à votre fantaisie ; là-dessus, nous vous laissons rêver ; il est cependant un point sur lequel nous ne pouvons nous permettre d'être flou ou imprécis, et ce point, c'est le pneu. Le pneu, c'est une réalité technique (qui exige donc une infinie précision) et cette réalité doit être mise en opposition avec la dimension rêvée du voyage, de l'aventure routière, etc.

Volkswagen (72) superpose la photo de son dernier modèle de coccinelle à la photo d'un modèle antérieur. Des flèches ou des indications soulignent les minuscules modifications apportées à la carrosserie. « A l'œil, ça ne se voit pas », croirait-on entendre... Mais la photo, cette précieuse preuve à l'appui, permet de dénoncer les vraies subtilités de la transformation.

Dans une publicité de tourne-disque (Philips, 1975) on illustre en gros plan l'extérieur de l'appareil. Dans un triangle, comme en exergue de l'image, on montre la tête lectrice, mettant en évidence toute sa complexité technique, l'aspect délicat de ses éléments ; on grossit, comme le permet la technique moderne, un élément que l'on veut souligner de façon particulière. C'est, en quelque sorte, la preuve au microscope. La vérité, en raison de ces démonstrations, devrait devenir, dirait-on, irréfutable...

Mais la technique sait aussi rêver...

Cependant, s'il y a eu révolution dans l'art de l'affiche, si la photo est venue finalement déloger totalement ou presque l'esquisse et le dessin, ce n'est pas tant en représentant le réel dans ses dimensions exactes ou technologiques, mais en apprenant, elle aussi, à rêver, à évoquer... En effet, le schéma proposé plus haut (dessin = imaginaire ; photo = exactitude documentaire) est peut-être fort intéressant, mais il présente une lacune majeure. A la limite, suivant ce raisonnement, l'on ne peut échapper aux contraintes du quotidien ou de la réalité concrète que par des voies artificielles (ici représentées par le dessin, par exemple). La réalité matérielle est donc, toujours dans cette même logique, un empêchement à la liberté d'expression, de mouvement ou d'invention, etc.

Cette logique, on le devine, est extrêmement contraignante. Elle fait pour ainsi dire barrage à la liberté de contact entre vendeur et acheteur. Elle le fait d'autant plus, d'ailleurs, que la contrainte quotidienne du réel est un registre que connaissent fort bien les consommateurs.

L'astuce ultime consiste donc, en partant justement de l'aspect documentaire de la photographie, à donner à des rêves ou à des illusions un caractère de réalité. Avec tous les paradoxes que cela comporte, on vient faire la preuve du fantastique. Le rêve existe, il n'est pas seulement sur la palette des peintres, ou dans la tête des artistes ; « nous avons pu photographier l'irréel, le rêvé, le farfelu, l'imaginaire » affirment en un mot ces différents publicitaires. « Nous avons même, sur cet imaginaire, le contrôle technique absolu. » Les réalisations seront ici multiples. L'affiche de Myriam (1981) a déjà fait couler plus d'encre qu'on ne souhaiterait : nous allons néanmoins entreprendre avec elle l'analyse de cette méthode de travail qui allie le rêve à la réalité, aux conditions d'une maîtrise absolue de l'appareil technique.

Il faut peut-être préciser, dès l'abord de cette publicité spectaculaire, que l'affichage en bord de route ou sur les grands placards à ciel ouvert pose quelquefois problème en France. D'une part, avec l'avènement de la télévision, les annonceurs délaissent un peu ce médium ; de l'autre, en conséquence d'un sous-investissement, les afficheurs eux-mêmes ont parfois abandonné ce lieu publicitaire. Une affiche, donc , prévue pour le 3 juin, y paraîtra le 15 ; on laissera sur le panneau la réclame de soldes terminés depuis deux semaines. Certains annonceurs, à ce jeu, perdront ou gagneront, sans que ce soit prévisible, deux semaines ou plus d'exposition publique. Bref le « contrôle » fait quelquefois défaut.

L'agence Avenir-Publicité, afficheur efficace, a donc voulu démontrer à son public qu'elle pouvait obvier à ces inconvénients habituels et maîtriser à la perfection les paramètres technologiques d'un tel médium.

Objectif : démontrer que l'on peut remplacer sur toute la France l'ensemble des panneaux-réclames d'une campagne donnée à une date précise, à l'intérieur, même, de délais presque impossibles à respecter.

Tel était, au départ, le mandat du publicitaire.

La phase suivante de la création de la campagne allait de soi ; un premier panneau promettait : à telle date, j'affiche telle chose et, à la date prévue, telle chose s'afficherait. Jusque-là, rien d'exceptionnel en soi. l'astuce exigeait donc d'aller plus loin. Il fallait que ce « quelque chose » se remarque et que les délais deviennent spectaculairement serrés.

L'on connaît bien la suite. Sur la première affiche, Myriam, un mannequin français célèbre depuis lors, porte un bikini marine. Elle (devenue affiche) promet : le 2 septembre j'enlève le haut. Le 2 septembre, seins nus, elle déclare : « Le 4 septembre, j'enlève le bas ». Le 4, on la voit de dos, totalement nue : elle a tenu sa promesse.

Si nous observons de plus près l'agencement de cette campagne, nous pouvons y repérer de nombreux niveaux de signification. Le premier est déjà explicite : cet afficheur tient ses promesses et il dispose d'une technologie rodée : nous n'y reviendrons pas.

A un second palier toutefois, ce qu'il nous indique aussi, c'est qu'il commande la femme, ici Myriam. Elle lui obéit, pourrait-on dire, au doigt et à l'œil. Il la fait se dévêtir à une date précise et prévisible. Cet afficheur sait donc s'y prendre pour séduire et régir la gent féminine.

Autre palier encore : cet afficheur est capable d'une relative imprudence et sait défier la loi. L'exposition des poils pubiens et du sexe féminin vu de face aurait été, en de telles circonstances, prohibé par la loi française et bon nombre d'observateurs se sont demandé comment l'afficheur se sortirait de l'apparent « guêpier » où il s'était lui-même « fourvoyé ». Mais l'afficheur sait y faire : il connaît ses limites et sait jusqu'où il peut aller : on peut lui faire confiance.

Myriam, la promesse-produit, devient donc, de la sorte, gage de l'emprise de cet afficheur sur la technique et sur le rêve.

A cet afficheur efficace, on ne refuse rien. Pour lui, on est « prêt à tout », même à frôler l'illégalité. L'intérêt est immense. Et si vous êtes annonceur, que vous achetez de l'espace publicitaire, la tentation de confier vos dessins à un tel afficheur est grande. Les autres, en effet, pourrait-on suggérer, se laissent dominer par le poids de la réalité, arrivent en retard ou éjaculent précocement. Embourbés, maladroits et débordés, ils ne tiennent pas leurs promesses, ne dépassent pas le quotidien, donc ne rêvent pas. La vraie technologie n'est-elle pas celle qui procure le plaisir ?

On a, depuis, plagié cette campagne en maints endroits. L'effet, cependant, ne peut désormais plus être le même. Un classique de la publicité a ici vu le jour.

Sur une affiche de J.B. Martin (1974), on voit cinq jambes revêtues de bas de couleurs différentes (orange, marron, rouge, marine et roux) pendre de la malle arrière d'une Mercédès. D'où viennent ces jambes ? A qui appartiennent-elles ? Pourquoi cinq jambes ? Ce nombre impair ajoute en effet à la mystification. Chaque pied, d'ailleurs, est revêtu d'une chaussure différente. Y a-t-il cinq personnes distinctes dans cette malle arrière d'une voiture ? Que sont-elles en train de faire là ? Ont-elles été enfermées ? Quelle que soit la réponse fournie à ces questions, un fait demeure : ces jambes sont là ; elles existent ; on en a la preuve. Le fantasme a été photographié. L'illusion est substantiée, comme on dit en langage juridique.

Levi's toujours dans le même esprit, a utilisé l' *Apollon* de

Praxitèle, *La Porteuse d'eau,* d'Ingres, et, suprême escalade, *La Création,* de Michel-Ange. Dieu le Père passe à Adam un short en tissu denim. La porteuse d'eau est habillée d'un ensemble pantalon et veston de l'étoffe caractéristique ; Apollon exhibe des bermudas descendant jusqu'aux genoux, tels ceux que portent bon nombre d'Américains. Le rêve, tout à c'oup, prend valeur de réalité, et la photo, réputée document exact, vient établir l'authenticité de cette réalité.

Au moment où la comédie musicale « Hair » avait encore une grande vogue, Levi's (encore lui) a emprunté à cette démonstration « rock » ses attitudes et ses gestes caractéristiques ; le panneau publicitaire montre une bande de jeunes gens serrés les uns contre les autres (dimension LOVE du mouvement hippie) et levant les bras au ciel dans un mouvement d'extase libératrice comme dans la danse finale de la revue scénique en question. Ici, le monde de la fiction se confond avec celui de la concrétude.

Dans le même esprit, la campagne des « Chefs d'œuvres de l'art flamand » au service de la bière de Stella Artois, remplit une double fonction de renvoi à la tradition picturale flamande (Rembrandt) tout en utilisant un médium photographique moderne. Clin d'œil, sans doute, au respect de la continuité historique. Ouverture pour une rationalité de la consommation. Les tableaux, en tout cas, évoquent à la fois les thèmes et l'éclairage du grand maître. On y retrouve des objets familiers. Un regard connu. On est en *pays de connaissance.* Est-ce à dire que la bière se vendra mieux ? Ce n'est pas évident a priori ; mais l'Europe paraît sensible à ce type de référence culturelle. Les vins Aphrodis (S.I.V.I.R.) utilisent de la même manière l'allusion à la mythologie et au tableau classique. Hermès, par contre, oppose, dans une même affichette un jardin royal et une femme très moderne. La vraie question est peut-être là, au fond : comment réussir ce mariage de l'héritage et de sa transformation contemporaine ? Les produits qui promettent d'aider à résoudre une telle problématique sont susceptibles, à ce qu'il semble de se vendre davantage que d'autres.

Pall Mall, dans une campagne récente (1983), exploite à fond ce mélange surréel d'art et de concrétude. Au premier plan des photos de paysages rêvés (Grand Canyon, plage exquise, etc.) apparaît un objet hétéroclite. Boîte rectangulaire aux dimensions conventionnelles du paquet de cigarettes de ce fabricant, de même qu'à son effigie quasi exacte, l'objet est ici une cannette de boisson gazeuse, (rectangulaire, eh oui !), là une batterie d'automobile aux bornes surajoutées. On est légèrement médu-

Sébastien Artois. Création CFRP

Sivir. Création CFRP

sé, comme devant un tableau de Magritte ou de Chirico. Le surréalisme est ici tout à fait réussi.

Un détail, toutefois, manque à cette description. L'objet « Pall Mall » est une boîte d'allumettes, c'est du moins ce qui est *écrit* sur l'emballage. Si nous y avons vu des cigarettes, c'est *nous* qui les y avons mises. Le subterfuge est plus qu'habile : nous devenons, par voie de projection, publicitaires nous-mêmes.

La redondance métaphorique de l'objet désavoué n'est pas non plus indifférente. Le paquet de cigarettes dénié puis transformé en boîte d'allumettes puis de là métaphorisé en batterie ou en cannette de boisson gazeuse commande une série associative fort complexe. De l'usage désavoué du tabac, on passe à une espèce de « jeu avec le feu » qui nous conduit au « rafraîchissement », au « survoltage » ou à la « détente », sans qu'on ait le temps d'y porter attention. La précision photographique est ici maximale et les perles de buée sur la cannette par exemple signent l'usage d'une pellicule tout à fait raffinée. Par son appel, cet hyper-vrai oblitère la présence culpabilisante du tabac et rend possible le paradoxe du fumer/ne pas fumer, tout au moins au plan visuel. La technique est ici ultra-concrète, mais le rêve ne lui fait en rien défaut.

Mais la photo ne se satisfait pas de se fusionner à l'art, de lui voler, pour ainsi dire, ses trucs et ses tableaux classiques. Elle cherche aussi à créer les siens propres, c'est-à-dire à créer un monde illusoire et réel grâce à ses seuls moyens.

Plusieurs photos, découpées puis replacées pêle-mêle sur un carton, donnent très certainement une impression de fatras. Qu'il s'agisse de photos d'automobiles et vous ne saisissez plus comment s'arrangent entre eux ces véhicules. Le corps d'une auto peut aussi bien coïncider avec l'arrière ou l'avant d'un véhicule tout à fait différent. L'orientation de ces parties les unes par rapport aux autres devient tout à fait aléatoire, et s'il s'agit, en plus, de véhicules accidentés, vous n'y reconnaissez tout simplement plus rien. Tout s'embrouille, s'emmêle, s'empile et s'enchevêtre au point de donner l'impression du fouillis le plus indescriptible. C'est la technique qu'a décidé d'utiliser le gouvernement suisse dans une campagne de prévention des accidents. Le choc visuel provenait ici bien plus de l'arrangement des éléments de l'image que de chacune de ces images partielles. Mais, une fois de plus, la photo, en tant que garante de véracité, donnait à ce document une force de conviction que le dessin ne lui aurait pas conférée.

Dans une publicité du Bureau mexicain du tourisme, la

technique utilisée pour convier le spectateur au climat de rêve est des plus simples, sinon franchement élémentaire. On superpose tout bêtement deux photographies. L'une représente une jeune Européenne en vacances, un large sourire au visage, les bras bien dégagés du corps, bref, une jeune Européenne en liberté. La jupe de cette jeune femme disparaît, toutefois, parce que fusionnée, confondue avec la photo sous-jacente qui est celle d'un paysage typiquement mexicain : montagnes desséchées par le soleil, temple aztèque ; le décor classique, quoi ! De toute évidence, cette femme « fait corps » avec la montagne. Sa joie est photographiquement associée à ce paysage, se fond et se confond avec cet enchantement anodin. Elle est le bonheur du Mexique et l'impression de rêve est réussie, d'autant que la diaphanéité de cette image rappelle la transparence, le côté éphémère voilé de certaines icônes oniriques. Le flou qui, techniquement, provient ici de la compénétration des deux images, rendant forcément imprécis certains détails, renvoie au caractère vague et imprécis de certains rêves. Mais, en même temps, la photo, technique d'emprise sur le réel, donne à ce rêve, valeur de réalité concrète. Comme quoi ce ne sont pas toujours les techniques les plus compliquées qui produisent de l'effet...

Le plus-que-réel

La photographie, avons-nous affirmé jusqu'ici, est à la fois témoignage d'un réel convaincant, existant puisque pouvant impressionner la pellicule, mais en même temps preuve à l'appui de l'irréel et du rêve, témoin de l'enchantement, de l'envoûtement, de la diaphanéité de certains rêves... Suivant cette logique, se trouvait-il, quelque part, une affiche publicitaire qui tentait de rendre le réel plus vrai que le réel ? C'est-à-dire une affiche qui affirme que l'illusion peut carrément prendre corps, peut se présenter comme véridique. Cette publicité est de la maison Brandt. Il s'agit de l'annonce d'un téléviseur. Sur l'écran, on voit un cow-boy ; sur le sol, devant l'appareil, en prolongement du petit écran, on voit se dessiner l'ombre très distincte de ce personnage à la Leone. Le personnage sur le poste télé est tellement réel qu'il projette son ombre sur le sol.

Cette publicité, puis certaines autres aperçues par la suite, nous ont confirmé l'intuition de départ : si la photo, au cours de ces dernières années, en est venue à supplanter le dessin dans les productions publicitaires, ce ne put être possible qu'à une condition. Il fallait, en effet, que la photo, à l'instar du dessin,

RÊVE ET TECHNIQUE

Hermès. Création CFRP

(1973-1974)

DESIGN

Pernod. Création CFRP

apprenne à figurer l'infigurable ; la photo, en se perfectionnant, a appris cet art. Elle devient donc utilisable comme « marchand d'illusions », illusions auxquelles elle a l'immense avantage de conférer un caractère d'absolue réalité.

Le design

Les murs, les rues, les villes, disions-nous au début du présent chapitre, sont surpeuplés d'affiches. Pourtant, ces messages doivent rejoindre le spectateur prémuni et pressé. A mesure que nous décortiquons le panneau publicitaire, la façon dont s'opère ce captage du regard commence à se révéler. D'ores et déjà, nous soupçonnons que, contrastant avec la grisaille quotidienne, le panneau publicitaire se propose comme une invitation à rêver ; pour trancher sur un fond de réalité, il se fait irréel, surprenant, insolite en ce, justement, qu'il se dérobe au quotidien, à l'ordinaire. Il remplit une espèce de vide, il comble une espèce de besoin de transcender le métro, le boulot, le dodo.

Dans cette perspective, l'élément design de l'affiche prend toute son importance. Ce que nous appelons *design* ici n'est rien d'autre que ces lignes courbes ou droites, régulières ou farfelues, empruntées à l'art « op » ou « pop » et qui ornent bon nombre de tableaux publicitaires, comme elles décorent ailleurs des murs ou des tableaux à volonté plus spécifiquement esthétique.

Ce *design* n'a pas de fonction de représentation spécifique du réel. Contrairement au trait, il ne veut pas représenter les contours essentiels d'un objet. Il cherche précisément autre chose. Il se veut reflet d'un climat, d'une atmosphère. Parce que non contraint à figurer le réel, le design peut justement s'en dégager, proposer des visions futuristes, traiter une dimension imprévue de l'objet, sa vitesse ou sa légèreté par exemple (voir l'affiche d'*Easy Rider,* ch. 2). Ailleurs, il parlera de la fête, ou de l'enthousiasme. C'est le cas de certaines affiches de foires internationales ou de cirques. On le retrouve sur les panneaux annonçant des épreuves sportives, ou dans la publicité des musées ou des galeries d'art où il figurera le choc des idées. Matériau d'expression extrêmement labile et souple, le design pourrait, à la limite, tout exprimer. Rappelons-nous la publicité de l'électricité en France en 1973 : des cercles concentriques y évoquaient un colimaçon, un repliement intérieur, une vivacité interne. Comment la photo ou l'écriture auraient-elles pu convier à un tel climat ? Seule une technique de dessin pouvait y parvenir. Plus encore, il fallait que ce dessin ne cherche pas à représenter le réel, mais autre chose ; ce qui convient tout à fait à ce matériau que nous avons nommé ici *design*.

Dans une publicité de Roche et Bobois, on ne nous présente aucun meuble. On suppose, sans doute, que la fonction mobilière de cette maison est suffisamment connue du public. Mais on évoque le luxe et la fantaisie d'un décor ultra-moderne par des lignes courbes dont la volupté, la gratuité et la liberté constituent autant d'éléments qu'on cherche à mettre en évidence dans le produit à vendre.

Le sujet du modernisme, sinon du futurisme, mériterait à lui seul qu'on s'y arrête fort longtemps, Le message de multiples publicités tourne, en effet, souvent autour d'une proposition du genre « Echappez au réel ». Faisant pendant au passéisme de certaines affiches dont nous avons parlé plus haut (Simmenthal, entre autres), le design propose une fuite non pas vers l'arrière, mais vers l'avant. La porte de sortie est du côté de l'avenir. Demain apportera des jours plus beaux et nobles, et ce demain qu'on ne peut pas dès aujourd'hui représenter, on peut cependant en reproduire une vague esquisse allusive et prometteuse. Cette esquisse de demain, ce projet d'avenir où les choses seront tellement plus simples et pures trouve naturellement sa figuration dans des lignes simples et pures, dans des courbes aérodynamiques, dégagées de toute contrainte, c'est-à-dire dans le design. Il convient ici de nous rappeler que la maison Roche-Bobois se spécialise dans le mobilier ultra-moderne et qu'elle cherche partout, au niveau du style, la pureté de la ligne et de la courbe. Dans ce cas très précis, il se trouve un isomorphisme quasi parfait entre le médium (design) et le produit (meuble design).

En d'autres circonstances, la volonté libératrice ou symbolique du design n'a pas forcément ce côté futuriste que nous venons de lui décrire. Dans la publicité de Hamol (1970), par exemple, on voit une femme de dos. Elle est assise, et porte un maillot de plage. Son dos est nu et sa tête est couverte d'un chapeau qui la garantit des effets du soleil. Assez facilement, on l'imagine sur une plage, en train de se faire bronzer. L'intérêt de cette affiche, cependant, c'est le maillot de la dame. Il est fait de lignes colorées. Plus précisément, il reprend, une à une, les bandes conventionnelles du spectre lumineux. Si l'on se veut moins technique, l'on dira qu'il reprend les différentes teintes de l'arc-en-ciel. Dès ce niveau, nous constatons une représentation en design de la chaleur solaire ou de la joie ou de la promesse de beau temps qu'évoque habituellement cet arc-en-ciel. Au second niveau, toutefois, il faut préciser que ces stries colorées se retrouvent de façon caractéristique sur l'emballage de la maison Hamol qui présente de cette manière sa crème solaire. Le design permet donc ici de simplifier considérablement cette affiche. Les couleurs de l'arc-en-ciel renvoient à la fois au produit à vendre et à la situation d'emploi de ce produit. Cette simplicité permettra au publicitaire de réduire l'écriture de cette affiche au seul mot Hamol. Le reste est *dit* ailleurs. Il est évoqué et, pour les besoins de la cause, cette évocation suffit amplement.

Dans un esprit tout à fait voisin, les publicités Seitanes et Gallia réduisent leur expression à de simples jeux de couleurs et de formes tout à fait habiles. Aborescences en filigrane sur un fond d'onctuosités marines en hamonie, avec l'emballage du produit : voilà la formule publicitaire qui promeut Seitanes. Design sans artifice. Libre mouvement de création. L'esthétique est ici seule maîtresse. Tout comme dans le cas de Gallia où le ciel devient une bande d'azur entre deux bandes de blanc. Le décor est ponctué là aussi d'un arbre blanc hautement stylisé. On est en plein imaginaire. Et, n'était-ce le produit qui se profile en vignette du tableau, on se croirait au musée. L'affiche de Pernod, dans la même lignée, est un peu plus complexe. Le dessin n'est plus tout à fait aussi pur et, même si dans l'ensemble, il mérite le nom de design, déjà il nous introduit aux procédés complexes, aux compositions plus savantes de l'affiche publicitaire.

Avec ces réflexions sur le design, se terminent en effet nos commentaires sur les procédés élémentaires utilisés dans l'affiche publicitaire. Ce qu'il nous faut aborder maintenant, c'est la combinatoire de ces éléments. L'écriture, médium éternel, se combine la plupart du temps à d'autres media. Le dessin n'apparaît seul sur l'affiche qu'en de rares occasions. Souvent, son côté imaginaire est complété par des preuves à l'appui (photo) ou des évocations du type design. C'est, la plupart du temps, d'une savante concoction de ces divers éléments que naît l'affiche efficace. C'est à cet aspect de la composition que nous allons maintenant nous arrêter plus spécifiquement.

L'affiche : sa composition

C'est un coin de rue français typique : un panneau de signalisation (1971) (défense de stationner) nous le souligne. Il s'agit même, peut-on préciser, d'un coin de rue au sein d'une grande agglomération urbaine. Des clôtures de chantier, simples palissades de bois contreplaqué, nous indiquent des travaux de réfection ou de construction : nous sommes dans une ville en pleine expansion, ou, alors, dans un quartier où l'on démolit ou construit. Sur les murs de ce chantier, c'est-à-dire sur les palissades, se dessine une espèce de grillage, comme s'il s'agissait de panneaux perforés ou d'une clôture d'un type inusité. Sur ce grillage, sur ces panneaux « perforés », des mots attirent notre attention : « Urgo est plein de trous ». S'agit-il d'un graffiti ? D'un slogan révolutionnaire ou simplement constestataire ? S'agit-il de l'éventuelle condamnation d'un homme politique qui s'appellerait Urgo ? Le caractère d'imprimerie dans lequel on a rédigé ce texte bref nous interdit de le penser. Par sa régularité, sa perfection, son harmonie, cet écrit vient faire opposition au reste de l'image. Il contredit l'impression (et il faudrait voir ici tout ce que ce mot d'impression évoque) générale. Nous nous étions préparé l'esprit à un placard contre la mégalopole, à une accusation contre un politicien responsable de l'expansion éhontée ou anarchique d'un quartier urbain ; l'effet d'insolite est créé, puisque cette attente se trouve contrecarrée par un message publicitaire. Urgo est une marque de sparadrap. Il est plein de trous, bien sûr, comme il se doit de l'être, et ce que nous avions pris, au premier regard, pour une pallisade ajourée n'est qu'une représentation du sparadrap susmentionné. La blessure urbaine sur laquelle on l'a collé n'est qu'une évocation de toutes ces autres blessures (mineures) où l'on pourra utiliser Urgo. De la ville éventrée et blessée, nous sommes passés à la blessure individuelle et inoffensive [1]. Le graffiti contestataire est devenu message publicitaire. Si nous voulions faire ici œuvre politique, nous disposerions certes de nombreux éléments de preuve. Mais, à ce point-ci, notre intention n'est pas de souligner la valeur idéologique de l'affiche ; nous tentons simplement et, dans un premier temps, d'en analyser les règles de composition.

---

1. Nous analysons plus loin, ch. 3, l'usage télévisuel de la publicité Urgo au cours des années qui ont suivi. On retrouvera là des éléments complémentaires à cette première approche.

Or, à ce titre, l'affiche d'Urgo nous permet de mettre en évidence plusieurs éléments. En effet, il semble, quoique cette conclusion paraisse rudimentaire, que toute affiche contienne une image, la référence directe au produit et, finalement, un texte. Ce dernier élément, le texte, paraît, à son tour, devoir être subdivisé : nous distinguerons, en effet, le *slogan* du texte plus proprement *informatif*. Ce texte plus ouvertement informatif manque à l'affiche d'Urgo. On ne l'y retrouve pas en raison de la connaissance présumée du produit. Larousse n'a pas besoin d'explication : le mot désigne, de notoriété publique, un dictionnaire. Urgo, de même, désigne un sparadrap. La référence directe au produit est, dans ce cas, incluse dans le slogan : Urgo est plein de trous. La référence indirecte au produit, c'est-à-dire l'image, a été décrite plus haut ; il s'agit d'un produit destiné à panser des plaies de diverse importance.

Dans bon nombre de situations, toutefois, l'affiche ne peut se permettre d'être aussi concise. Chacun des éléments de composition prendra alors une valeur différente selon l'intention du publicitaire.

Des affiches de chez Nice'n Easy illustrent abondamment notre propos. Les deux tiers de l'espace publicitaire sont ici consacrés à la photo d'une femme brune. Le texte d'accompagnement est un slogan : « Libre d'être moi-même ». Dans un coin de l'affiche, les mots Nice'n Easy, de même que l'illustration de l'emballage de ces produits de coiffure, fait référence directe au produit. Le texte informatif se trouve donc, une fois de plus, absent. Le produit est, en fait, très connu du public ou, à tout le moins, il peut se prétendre tel. En 1950, par contre, alors que le produit était relativement récent, un long texte explicatif accompagnait cette publicité.

De façon générale, nous retrouverons des textes explicatifs lorsque nous serons en présence de produits nouveaux, peu connus, ou alors très complexes techniquement. La maison Volkswagen, par exemple, pourrait volontiers prétendre à une réputation suffisante pour se passer de commentaire narratif. Si cette maison n'en fait rien, c'est entre autres que son produit, une auto, appelle des commentaires techniques. Les textes en vignette des affiches de chez Volkswagen décrivent d'ailleurs systématiquement des aspects cachés de la voiture en question : ses performances techniques, sa consommation d'essence, son habitabilité, ou certaines anecdotes qui font la petite histoire du produit. La graphie de ce texte, la même depuis plusieurs années, se présente volontiers comme une écriture sobre et dépouillée.

La graphie sans artifice lui donne l'aspect d'un document technique, discret. Le slogan s'insère d'habitude à l'étage photo de ces affiches, tandis que l'image de marque, le cercle contenant le V et le W superposés vient mettre un point final à l'aire écrite de la page publicitaire. Contrairement aux affiches déjà citées d'Urgo, les affiches de chez Volkswagen apparaissent donc, d'un certain point de vue, comme des modèles de classicisme sans faille.

La maison Rodier (1970-71) a pareillement misé sur un certain classicisme de ses affiches. Et, dans ce cas comme dans celui de Volkswagen, le classicisme de l'affiche renvoie très directement à une idée de classicisme du produit. Dans les trois affiches de Rodier que nous évoquons ici, la distribution des éléments de composition est d'un équilibre difficile à surpasser. Le texte occupe la moitié de la page publicitaire ; l'image remplit le reste de l'espace. Le slogan sert de titre au texte explicatif ; il est donc composé en caractères gras et de grandes dimensions ; le sigle Rodier, seule référence directe au produit, vient ponctuer la fin de cet articulet. Fait à noter également, l'image qui figure en grandes dimensions à main gauche de l'affiche est reprise en plus petites dimensions à la fin du texte écrit, comme si l'auteur avait voulu insister sur le fait que ce texte renvoyait à l'image, comme s'il avait voulu, aussi, intégrer l'image au texte.

Par sa composition, cet ensemble d'affiches n'a donc rien de véritablement étonnant. Or, nous l'avons déjà dit, la surenchère publicitaire moderne exige l'insolite, l'appelle et le réclame. Qu'à cela ne tienne : l'insolite est ici contenu dans le slogan :

« Comment faire intellectuelle sans en avoir les migraines ?
« Comment faire sportive sans en avoir les mollets ?
« Comment faire artiste sans en avoir les angoisses ? »

N'est-ce pas là, au fond, un ensemble de questions que se posent bien des femmes ? N'est-ce pas là, également, l'une des utopies les plus répandues aujourd'hui ? celle d'accoucher sans douleur, d'apprendre l'allemand sans peine, de maigrir sans se priver, etc. ?

Le niveau d'humour auquel ces affiches font appel est susceptible d'enclencher un rire discret chez une certaine classe de consommateurs ; la maison Rodier n'en vise pas d'autre : ses produits de qualité assez coûteux s'adressent à une classe de gens un peu sophistiqués. D'ailleurs, le texte informatif poursuit ce quiproquo humoristique : « Si vous êtes réellement artiste… si vous êtes réellement sportive… etc. ».

APPEL A LA DÉFENSE

Si la composition classique fait ressortir ou, en tout cas, souligne le classicisme d'un produit, il ne nous semble pas aberrant de prétendre que la composition hétéroclite, inattendue, insolite vise pareillement à mettre en évidence les dimensions farfelues, imaginaires, imprévisibles ou exotiques d'une marchandise. Picturalement, c'est l'aspect extra-ordinaire du produit que l'on cherche alors à signifier.

Nous sommes tous un peu voyeurs, quoique nous n'osions pas en général nous l'avouer facilement. On peut imaginer que cette pulsion pourrait nous entraîner, par exemple, à regarder de près les fesses d'une personne (de sexe opposé ou non) qui se tiendrait devant nous. Sous le vêtement, notre imagination essaierait alors d'imaginer les formes. Mais, en même temps, l'inavouable de cette pulsion nous entraînerait à poser, par pudeur, notre regard sur des parties moins ouvertement sexualisées de cet arrière-train.

Camel nous propose un spectacle de cet ordre : les fesses d'une personne (elle n'a vraiment pas de sexe déterminé), de même que le début de l'entre-jambe, occupent la page entière. Pour ne pas heurter notre voyeurisme, cet arrière-train est vêtu de jeans (denim). Mais la photo est traitée avec tant de précision que l'on voit de ce denim la moindre fibre, le moindre fil orange qui déborde (au haut de la poche, par exemple). Sans calembour, on a le nez collé sur cette paire de fesses, et le tout serait presque obscène si l'on n'avait quelque part la chance de reposer son regard. L'entre-jambe, potentiellement trop provocant, a été laissé dans l'ombre d'un éclairage savamment calculé. Ne reste à regarder que le feston de la poche arrière de ce pantalon à la mode. Or, c'est là que réside toute l'astuce : ce feston est brodé ; il reproduit le chameau que l'on retrouve sur les paquets de la célèbre cigarette. La référence directe au produit, soit le nom et sa spécificité, se retrouve également en ce lieu où le regard peut se promener à l'aise. Le slogan est au haut de la page, là où la précision voyeuse de la photographie n'a guère d'intérêt ; le produit est également représenté « en zone neutre », c'est-à-dire sur la jambe de la personne en question. Le slogan dit simplement : « Tout le monde aime les chameaux, maintenant ». Signifie-t-on par là qu'en face d'un tel propos pour les yeux, on se met à aimer (désirer) les chameaux (fesses) ? Maintenant, c'est-à-dire maintenant qu'on a vu cela ?

Un fait est certain : on a attiré notre attention par un avant-propos érotique et le regard qui se veut pudique se trouve pris au piège d'absorber une information. La marque Camel étant connue, le texte informatif serait ici superflu, surtout si l'on considère qu'il n'est guère de fiche technique à fournir en rapport avec une cigarette.

L'aspect documentaire que le texte ajoute habituellement à l'affiche se voit ici largement couvert par la précision documentaire de la photo dont nous pouvons être à peu près certains qu'elle fut prise avec un appareil grand format. Et, du coup, la composition de l'affiche se voit équilibrée de façon magnifique.

Si nous affirmons ici que l'affiche retrouve par le biais de la photo documentaire son équilibre essentiel, ce n'est certes pas pour formuler une métaphore. Il nous apparaît, au contraire, que les multiples dimensions de l'acte publicitaire sont généralement savamment conçues en fonction d'un dessin qui opère selon certaines lois spécifiques.

La fréquence des oppositions du rêve et du réel, de l'imaginaire et de l'informatif, n'est en rien œuvre de hasard. Le sacré et le profane, le désiré et l'inaccessible interdit, sont au contraire tellement omniprésents dans la rhétorique des publicitaires qu'il convient de constater qu'il y a là un effet recherché.

Dans cette affiche de Camel, les femmes représentent, en quelque sorte, l'élément profane ; ce profane est en revanche équilibré par un sacré : celui de l'exactitude méthodique et scientifique de la représentation du denim. Le laisser-aller qu'on évoque trouve sa contre-partie dans l'effort de représentation. La génitalité, le voyeurisme sont contredits par l'obsession de l'exact, par le travail soigné du photographe.

Le chameau brodé sur le denim peut paraître fantaisiste ; les mots Camel, Filters sont imprimés de sorte qu'on nous renvoie au sacré de l'écriture imprimée. Le slogan allusif suggère que la personne qui porte ce jean adore les Camel au point de broder l'image de cette marque sur la poche de son pantalon. C'est là, à n'en pas douter, son point sensible (est-ce que les fesses ne sont pas, à un autre niveau, une zone sensible, érogène ?). De sorte que, maintenant (c'est-à-dire depuis que l'on sait que cette personne est à ce point sensible aux Camels), tout le monde aime les chameaux. Cette personne, bien sûr, n'est nulle autre que l'objet du désir personnifié, objet à la fois défendu et permis (à travers l'achat du produit), objet que l'on a à la fois envie de sacraliser et de profaner.

Nous avons affirmé, précédemment, parlant des divers élements de l'affiche, ou, plus précisément, en parlant des procédés élémentaires de la composition de l'affiche, que certains de ces procédés favorisaient l'expression de la fantaisie, du fabuleux (la bande dessinée, par exemple), de l'irréel-réel (la photo floue ou abstraite), etc. Il nous faut maintenant remarquer que rares sont les affiches qui étaient leur message sur un seul de ces procédés élémentaires. Dans la plupart des cas, on se retrouve, au contraire, devant un amalgame savant où le réel côtoie le rêve, où le sacré nous renvoie au profane (dans l'affiche de Rodier mentionnée plus haut, c'est l'humour qui parvient à « profaner » une page qui, autrement, serait trop rigide).

Au service de cet équilibre délicat, l'écriture vient, ce nous semble, souligner le sacré, à moins que cette graphie ne soit déformée et ne devienne profane. D'habitude, par ailleurs, le côté profane ou fantaisiste se voit mieux servi par l'image fantaisiste ou alors par un slogan à l'emporte-pièce (donc, irrationnel). Le factuel sera mis en évidence par le texte informatif, ou, alors (ce sera quelquefois les deux) par l'image techniquement super-exacte.

Même dans l'affiche de Paris dont nous avons parlé plus haut, celle où des personnages de la vie parisienne dansent de façon invraisemblable un french-cancan ultra-fantaisiste, le mot Paris à lui seul vient corroborer la nécessité d'un sacré.

Evidemment, le rapport sacré-profane, fantaisie-factuel variera d'une affiche à l'autre. Mais nous n'avons pas vu, à ce jour, de page publicitaire où un indice au moins de la transgression ne nous soit fourni.

D'ailleurs, en définitive, est-ce que nos remarques sont vraiment surprenantes ? Est-ce que l'on ne sait pas, au moins intuitivement, que la fonction de la publicité n'est autre que de proposer, sans l'afficher, une transgression du réel, du factuel, en proposant la fantaisie, en proposant le produit libérateur [2] ?

L'appel à la défense

La pratique psychanalytique conduit souvent, parfois même imperceptiblement, à une dénonciation des mécanismes de défense au profit d'une adaptation à la fois plus souple et plus saine du sujet dans le champ du réel. On en oublie trop volontiers les dimensions fort positives — en termes adaptatifs tout au

---

2. Nous verrons dans les chapitres 2 et 3 ce rapport essentiel à l'imaginaire, à un prétendu différent, rapport qui fonde l'acte publicitaire.

moins — et l'extrême fréquence d'utilisation des mécanismes de défense de l'appareil psychique. Il est clair, par exemple, que, dans le quotidien de son existence, le sujet humain préférera, à la lucidité exemplaire d'une autocritique permanente, le recours à des processus de déplacement ou de projection. Ces procédés, bien entendu, ne déboucheront pas sur une appréciation exacte de la situation. Mais peut-on psychologiquement être toujours en train de faire avec exactitude la « part des choses » ?

La publicité, en tout cas, mise sur une réponse négative à cette question. Loin d'appeler l'être l'humain à une constante réflexion sur le champ de sa liberté et sur l'importance de son rôle personnel dans la suite des événements, elle l'encourage à déployer ses défenses psychiques les plus courantes. Au lieu de le rappeler à l'ordre de la prise de conscience, elle lui propose un message dont la structure, finalement, se calque sur des habitudes psychiques telles que la projection ou le déplacement, l'identification ou le refoulement, quand ce n'est le déni ou la condensation. Il s'en dégage une impression de facilité enfin autorisée ou « d'inconscience permise ». Il est possible que le bien-être parfois ressenti en face d'un panneau publicitaire ne vienne pas d'ailleurs.

Le texte qui suit s'articulera donc non pas sur une recherche des effets de la rhétorique discursive, mais sur une énonciation des défenses sollicitées : la rhétorique discursive s'y trouve, du même coup, étudiée puisque inévitablement mise au service de cet appel aux défenses inconscientes.

Le déplacement : objectif de base de la publicité

La théorie psychanalytique du déplacement s'articule étroitement avec l'hypothèse économique selon laquelle les quanta d'énergie psychique liés à une représentation peuvent éventuellement s'en détacher, glisser le long des voies associatives vers une autre représentation, puis s'attacher à cette dernière de façon équivalente, ou, mieux, substitutive. Ce phénomène, on peut le démontrer, s'utilise avec abondance dans la situation du rêve où l'objet investi se voit représenté par un de ses représentants associatifs, par un de ses symboles. De même, dans la vie courante, on investit souvent d'un quantum d'énergie qui ne leur appartient pas en propre, des représentations qui ne sont, au fond, que des succédanés de l'objet investi profondément.

Evidemment, l'expression « le long des voies associatives »

laisse place à plus d'une hypothèse, et il est manifeste que nous n'avons certes pas terminé l'exploration de tous ces liens subtils qui lient les uns aux autres les signes, les représentations — visuelles ou sonores — de l'appareil psychique. Laconiquement, on pourrait même dire que cette tâche constitue l'essentiel du travail quotidien et théorique de la psychanalyse. Notre visée, cependant, n'est pas de refaire la psychanalyse, mais seulement de voir comment le message publicitaire utilise et exploite ce phénomène de déplacement pour constamment diriger l'œil dans sa lecture du message sollicitant.

Si l'on se remémore, par exemple, le cas du petit Hans, l'on se rappellera la logique associative qui, de l'image du père potentiellement castrateur, conduit l'enfant au représentant-cheval. De l'un à l'autre, du père au cheval, l'identité sémantique n'est évidemment pas préservée ; mais l'appareil psychique voudrait néanmoins se satisfaire d'une relative équivalence, ou, mieux, d'une certaine équipollence. Le cheval, on s'en souviendra, permet d'occulter les dimensions sexuelles et œdipiennes du conflit et il est, en ce sens, plus commode économiquement.

Inconstestablement, le signe publicitaire cherchera à tirer profit de ce phénomène de glissement des représentations le long des voies associatives. A des représentations éventuellement anxiogènes, il tentera de la sorte de substituer des représentations plus acceptables : plus en accord avec les défenses psychiques. C'est là, évidemment, son intérêt premier.

En 1955, Marlboro a introduit dans sa publicité un personnage fort sympathique, un cow-boy qu'à la longue on surnomma même « le cow-boy Marlboro ».

L'homme est viril, plutôt longiligne ; guêtres de cuir et éperons, large ceinture parée d'un colt et chapeau à larges rebords sont les accessoires essentiels de son accoutrement. Sa monture est très élancée, bref c'est le beau cow-boy classique.

L'image, quant à elle, est composée fort simplement. Le cow-boy et son cheval occupent un des tiers latéraux de l'affiche. L'homme et la bête sont en promenade. Les deux autres tiers du panneau nous montrent le décor légendaire des westerns hollywoodiens : des espaces rocailleux ou désertiques, une vallée de pâture chevaline, un haut plateau typique de l'Arizona, ou tout autre décor équivalent. Au bas de l'affiche, du même côté que le cow-boy, le paquet de cigarettes Marlboro. En haut, un sigle, habituellement très court, dont l'un des plus célèbres : « Come to Marlboro Country ».

Il est certain que la visée du publicitaire consiste ici à forcer l'association cow-boy/cigarette Marlboro et à provoquer, en chacun de nous, un déplacement le long de cette chaîne associative. Mais ce qui est beaucoup moins explicite, c'est l'axe latent de ce déplacement : son point d'origine et son aboutissement ultime. L'affiche n'est que trace ou fraction de parcours. Le reste est occulté.

Il faut donc, pour saisir le processus, en opérer une certaine fragmentation. Nous serons, dans un premier temps, triviaux. Le panneau, de façon constante, c'est-à-dire d'une variante à l'autre, comporte essentiellement :

1. un décor vaste, sauvage et, au sens de l'image classique du Far-West, légendaire ;

2. un cow-boy et sa monture : la plupart du temps au repos, quoique, plus récemment, cet élément de repos ne soit plus un invariant.

3. un rappel du produit.

4. un sigle ambigu conjoignant cigarette et pays.

Ce que nous savons aussi, c'est que cette chaîne associative fonctionne puisque, depuis vingt-trois ans, elle vend très bien l'une des cigarettes américaines les plus fumées.

Le lien entre le décor et le cow-boy est assez trivial. L'homme en question est maître du pays. C'est le pionnier, l'homme sans loi, celui qui doit se battre pour protéger son cheptel. En revanche, l'horizon sans fin lui appartient et il jouit de la terre qu'il déclare sienne ; c'est l'Américain, conquérant du Far-West, mais c'est aussi l'Européen à la recherche d'un monde où l'histoire serait encore à commencer : c'est une espèce de hors-la-loi tel qu'on en porte en chacun de nous.

Curieusement, ce qu'il « publicise » est aussi un produit légèrement hors-la-loi. L'usage du tabac, c'est bien connu, constitue un danger pour la santé. Or, cette dimension du tabagisme, même si elle n'était pas aussi bien étayée alors qu'elle l'est maintenant, était parfaitement connue des fabricants et des publicitaires en 1955.

Le cow-boy risque aussi sa vie. Il habite un pays de non-loi. L'image peut, de lui, glisser vers la cigarette.

1re contre-démonstration — La dimension de risque-tout de ce cow-boy Marlboro s'éclaire d'autant plus que cette compagnie a investi des sommes considérables dans une publicité complémentaire axée cette fois sur des conducteurs de Formule 1.

2e contre-démonstration — Avec les campagnes récentes

contre le tabagisme, bon nombre de compagnies ont axé leurs publicités sur la faible teneur en goudron/nicotine de leur produit : fiches comparatives et le reste. Malboro, à l'instar de quelques autres, n'a pas modifié sa tactique d'un iota. On se sait hors-la-loi et le cow-boy d'il y a plus de vingt ans convient encore tout à fait à l'objectif publicitaire.

Ce que propose l'inscription, en tête d'affiche, n'est autre que le parcours suggéré au déplacement recherché : « Come to Marlboro Country ».

« Come. » Venez ! Joignez-vous à ce cow-boy ! Venez : ce pays vaste et sauvage, ce pays vierge vous appartient. Venez ! Venez, évidemment, avec les connotations sexuelles que cela propose et qui, d'ailleurs, se trouvent évoquées par l'allure de l'homme et du ou des pur-sang.

« To Malboro Country. » Au pays Marlboro ! Au pays libre. Sans loi. Au pays de la mort à laquelle, en toute liberté, on se confronte chaque jour. Lui, le cow-boy, s'y confronte réellement, il fait son nid à la fois dans le désert et dans la neige ; il s'arrange d'un bagage minimal, et il a droit de fumer, puisque, de toute manière, il brave la mort. Venez, vous aussi, dans ce pays, venez-y par la cigarette ! Vous êtes castrés, au fond ! Incapables de l'audace qu'il faudrait pour inventer un tel pays. Votre quotidien ne met jamais en cause votre vie immédiate. Mais nous vous suggérons une façon d'être intrépide. Fumez ! Votre pays d'aventure sera le pays Marlboro.

On objectera sans doute aussi que l'allusion faite ici à la mort est vraisemblablement abusive, sinon le fait d'une publicité exceptionnelle. A cela, il importe de répliquer que le personnage de cow-boy, s'il est d'abord un mythe américain, n'en constitue pas moins une des figures de proue de l'imagerie contemporaine. Cet homme libre et aventurier, aux antipodes presque parfaits du fonctionnaire courant, rejoint, en fait, une espérance profonde de chacun d'entre nous : celle de mener à sa guise et à sa loi une existence dont on ressent d'ailleurs les contraintes réalistes. Et cette image rejoint l'Europe aussi bien que n'importe quel continent. On la retrouve par exemple dans la publicité de Brandt (téléviseur) citée plus haut (p. 34), qui ne vise dans ce cas qu'un seul public européen. A notre avis, la première objection tombe donc de soi.

Quant à l'allusion à la mort et à la pulsion de mort, on la retrouve volontiers, sous forme plus ou moins discrète, dans diverses publicités. Canadian Club (1975-82) (whisky de seigle canadien), par exemple, propose depuis plusieurs années à ses lecteurs des aventures qui frôlent la mort. Plus récemment, la cigarette Real a adopté ce motif de l'aventurier-limite, dans le désert ou ailleurs. Camel (1981) suggère, selon ce même motif, la jungle africaine, et Peter Stuyvesant (1983) le vol en montgolfière. On peut encore la percevoir dans une publicité de montres parue dans le *Vogue* de janvier 1979 où le chronomètre s'oppose tout simplement à un gisant de marbre, indiquant sans doute par là qu'avec la montre, vous pouvez nier le temps qui vous conduit à votre mort. Sur ce point donc, l'objection ne résiste pas non plus à l'analyse.

Nous pouvons donc, dorénavant, esquisser avec un degré satisfaisant de certitude le parcours proposé à notre déplacement défensif éventuel dans ce genre de publicités, déplacement que nous avons synthétisé au tableau 1.

TABLEAU I
Parcours du déplacement dans les publicités de type Marlboro

LOGIQUE	CAS TYPES
Le produit à publiciser est le lieu d'un rapport étroit avec la mort et son angoisse ↓	la cigarette menace la santé, l'absorption d'alcool est reliée à une angoisse de vide existentiel
pour occulter ce rapport, la stratégie consiste à présenter un personnage lui-même en relation avec la mort ↓	cow-boy Marloboro, Winston, pilote Real, Parliament, pilote de Formule I (Marlboro) alpiniste Canadian Club, safariste Camel, aventurier Peter Stuyvesant
mais dont on souligne les dimensions saines, attrayantes, positives ↓	La liberté du décor pour le cowboy, l'adulation de la foule pour le pilote de F 1, la chaleur des amis, Canadian Club, la substitution photographique de Pall Mall
pour l'associer ensuite au produit à vendre ↓	proximité picturale du sigle visuel et du héros
on résume le parcours dans une inscription simple	Come to Marlboro Country Légèreté Peter Stuyvesant

Il est assez évident que ce déplacement passe de la pulsion de mort vers le désir de dominer cette même mort et d'atteindre à la liberté ; comme dans le cas du cheval du petit Hans, il est flagrant que la seconde proposition (liberté) est beaucoup moins anxiogène que la première et s'offre ainsi comme un lieu plus plausible d'investissement énergétique que l'image de mort ou de castration. Selon toute vraisemblance, le choix ne se pose même pas, et l'on est donc, pour ainsi dire, forcé d'investir le cow-boy, sinon il nous faut réfléchir à notre castration ou à notre mort.

Toute publicité, bien sûr, n'a pas toujours un sens aussi tragique. Le déplacement, souvent, s'opère selon un axe plus libidinalisé. A la limite, on peut, à l'inverse, affirmer cependant qu'il n'y a jamais de publicité sans déplacement, et que, dans la plupart des cas, ce que l'affiche nous invite à opérer n'est autre qu'un choix plus ou moins conscient entre deux propositions picturales dont l'une, défensive mais agréable, sera nettement préférée à l'autre, castratrice ou anxiogène.

Déni, dénégation

Le jeu proposé d'un déplacement d'énergies libidinales d'une représentation inacceptable ou difficilement tolérable vers une seconde représentation accessible et agréable peut quelquefois par la teneur contradictoire extrême des polarités en présence, prendre valeur de déni d'une certaine réalité, de dénégation d'une pulsion sollicitée ou de renversement en son contraire de ce contenu pulsionnel.

Nous avons fait allusion plus haut (p. 48) à la publicité de la montre Cellini. Il convient maintenant de pousser plus avant notre analyse et de constater que les deux valeurs en présence sont extrêmement contradictoires. La représentation « montre », en effet, renvoie à la mesure du temps, convie à la limite, rappelle la non-éternité, c'est-à-dire la mortalité, la corporéité et la castration narcissique du sujet. Le buste sculpté de marbre évoque, à l'inverse, l'éternité de l'œuvre d'art et de la pierre.

Par contre, et c'est là que les deux propositions s'articulent, le buste est ici représenté en position de décubitus. Il rappelle un gisant et, très nettement, la mort. Tandis que la montre - mesure - de - temps - castration - narcissique est parée d'or, déclarée éternelle par le texte, « nous avons fait de cet objet une œuvre d'art », transformée, donc, en son contraire, c'est-à-dire associée à un souhait d'éternité.

Très nettement, on assite à une double mutation propositionnelle :

Ce que vous voyez est un instrument à marquer le temps
déni

↓

Ce que vous voyez *n'est pas* un instrument à marquer le temps
renversement dans le contraire

↓

Ce que vous voyez est un gage d'éternité.

Comme nous le signalions plus haut, le spectateur est ici invité à un déplacement. Ce qui le caractérise toutefois, c'est que la proposition finale est l'inverse symétrique de la proposition originale et qu'entre temps, nous sommes passés par un déni.

Au moment de l'analyse des publicités Marlboro, nous avons constaté que la pulsion de mort n'était pas, en tant que telle, visée mais plutôt redirigée vers la cigarette sous le couvert d'explorations-limites.

D'autres marques de cigarettes (Kool, Salem et Gallia) n'ont pas osé prendre un tel risque. Leurs publicités invitent plutôt à un déni de la pulsion de mort. Et l'image nous suggère un paysage extrêmement champêtre : petite rivière, eau de source, à l'appui. Le texte évoque la fraîcheur, le goût de la vie, ou la pureté de la nature. Il n'y a plus qu'un simple déplacement ; en fait, nous sommes en présence d'une dénégation (de pulsion de mort), d'un déni (aspects toxiques du tabagisme) et d'un renversement (fraîcheur, vie, pureté, etc.).

Le texte dit : « On voit vos cheveux. Pas la laque. » Effectivement, l'affiche à fond noir met en valeur une chevelure blonde en gros plan. La main tendue devant les cheveux semble tenir un objet ; mais la main est vide. On ne voit pas la laque, elle est invisible ; si invisible d'ailleurs que le produit contenant disparaît aussi.

Il est certain que, d'un point de vue propositionnel, l'opération suggérée ici est de l'ordre du déni.

« Pour être belle, vous avez besoin d'une laque »
(déni de castration)

↓

« Pour être belle, vous n'avez pas besoin de laque »
(puisque la laque est une absence de laque).

DÉNI DE MORT

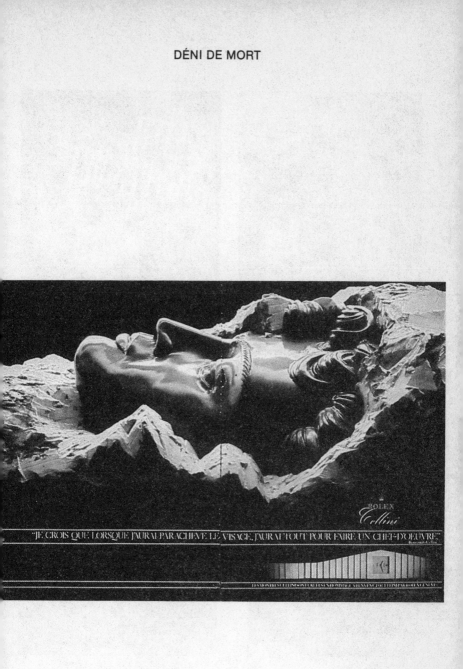

DÉNI DE MORT

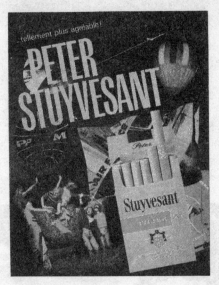

La rhétorique publicitaire, que nous avons tenté, dans un premier temps, de décoder et de classifier, ne sert pas strictement, on le voit, à mettre en évidence tel détail ou à attirer l'attention sur telle dimension du produit : elle vise d'abord à encourager ou à solliciter les mécanismes habituels de défense grâce auxquels nous gagnons en aisance apparente ce que nous perdons de lucidité tracassante.

Invitation au refoulement

L'on sait assez qu'une pulsion, lorsqu'elle est inavouable, sera très fréquemment l'objet d'un refoulement, mais qu'elle resurgira aussi, ensuite, dans la conscience, sous une forme déguisée qui rendra compte à la fois de la pulsion et de l'interdit qui plane sur elle. Ainsi s'explique, en psychanalyse, la formation du symptôme. Ainsi s'explique encore, au niveau plus général des mécanismes de défense, la « formation de compromis ». Bon nombre de structures publicitaires en appellent à un tel processus.

Ainsi cette publicité de parfum qui proclame, au sujet de son élixir, qu'il est à la fois sauvage (pulsion) mais civilisé (contrôle).

Mais il y a plus subtil encore. Récemment, par exemple, il y a eu une **vague**, dans le secteur des sous-vêtements féminins, d'images nous présentant deux jolies femmes, très près l'une de l'autre. Evidemment, il s'agit là de suggérer subtilement la caresse, l'homosexualité innocente, l'amitié propre au monde féminin. C'est aussi une façon de flatter, par ce biais, les mouvements de Women's Lib. Ainsi, le soutien-gorge Barbara photographie deux corps bronzés de femmes qui se touchent, l'une de face, l'autre de dos, les deux visages étant maintenus dans une ombre discrète. Les formes en plein de l'une entrent vraiment dans les formes en creux de l'autre. Même l'appareil de photos Yashika a misé sur cette thématique de Lesbos. On pourrait presque conclure qu'après le mythe de la virilité est venu le mythe de la féminité, puisque même Kim (cigarette) « est trop raffinée pour une main d'homme ». (Le phénomène est très répandu, quelquefois plus subtilement.) Trois femmes seules se partagent les cigarettes Kim, elles sont dans une jeep type safari : donc capables d'aventure, sans homme.

Du point de vue propositionnel, la logique sous-jacente à ces publicités reproduit, point par point, les opérations psychiques du refoulement puis de la formation de compromis :

« Vous avez des pulsions homosexuelles »
    (et trouvez même les hommes un peu lourdauds-Kim)

↓

Ces pulsions peuvent être en parties refoulées

↓

Mais vécues au niveau de l'amitié tendre (Barbara), du partage d'une certaine complicité (Kim), ou d'une même attitude distante vis-à-vis du masculin (Kim).

Dans le cas des appareils Yashika, l'ensemble des pulsions sollicitées est un peu plus complexe. Pulsion voyeuriste, soit : puisque l'appareil permettra de s'introduire dans des lieux intimes où les femmes se rapprochent les unes des autres. Mais pulsion homosexuelle aussi, puisque aussi bien pour l'homme que pour la femme, cette image reste évocatrice. Le compromis enfin qui nous est suggéré est esthétique : de ces pulsions faites des belles images artistiques.

L'efficacité démontrée de ces publicités montre assez bien qu'à se laisser flatter dans le sens de nos défenses, on consomme aisément les compromis qui nous sont quotidiens.

Identification normative ou idéale

Le nourrisson, dans l'hypothèse analytique, a tendance à s'approprier l'objet-autre par voie d'introjection cannibalistique laquelle tendance, au cours tout particulièrment de l'Œdipe, apprend à se partialiser, à se fragmenter pour devenir envie d'une partie ou d'une propriété particulière de l'autre. L'agressivité originelle s'utilise ainsi à s'approprier un fragment souhaitable de l'autre : un fragment qu'on en a abstrait et dont on espère, de la sorte, ne plus sentir en soi le manque. Faisant appel à ce procédé, la publicité suscitera fréquemment chez l'interlocuteur l'envie d'un fragment d'être ou d'une qualité mise en lumière. La familiarité du processus n'éveillera pas, en revanche, le barrage de la censure.

Ainsi, présenter un homme qui porte un slip Jill dans une Rolls-Royce, ou au bord de la mer, c'est présenter, du coup, un homme qui a réussi socialement. Il est à envier. Il est un modèle. L'objet ainsi intégré à une atmosphète d'idéal matériel — seul idéal existant, semble-t-il, en publicité — devient alors souhaitable comme objet partiel. On canalise toute énergie, tout vouloir faire ou être dans la richesse. Suivant la même logique, les cigarettes, les voitures, l'alcool, et même les produits alimentaires sont valorisés par des intérieurs luxueux, ou des environnements extérieurs esthétiquement parfaits. Chacun de ces objets est allié à une femme plutôt qu'à un homme, à un couple directement photographié ou indirectement présent par l'intermédiaire d'un bijou féminin, d'une paire de gants, d'une main... On offre, très ostentatoirement, à l'interlocuteur un peu de ce dont il a le plus envie. Et l'on sait ce dont il envie parce qu'on enquête méthodiquement sur la question.

En certaines circonstances, l'identification prend des détours extrêmement subtils. L'affiche des slips Jill, en effet, est trop patente, trop flagrante. Il en va autrement de bon nombre de publicités qui ne comptent que sur un ensemble très sobre de formes pour ainsi dire parfaites, c'est-à-dire d'un esthétisme recherché. Nous songeons surtout ici aux produits de grand luxe : salles de bains, par exemple, ou parfums de prix, briquets exclusifs à la laque de Chine (Dupont, Dunhill), certains bijoux aussi, montres par exemple. Dans bon nombre de situations de ce genre, tout ce que l'on propose à l'interlocuteur est une forme : une forme recherchée, cela va sans dire, atteignant quelquefois à l'art abstrait (Rochas). Le texte est réduit à son minimum : publicités sans texte de Chanel ou de Dupont ; publicités avec un seul mot, le nom du fabricant, pour Caron, Jacomo ou Saint-Laurent.

Ce que dit, picturalement, une telle affiche, tient manifestement de l'identification :

« Vous avez envie de dévorer ou introjecter un ou des personnages de votre roman personnel qui vous écrasaient d'élégance ou de raffinement »

↓

« Contrôlez cette pulsion, faites-en une pulsion partielle, ravissez-leur leur sophisticaion »
    (élégance extrême de l'image)

↓

« L'élégance du produit est un objet acceptable à votre besoin d'identification ».

On croira vraisemblablement que la dénonciation de cette formule identificatoire, c'est-à-dire la redirection de l'envie vers une fraction de l'objet, constitue un abus de langage. Qu'il nous suffise de rappeler les trois publicités Rodier analysées plus haut (p. 40) du point de vue rhétorique, « Devenez artiste sans en avoir les angoisses », etc., pour voir que le procès peut parfois même être explicite sans que, pour autant, le spectateur en soit gêné.

Quant à l'utilisation de l'image de certaines vedettes associées linéairement à un produit, elle est suffisamment connue et répandue pour ne pas devoir ici être rappelée.

Ce qu'il importe de souligner, en revanche, c'est que ces identifications suivent deux voies parallèles distinctes. L'une pousse à la normalisation et l'autre, à l'idéalisation.

« L'archi-esthétisme » dont nous venons de parler va, très nettement, dans le sens d'un appel aux valeurs supérieures, voire au sublime et au grand raffinement.

Pour des produits plus quotidiens, l'identification suggérée se devra d'être moins idéalisante, de rassurer davantage sur la conformité d'un geste avec l'usage. Pour introduire, par exemple, un mets instantané, une soupe qu'on n'a pas à préparer, un lave-vaisselle qui transforme la corvée tradition-nelle, pour mettre en lumière tout ce qui peut changer des habitudes, il importe, comme on l'imagine, d'assurer à son spectateur qu'il n'est pas seul à opérer cette mutation, qu'en l'effectuant, il se conforme à un usage qui se répand.

Ainsi, peu à peu, se précisent certaines images archétypales. La femme d'intérieur typique est rejetée. Ceci a été vérifié au Québec, d'après une enquête menée par une agence publicitaire. En France, le même mouvement se dessine puisque celle qui lave le plancher à genoux se profile au lointain en noir et blanc comme une vieille photo, et se laisse à peine voir, cachée par trois panneaux colorés, chargés d'écriture.

La femme à l'honneur, c'est celle qui s'occupe d'elle, qui sourit, qui ravit par son sens pratique, (telle la blonde qui vante la télévision couleur Philips en quatre phrases bien tournées), par son épanouissement physique (exemple : la souple fille des collants Chesterfield), par son allure distinguée et romantique (la blonde à la coiffure ancienne du vaporisateur Elidanse).

Rationalisation

La rationalisation, en tant que mécanisme de défense de l'appareil psychique, permet à la pulsion et à son inhibition de s'exprimer en même temps à l'intérieur d'un compromis où l'envie se trouve maquillée par des arguments intellectuels qui

LA MODE EST AU NU...

Suivez-la
en soutien-gorge AUBADE

pour celles qui aiment... le naturel la douceur le confort

Pony

Elles ont choisi les ensembles "invisibles" Warner...

kim

...trop raffinée
pour une main d'homme

kim

paraissent avoir motivé une action spécifique tandis que le désir n'a pas à être reconnu.

Il est plus qu'évident que l'acquisition de certains biens ne repose surtout pas sur des arguments intellectuels ; que ce qui motive ces acquisitions est de l'ordre du pouvoir, ou de la libido narcissique ou phallique. En certaines circonstances, le passage à l'acte de cette libido trouve, dans le message publicitaire, un éventail d'arguments intellectuels qui pourront lui servir d'occultants et de rationalisations. C'est le cas, en particulier, de certains biens de consommation coûteux mais dont l'utilité spécifique n'est pas évidente en soi.

Le modèle, dans ce genre, est peut-être la publicité de Volkswagen décrite plus haut (p. 25) dans son détail. Les trois quarts de la page qui constituent l'image peuvent être vus comme un appel à la pulsion ; le quart restant, confié au texte, correspond à la rationalisation/intellectualisation du choix proposé.

Cette formule a si bien fonctionné qu'elle s'est vue, par la suite, calquée par un grand nombre de publicités d'automobiles. Image trois quarts ou quatre cinquièmes de page qui illustre, au choix, le luxe, le confort ou l'allure sportive du véhicule ; texte en bas de page, à caractère sérieux, informatif, où l'on suggère une série d'arguments fort rationnels, auxquels on ajoute quelquefois même des graphiques, des dessins de moteur éclatés, des courbes impressionnantes auxquelles bon nombre de lecteurs, d'ailleurs, ne comprennent presque rien. Mais la raison est là, on ne manque pas d'arguments. En fait, l'intellectualisation est si bien pourvue qu'on peut, sous son couvert, donner libre cours à une pulsion tout autre : celle, par exemple, d'impressionner le voisin, celle d'afficher son standing social, ou celle de se conformer au code d'une certaine classe... quand ce n'est pas, tout bêtement, la pulsion de mépriser ou de sadiser un véhicule qui, lui, ne se vengera pas.

Volvo, par exemple, annoncera simplement que « X % » (dépendant de l'année) des propriétaires de Volvo sont des universitaires ».

La rationalisation, cependant, ne fonctionne pas toujours.

En 1971, par exemple, la Banque Nationale de Paris a voulu axer sa publicité sur un tel mécanisme. L'effet publicitaire était centré sur un personnage supposé sympathique, celui du banquier souriant, franc et honnête. Il avait l'honnêteté de déclarer : « Votre argent m'intéresse ; donnant, donnant, etc. »

Or, d'après une enquête menée par la maison Publicis, la figure de l'homme a éveillé des connotations différentes : faux, malhonnête. On est allé jusqu'à dire qu'il avait l'air juif, qu'il ressemblait à Michel Piccoli... Donc, les créateurs ont peut-être fait une erreur quelque part. Pourtant, ils ont persisté à croire que c'est le public qui doit s'habituer à personnifier la banque, à converser franchement avec elle. La B.N.P. a poursuivi sa campagne avec le même visage, expliquant que les plaintes viennent des non-bancarisés en général et que c'est ceux-là qu'il faut éduquer.

Tout s'est soldé par un échec.

Il semble que la clientèle ne soit pas en mesure de s'avouer qu'un service bancaire en vaut un autre et, qu'après tout, si celui-là est honnête, pourquoi ne pas y aller ?

On ne rationalise pas (ici, plus spécifiquement, on n'humorise pas) avec l'argent, il faut de *bonnes raisons,* et la distance-intellectualisation proposée ici en demandait trop à l'interlocuteur.

Une banque concurrente a adopté le revers de cette publicité en montrant un client souriant, non un banquier. Or cette seconde publicité, fondée sur le déni de la réalité bancaire ou de l'angoisse de transaction de même qu'une identification simple au client satisfait, a beaucoup mieux marché.

Il faut peut-être souligner, toutefois, que la première publicité (B.N.P.) exigeait une rationalisation, mais que, contrairement aux publicités VW, elle ne la fournissait pas, ne l'explicitait pas.

Comme quoi ce n'est pas en faisant appel aux mécanismes de défense que la publicité opère, mais bien en les reproduisant, en les imitant, et, de là, en les entraînant pamimétisme.

La main publicitaire

Pour qui s'en passionnerait, il y aurait, sur le seul usage de la main dans l'imagerie publicitaire, une œuvre entière à rédiger. Notre propos est ici plus modeste : nous ne cherchons qu'à signaler l'usage très souvent astucieux d'un artifice métonymique ou déictique dont la portée échappe la plupart du temps au spectateur.

Mains d'hommes ou de femmes, gantées ou dénudées, laborieuses ou affinées, les mains ont en effet cet étrange pouvoir d'évoquer le contact humain ; la relation de la mère à l'enfant, de l'homme et de la femme, par exemple, mais également le lien au

produit désigné. La main virile qui tient la ponceuse de Black and
Decker n'est pas la main enjolivée par la lessive Lux ou
Palmolive. La main gantée du pilote de voiture sportive n'est pas
la main gantée de velours de la femme qui choisit sa rivière de
diamants chez le joaillier de prestige. Mains protectrices ou
insolentes, mains victorieuses (Vittel) ou défaitistes, mains
ornées de bagues de fiançailles ou mains blanches porteuses de
montres de grand luxe ; mains potelées d'enfants appelant leur
mère ou mains tendues d'enfants infirmes ou mal nourris, la main
résume la personne et évoque, plus qu'on ne croit, la totalité du
corps.

Sexuelle et colorée, elle est indice de classe sociale et
d'intention, de piété ou de délinquance, de quotidienneté ou
d'événement inusité. Maquillée, elle découvre la femme fauve.
Sale, elle dénonce l'ouvrier. Posée sur le genou ou sur le bras
d'un partenaire, elle spécifie l'intimité prochaine. Autoritaire ou
impérative, elle commande le respect. Entr'ouverte, elle annonce la soumission.

Nous le répétons : quelqu'un pourrait analyser l'ensemble ou
presque des publicités par l'unique biais de la main. C'est là l'un
des matériaux les plus passionnants de l'affiche, l'un des lieux où
s'enfouit plus ou moins consciemment l'essentiel du message
qu'on cherche à nous transmettre.

Mais il est tant de choses à dire et il est tellement prétentieux
de croire à l'exhaustivité en un secteur où tout se met en œuvre
pour nous rendre complices...

Le nouvel homme-sandwich

Le plus clair de cette rhétorique, c'est qu'elle s'infiltre de
partout, qu'on ne sait pas où elle s'arrêtera tant, d'une part, elle
s'est subrepticement construite, tant, d'autre part, elle nous colle
à la peau. C'est là l'extrémité dernière où elle en est venue à se
placarder d'ailleurs : sur notre peau elle-même, sur nos vêtements, nos stylos, nos briquets, nos bagages, nos serviettes et nos
ceintures ; faisant de nous des hommes-sandwiches consentants,
bailleurs de fonds de nos propres réclames. Il suffit, pour nous en
convaincre, de visiter un grand magasin ou une foire internationale. La meilleure des publicités est celle que nous affichons
nous-mêmes. Vêtements portant le sigle de Cardin ou de
Saint-Laurent, tricots Mickey ou bagages Adidas, casquettes et
briquets estampillés à l'image des grandes marques de com-

merce. J'adore les Bahamas. Paris est éternel. Autant de phrases
qui s'affichent désormais sur le T-shirt ou sur le chemisier de
prix. Qu'y disons-nous au juste ? Notre désir ? C'est sûr. Mais
aussi, n'est-ce pas évident, les défenses dont nous avons tous
besoin, les projections auxquelles nous consentons, les compromis qui nous garantissent de trop d'angoisse : bref, les multiples
raccourcis que nous avons choisi de vivre.

A déambuler parmi la foule à Disney World, l'on découvre un
million de Mickey ou de Pluto achetés, il y a quelques minutes à
peine, au magasin « d'époque ». Comme si le décor fourni par les
publicitaires ne suffisait en rien à recréer le monde de fantaisie du
dessin animé, chacun, enfant ou adulte, se met de la partie,
multiplie la grande connivence des représentations, ajoute son
personnage à la mascarade générale, lance son ballon dans le
tohu-bohu des faux-selfs qui dansent et se reconnaissent.

La surenchère n'a pas de fin ; pour prendre part à la fête
conviviale, chacun annexe son équivoque au scénario : chacun
ré-écrit l'œuvre.

Disney n'est peut-être pas un monde si faux et si artificiel :
est-ce qu'ailleurs, dans tous les XVIᵉ arrondissements du monde,
on n'a pas aussi le goût d'indiquer son vouloir - être - de - la -
fête ? Nous serait-il possible de dénoncer sans cesse, sans par
ailleurs participer, jamais, au leurre qui nous semble vital ?

Les publicitaires — et c'est peut-être là le malheur — paraissent parfois être les seuls à se préoccuper de ce besoin. Ils le font
avec esthétisme et, comblés, nous le leur rendons bien.

Chapitre second

L'HISTOIRE
D'UN PASSAGE AU MÊME

Le constat d'une certaine symétrie des défenses psychiques à la rhétorique du panneau-réclame n'épuise évidemment pas la totalité du phénomène publicitaire.

Ce qu'éclaire, en revanche, ce parallélisme, c'est que, tant dans le cas des mécanismes de défense que dans celui de l'affiche de sollicitation, nous assistons à une formation de compromis, c'est-à-dire à l'élaboration d'une proposition où le désir et la censure demeureront à demi satisfaits. Le désir, dans ce processus, une fois utilisé comme source énergétique, se verra transformé en demande et dévié sur un objet partiel par le biais d'une action spécifique. La censure, pour sa part, se verra en partie comblée par un appel à l'éthique familiale ou prédominante, ce qui, évidemment, abandonne à son vide, l'envie plus narcissique d'une originalité fondamentale.

De là à affirmer que la proposition publicitaire est d'un ordre symptomatique, il n'y a, en apparence, qu'un pas. A le franchir trop allègrement, on escamoterait, c'est manifeste, une série de problèmes théoriques réels qu'il nous faut en partie résoudre ici. La question néanmoins se pose de savoir ce qu'il advient du désir dans la formulation publicitaire, et c'est à tenter de répondre convenablement à cette question que nous consacrerons les pages qui suivent.

Rappelons avec Laplanche et Pontalis que le désir appartient à ces entités psychiques tellement fondamentales qu'elles restent, à la limite, indéfinissables. Toutefois, malgré l'impossibilité de cette définition, ils soulignent, autour de ce concept, certains traits essentiels.

Le désir se distingue du besoin en ce qu'il est un phénomène psychique et inconscient, tandis qus le besoin est une réalité organique. En tant qu'entité psychique, le désir est en relation avec les premières expériences de satisfaction infantiles. Indissociable de certaines traces mnésiques qui accompagnaient ces premières expériences de satisfaction, il cherche à reproduire, par voie hallucinatoire, cette expérience originaire.

Désir
vo
Pulsion

Le désir naît de l'écart entre besoin (biologie) et demande (action spécifique de recherche d'amour). Alors que la pulsion, née du besoin, fait appel à des souvenirs pour entreprendre une action spécifique (demande ou autre) apte à réduire la tension de l'organisme, le désir, quant à lui, recherche son accomplissement dans un objet *A*, organise des signes sous forme de fantasmes et trouve son accomplissement dans une représentation hallucinatoire d'une expérience orginaire de satisfaction.

On note encore que le désir semble lié plus qu'à une simple tension : à un état de détresse, suite vraisemblable de la déception relative à l'objet a par rapport à l'objet A.

Bref, dans la plupart des cas, le besoin éprouvé se représente psychiquement par une pulsion qui cherche l'abaissement de tension dans une action spécifique inspirée de souvenirs circonstanciés. Si l'action entreprise, cependant, et plus précisément la demande, loin de coïncider avec le besoin, souligne l'écart, le besoin se représentera psychiquement par du désir qui cherchera à s'accomplir dans une reproduction hallucinatoire du contexte perceptuel de l'expérience originaire de satisfaction.

Cette formulation, pour succincte qu'elle soit — et nous l'admettons telle — arrive toutefois mal à rendre compte de la totalité des actes humains. A l'en croire, en effet, on entreprendrait uniquement des actions spécifiques visant à la détente de la tension intérieure où l'on s'occuperait à fantasmer l'expérience originaire de satisfaction. Or tel n'est pas le cas.

Certains gestes ne sont pas commandés par le seul plaisir immédiat ; certaines actions, certaines attitudes, au contraire, visent, semble-t-il, à maintenir ouvert l'état de tension qui constitue au fond l'élan vital. La situation de l'étudiant ou celle du chercheur qui maintiennent ouvert un esprit de recherche dont l'aboutissement sera ultérieur illustrent assez bien ce phénomène.

Les formulations psychanalytiques, à ce sujet, passent par l'hypothèse d'une secondarisation des processus psychiques, c'est-à-dire par la capacité d'introduire, dans le parcours de satisfaction, un délai temporel ou spatial justifié par la quête d'un

« plus grand plaisir ». Cette secondarisation trouve à son tour sa justification dans un narcissisme de type secondaire où l'idéal du moi et le moi idéal « conviennent », pour le sujet, de « buts à atteindre » pour demeurer conformes à une image de soi non seulement acceptable mais éventuellement flatteuse. Les actes, posés en vertu de cette secondarisation, sont aussi mus par le désir : un désir secondarisé, soit, mais le désir tout de même.

Notre intention n'est évidemment pas, ici, de reprendre la formulation psychanalytique de la métapsychologie et, en ce sens, nous abandonnerons là notre incursion dans l'énoncé freudien et post-freudien. Ce qui nous importe, en revanche, comme nous le précisions plus haut, c'est de cerner ce qu'il advient de son désir dans le message publicitaire et ce, tant au sujet du désir primaire que du désir plus secondarisé. L'hypothèse générale que nous formulons d'emblée, c'est que l'affiche sollicitante, par son appel à l'action spécifique (consommation) se représente psychiquement par une pulsion et évite soigneusement de donner prise au désir qui serait davantage fondamental et surtout, ce nous semble, subversif.

La place du désir dans l'œuvre d'art

L'œuvre d'art, dit-on, accomplit le désir. La formule, certes, est élégante, séduisante même, mais, à l'épreuve, que récèle-t-elle au juste ? La question, manifestement, vaut qu'on s'y attarde, et, en ce, nous suivrons d'abord les travaux de Lyotard et de Lacan.

Pour peu qu'on schématise, en effet, l'œuvre de ces auteurs, on est amené à constater que l'œuvre d'art est un lieu où se mettent en place certaines conditions essentielles à l'enclenchement du désir, d'une part, certains axes porteurs, d'autre part, qui, sans emprisonner l'imagerie, la libèrent justement selon des voies propices à l'accomplissement fantasmatique du désir.

Le trou, le vide, le creux, l'absence deviennent dès lors centraux.

Le désir, nous l'avons souligné plus haut, ne naît pas d'une seule tension. Cette tension, en effet, peut aisément prendre la représentation d'une pulsion et se résorber à travers l'action spécifique. Le désir naît de l'écart entre besoin et demande, mais de l'écart, aussi, dit état de détresse, entre l'actualité de la satisfaction et la soif initiale.

Le désir naît d'une béance incommensurable, signe certain d'une castration narcissique par où le monde ne nous apporte pas l'amour rêvé mais par où, également, nous ne sommes jamais égaux en pouvoir à l'être imaginaire qui nous habite. (Voir aussi le soi grandiose de Kohut.)

L'œuvre d'art, si l'on suit cette logique, doit représenter cette *béance,* et, de ce fait, d'une certaine manière, elle la représente. Lacan l'a démontré avec rigueur au sujet du tableau de Holbein. Nous pourrions aisément reprendre sa démonstration sur des œuvres contemporaines : nous nous satisferons d'un seul exemple, celui d'un tableau de Rothko, intitulé : *Orange et Jaune.*

A première vue, rien de plus simple ou de plus puéril que ces deux rectangles, l'un, jaune, l'autre, saumon sur un fond de toile rosâtre. « Un enfant, pourrait-on penser, en ferait autant. »

Pourtant, à l'examen, les rectangles se révèlent beaucoup moins précis dans leurs contours que ne le laissait soupçonner un premier regard. Les plages jaune et saumon sont bien moins univoques aussi qu'on le perçoit à la première inspection. Une transparence, peu à peu, s'affirme dans l'une et l'autre tache qui, au-delà du premier plan, invite à deviner une sorte d'*ailleurs,* un *autre Lieu.* Le tremblement des contours des masses donne l'illusion d'une forme en voie de se dessiner, d'une forme en train de prendre forme.

Un vide se crée, se manifeste. Le tableau aperçu est double. Il est celui que l'on regarde, bien sûr, mais néanmoins celui que l'on devine. L'écart entre ces deux tableaux nous aspire et nous hante. Le regard se voit attrapé. L'autre tableau se doit d'être reçu comme imaginaire pour combler cette béance [1]. Nous n'avons d'autre choix que de fantasmer.

---

1. Le terme de « béance » est ici introduit en guise de pendant pictural ou représentationnel de l'*écart* (psychique) dont naît le désir.

Pour mieux cerner cette notion — que nous posons cependant comme ultimement insaisissable — il importe de convenir que toute œuvre renvoie, en dehors de tout contenu explicite ou manifeste, à un autre contenu, disons « manquant ».

Le tableau représente, soit, mais il évoque aussi quand il ne cache pas un tout autre tableau.

Cette seconde œuvre, en deçà de la première, nous intéresse ici à plus d'un titre.

Le désir, rappelons-nous plus haut (**pp. 59-60**), naît de l'écart besoin-demande. Ce qui signifie, en particulier, que *toute rencontre* suppose de la part de

ORANGE ET JAUNE

Orange et Jaune. 1956. Huile sur toile, 91 × 71"
Coll. Albright-Knox Art Gallery, Buffalo, New York, don de Seymour H. Knox

Le support que fournit Rothko à cette fantasmatisation est suffisamment vague ou neutre pour permettre les plus insolites des voies imaginatives. Chacun y trouve son compte, chacun, surtout, y trouve son tableau, réinvente depuis ce vide des perceptions connotatives de l'expérience de satisfaction. Chacun y fabule son histoire.

Mais à un niveau narcissique secondarisé, chacun y projette aussi sa symbolique, sa façon supposée personnelle, d'organiser sa représentation de l'univers et de soi. Le spectateur, en somme, devant ce vide et ce support extrêmement généreux, se réapproprie la faculté de se symboliser.

Cette *possibilité de se symboliser* constitue en soi ce que nous nommons la *valeur subversive* de l'œuvre d'art [2]. Cette valeur subversive nous apparaît, entre autres, aux antipodes de l'enclenchement pulsionnel et de sa résultante : l'action spécifique. La possibilité, la liberté de se symboliser, si elle doit passer par les voies de la béance et de la détresse, n'en conduit pas moins à la seule ouverture possible vers une existence du sujet comme auteur de sa vie. C'est peut-être là, en dernière analyse, l'enseignement le plus violent de Rothko le peintre.

Evidemment, l'on pourrait étendre notre raisonnement à l'œuvre littéraire et postuler que des *Finnegan's Wake* ou des *Le*

---

tout sujet un constat (dans le réel : M. X est chauve), mais aussi une attente (nécessairement fantasmatique et innommable). Entre cette vision réelle et l'attente ou l'objet attendu, il y a forcément écart.

Quand JE rencontre il, je constate il mais n'en perçoit pas moins le Il manquant.

Il en va de même au regard d'un tableau ou d'un roman ou d'une vision filmique.

Là où les choses se compliquent cependant, c'est quand l'œuvre investie renvoie à JE la représentation de cet écart, de cette béance.

Le film de Bergman *Scènes de vie conjugale* constitue un exemple, entre mille autres, de ce scénario. Le couple qui s'y représente est à la fois convoité (exemplaire d'une certaine manière) et lacunaire : son amour est en même temps idéalisé et décevant. Bergman nous renvoie donc l'image de l'écart quotidien désir-demande.

En publicité, au contraire, comme nous l'établissons au fil du texte qui suit, il s'agit surtout et d'abord de *maquiller* cet écart.

2. Il ne faudrait pas, sous prétexte d'établir l'art comme absolu, le déclarer subversif de façon inconditionnelle. La subversion s'oppose d'abord à l'idée de perversion et naît de ce fait qu'elle suscite le désir davantage que le besoin. Toute œuvre dite artistique est loin de correspondre à ces critères et l'on se rappellera, à ce sujet, les habitudes financières du monde de l'œuvre d'art. L'on se rappellera même le procès innommable à la succession de Rothko.

Inversement, il est totalement faux de prétendre que toute publicité est inconditionnellement perverse. Elle maquille parfois moins le désir que certaines œuvres d'art.

Voir : *The Legacy of Mark Rothko*, Lee Seldes, Penguin Books, 1978.

Camion conduisent, à la limite, à être auteur de sa propre vie. Cette généralisation serait certes fascinante mais elle déborde le cadre de ce travail où nous cherchons, avant tout, à spécifier le lieu publicitaire.

*Une affiche ambiguë : celle d'*Easy Rider, *1970*

Des propos qui précèdent, l'on pourrait croire que nous nions à toute affiche publicitaire quelque qualité artistique ou créatrice que ce soit. En fait, notre visée est bien loin d'être telle et nous savons trop bien que ce serait là négliger le talent d'artistes tels Lautrec ou Savignac. Ce serait, aussi, désavouer le talent manifeste, sinon, quelquefois le génie de certains photographes ou scénaristes qui œuvrent dans ce champ.

Notre question est plus complexe : elle concerne le passage du désir vers la pulsion. Elle s'intéresse, sous un autre angle, à la transformation du subversif en sollicitatif. L'art n'est pas nié, mais notre préoccupation s'adresse à sa mise au service de l'action spécifique.

Une affiche publiée en 1970, inspirée du film américain *Easy Rider* éclairera ici notre propos.

Le film *Easy Rider* a certainement marqué, à sa manière, ou reflété pour le monde entier, le caractère d'une époque importante de l'histoire des Etats-Unis. C'est la fin des années 60, la fin donc d'une décennie on ne peut plus libérale, la fin aussi du mouvement hippie dans ses aspects les plus excessifs. En Californie, la consommation de cannabis, après avoir atteint un certain plateau, est en voie de régression. Les grands mouvements écologiques en appellent à la responsabilité par rapport au milieu. Le hippisme d'antan, d'une formulation naïve, risque de devenir un mouvement de contestation beaucoup plus cohérent et plus articulé. Au « Love and Peace » a succédé une formule nouvelle, celle de la liberté dans la sobriété.

Cette liberté dans la sobriété est clairement le thème du film *Easy Rider*. Deux jeunes motards y entreprennent la traversée américaine. Ils sont beaux, jeunes, libres. Leurs exigences sont minimes, aucune ambition fastueuse ne les anime. Repas simples, discussions amicales : voilà le matériau du film qui se déroule dans un décor champêtre et sans ostentation. Cette liberté est subversive, elle est, en fait, intolérable pour les bien nantis. L'expédition culmine sur le meurtre que l'on sait.

S'inspirant de ce film, voire de cette thématique, Théobal compose une affiche qui se joint aux New Personality Posters de 1970. Y figure Peter Fonda sur une moto caractéristique de l'œuvre cinématographique : une moto au guidon surélevé et dont le support sur la roue avant est démesurément allongé.

Techniquement, l'affiche est le résultat de la superposition rythmique de trois tirages photographiques indépendants issus d'un processus dit de « séparation des couleurs ». Visuellement, l'image, dans sa globalité, convie à l'impression d'une multiplication des motos et motards : on en compte clairement huit. Aucune des épreuves photographiques n'étant en soi complète sur le plan de la couleur (tirage rouge, jaune et vert), on est également fasciné par l'irréalité de l'image. Mais il y a plus. Car où, en effet, doit-on ici diriger son regard ? Le représenté est loin de la fréquente fixité photographique. L'œil est sollicité en diverses directions. Le visage du motard et le fond de la scène se confondent. Le premier plan, dirait-on, s'enfonce dans l'image ou, alors, selon ce que l'on choisit de percevoir, c'est le fond de la scène qui se projette vers le premier plan. Quelque part, cette affiche nous gêne. Sa perspective — et c'est là vraisemblablement une des sources de notre étonnement — est loin d'être classique. L'absence de profondeur est, en particulier, flagrante : aucun point de fuite à l'arrière du tableau, tout au plus un point de convergence, à droite de ce dernier, nous indique un point de force, un centre de gravité. La construction est davantage cinétique, et nous, davantage plongés dans un univers de mouvement que dans l'entreprise d'une définition de l'espace. L'étagement des lignes, de bas en haut de l'affiche, renforce cette impression d'un monde bi-dimensionnel. Mais, en même temps, cette image stabilisée joue le rôle de « cache ». A gauche de l'image, entre autres, la roue de la moto, répétée sous forme stylisée, nous donne l'indice d'une autre image derrière celle-ci : d'une image occultée, à voir, mais qu'il ne faut pas voir. Et s'enclenche l'évocation multiforme où, à vouloir saisir le sens des lignes présentées, on se perd en conjectures. L'univers est polysémique. L'allusion de ces courbes accumulées nous renvoie aussi bien aux faisceaux lumineux des arts pop ou op qu'à des collines à dévaler. A moins qu'il ne s'agisse de zones énergétiques ?

On ne sait plus rien, comme dans l'image choisie par le rêve, on est en face d'une condensation, c'est-à-dire en présence d'une représentation qui nous convie à plusieurs voies associatives. Ces lignes, en définitive, portent une infinité de significations et les formes envahissent l'espace au point de le saturer complètement : au point de le surcharger.

Du côté droit de l'affiche, un homme en position diagonale, parallèle aux lignes opposées de la moto, occupe une position conique de l'espace. Seulement les bras, les épaules et les cheveux sont reproduits l'un à la suite de l'autre dans les mêmes proportions jusqu'au haut du poster. Cette répétition nous oriente vers l'intention du créateur qui est de faciliter l'identification du spectateur avec ce multiple ; de magnifier la puissance et les pouvoirs potentiels du héros : ouverture d'un espace pour donner le choix à des interprétations différentes du même personnage.

L'homme présenté est un héros de film facilement reconnaissable, mais aussi un champion motocycliste : un homme aux goûts jeunes et modernes, et la présentation formelle, en étagements, ne fait que refléter la multiplicité du personnage. Celui-ci, en effet, et par plusieurs détails, permet diverses visions. Bottes, ceintures, gants, lunettes, jeans, constituent l'uniforme du motocycliste chevronné. C'est l'homme moderne qui se révèle par ses « gadgets », son sens pratique et son avant-gardisme. Les chemises voyantes à motifs colorés, les cheveux longs aux teintes artificielles présupposent un souci de l'anti-conformisme en même temps qu'un désir de vivre le rêve, la poésie. Multiples connotations rattachées à un élément de l'image : on a choisi, comme dans le rêve, les éléments de représentation pour leur polysémie. On est en pleine condensation ; une condensation d'ailleurs qui s'impose aussi au niveau des couleurs. Répertorions, par exemple, la gamme des couleurs froides : bleu, vert, des couleurs chaudes : rouge, jaune et des couleurs tranchantes : noir, blanc. Si nous examinons les manches de chemise, nous distinguons :

— bleu, jaune   — froid-chaud
— rouge, jaune   — chaud-chaud
— noir, blanc   — tranchant
— bleu, vert   — froid
— noir, blanc   — tranchant
— bleu   — froid

La couleur nommée en deuxième partie est la couleur de l'épaule, cette ligne continue la parallèle déjà formée par le bras allongé. De bas en haut, du côté des lignes « design », nous percevons l'harmonie suivante :

— rouge	— chaud
— noir (blanc tacheté)	— tranchant
— bleu (vert tacheté)	— froid
— noir (blanc tacheté)	— tranchant
— bleu (vert tacheté)	— froid
— noir (blanc tacheté)	— tranchant
— rouge (jaune tacheté)	— chaud
— bleu	— froid

On peut dire que les six premières se correspondent, sauf du côté des lignes : le rouge et le bleu s'opposent franchement sans intermédiaire. Cette mathématique colorée sert à condenser aussi des émotions. D'abord, chaque couleur franche est alliée à une autre qui l'exalte, sauf le rouge du centre, zone de concentration de l'affiche. Pour tempérer ce rouge qui s'étale largement du centre vers le côté gauche, il faut, semble-t-il, doubler les couleurs fuyantes accolées à du noir (noir, bleu, noir, bleu). Il y a ici un conditionnement à l'émotion calculée malgré l'apparence de charivari chatoyant. Centré sur le rouge, avec des rayons jaunes, bleus, le symbole du feu s'impose. C'est le feu de la jeunesse, la fougue pour la vitesse ; il est à associer avec les émotions violentes, le déploiement de la vie, de la puissance, de l'éclatement.

Cette force bloquée à droite par une masse, appuyée sur une forme noire, traversée par les lignes enchevêtrées, s'associe directement dans nos esprits avec la mort. L'éternité plane au-dessus des contraintes par cette merveilleuse courbe en vallons, rouge au-dessus du noir, du bleu, du vert. Ces couleurs évoquent, bien sûr, la terre, l'eau, l'air. Par leurs positions et leurs « patterns » par rapport au rouge, ces tons contrebalancent l'intensité du rouge et s'associent à des sentiments plus neutres, à des moments plus calmes, plus intérieurs peut-être. On peut penser à la quotidienneté, à l'attente, à l'ennui, à l'espérance, en somme au cheminement intérieur lent et sinueux.

Formes, lignes, couleurs s'ordonnent autour d'une mathématique vivante d'où jaillit une pluralité d'impressions, d'émotions. Elles se superposent, s'interpénètrent, s'appellent l'une l'autre, s'annulent ; d'où l'impression de surcharge, d'ambiguïté, de multiplicité d'interprétations possibles. Un seul élément en contient tellement d'autres, en filigrane, et tous les éléments ensemble avec leur cortège d'associations éclaboussent l'œil du spectateur qui cherche, malgré tout, un point de repère. Cette impression d'envahissement du spectateur provient, sans doute, de la surcharge, de la surimposition, de la condensation. Une conviction peu à peu se précise : il devient difficile d'établir ici une distinction absolue entre publicité et art. Le seul polysémisme de cette œuvre lui vaut une place dans un musée. Où en sommes-nous de nos désirs ?

Il nous faut, sur ce point, revenir aux considérations du début de ce chapitre sur le désir et la pulsion et tenter de resituer l'affiche dans son rapport à son appel aux forces désirantes.

Pour que le désir s'accomplisse, suggérions-nous au cours de cet élagage théorique, il faut, en quelque sorte, une circonstance de vide, un lieu de « détresse » importante. Suite à quoi, suivant les suggestions d'un support imagique approprié, s'élaborera une construction non pas réelle mais avant tout fantasmatique. Le rêve, entre autres, réunit ces diverses conditions.

Le vide, la béance et le manque, le trou d'écart, le lieu d'entrée à l'œuvre nous sont indiscutablement fournis par cette affiche. Il ne faut pas sous-estimer, entre autres, le fait que cette illustration bouleverse le système de valeurs d'un certain public. Appel à la liberté dans un univers de contrainte, évoquant à plusieurs niveaux la possibilité autant de prendre la route (moto) que de créer sa propre image (technique photographique admirablement maîtrisée) ; le drame humain s'y trouve amplement évoqué et le rêve abondamment sollicité.

A la limite, le message de l'affiche est révolutionnaire. La route vous appartient, reprenez possession d'une liberté qui est vôtre. Le support iconique permet le rêve. Sa structure en condensation, symétrique à la condensation de type oniroïde, enclenche l'imaginaire. On rêve de partir. On est déjà, en fait, parti.

En un certain sens, donc, cette affiche accomplit le désir. Le vide, l'écart ou la béance s'y trouvent représentés. Le support à une élaboration fantasmatique s'y insère également. Pourtant, en certains lieux, on a utilisé ce matériau dans une formule publicitaire. Que ce graphisme, en effet, se retrouve à l'intérieur d'un panneau plus grand où l'on invite à fréquenter telle salle de cinéma où passe le film : et voilà qu'une publicité existe. Il suffit d'un court texte, un horaire, par exemple, une liste de comédiens ou un message de ce genre, pour que le panneau prenne un nouveau sens.

Dès lors, en effet, le cadre se fait voir, l'œil se heurte au support, le réel s'introduit qui fait barrage au rêve et à l'accomplissement hallucinatoire du désir. L'espace ainsi construit appelle l'aller retour du rêve à la réalité, du positif au négatif, du vrai au faux. Le désir enclenché se trouve désormais pris au piège du réel. Au fantasme possible, se substitue l'acte concret. Le lieu publicitaire existe et, avec lui, s'abolit le rêve en tant que transgression du réel. Le lieu publicitaire existe parce qu'il y a action, c'est-à-dire, au sens courant de la sociologie, un *acte orienté*, une mise en voie, dirons-nous, du désir, une mise en pulsion pour qu'enfin s'effectue l'essentiel du message publicitaire, c'est-à-dire le passage à l'acte.

L'affiche elle-même, d'ailleurs, ainsi resituée dans un contexte de sollicitation, présente plus d'un trait favorable à cette action. La répétition du personnage assure au spectateur une garantie de multiplicité du phénomène et, par un ricochet habile, une preuve de conformisme du comportement. La moto, hier méprisée, est ainsi élevée au rang d'exemple à suivre. C'est là, nous paraît-il, l'une des caractéristiques fondamentales de la publicité. Le désir ne s'y accomplit pas, mais une pulsion qui lui sert de succédané est, à sa place, promise à un plaisir conditionnel. Tel plaisir est posé ; par exemple, le plaisir de la moto est entendu par les voix des formes, des couleurs, *seulement, pour l'éprouver, pour en avoir plus qu'une idée, il faut passer à l'action* [3]. L'affiche publicitaire, c'est supposément le goût de le vivre. Il est présupposé qu'il faut se mettre dans une situation semblable à celle de l'annonce. La première condition à remplir est bien de

---

3. Le désir, archaïque et fondateur de vie psychique, appelle ou nourrit le fantasme. On n'a cependant pas d'idée précise de ce désir. La plupart du temps, au contraire, nous sommes en face de « désirs fragmentaires » ou *pulsions* orientées, elles, vers des objets du monde réel et qui représentent, de la sorte, dans l'appareil psychique, le besoin de nature organismique.
On remarque donc, à la limite, deux séries de phénomènes, les uns de représentation psychique (désir → pulsion) ; les autres de nature plus organismique (instinct → besoin).
La publicité s'occupe peu de désir, beaucoup de pulsions. Il lui faut donc arriver à masquer le premier, en conserver cependant l'énergie et mettre en avant la pulsion : puisque celle-ci et celle-ci seule se satisfera dans le monde réel.
L'on peut donc suggérer — c'est le cas de notre texte — qu'elle (la publicité) cherche à poser la pulsion à la place du désir, en faire une sorte de succédané du désir archaïque. La chaîne : « boisson gazeuse — source vive — paradis terrestre » illustre abondamment cette stratégie : source et boisson s'équivalent (souhaite-t-on) paradigmatiquement. L'un peut se substituer à l'autre.
Reste à insérer, dans ce schéma, une condition. Le désir se réduit à la pulsion (partielle) qui peut trouver satisfaction à *condition* de satisfaire au sacrifice (surmoïque) de l'achat. Il s'agit là de l'appel fondateur du geste publicitaire : l'appel à l'*action spécifique*.

s'adjoindre le produit. C'est là le sous-entendu important. Tout
le reste vient comme une conséquence, un bonus facile à obtenir.
L'aspect extérieur des personnages, les décors, leurs connotations sont annoncés au même niveau que le produit. Alors que la
marchandise réclamée s'achète, les valeurs morales, sociales,
humaines transportées par le texte et l'image ne s'achètent pas.
C'est l'ambiguïté fondamentale sur laquelle joue toute la
publicité : tout est annoncé en même temps, on promet un
produit de qualité, pour en jouir, il faut se le procurer. On
promet aussi plus en montrant et en parlant autour de certains
thèmes. Le désir ne s'accomplit pas car ces images, ces textes ne
sont pas en soi, ils existent par un intermédiaire. Ces images nous
renvoient à nous-mêmes, dans le monde de la consommation.
Par exemple, l'affiche *Easy Rider* est tellement chargée au point
de vue plastique qu'elle projette le contemplateur dans le monde
de l'esthétisme, de la rêverie, des sensations. Mais, en même
temps, il est impossible de trouver dans cet espace pictural
(iconique) une gratification artistique car tout se dirige sur un
aspect de l'image : l'acteur à moto. Départ, arrêt. Il n'est plus
possible de pousser plus loin. Le réel nous envahit très fortement
à cause du contexte marchand qui joue et empêche de poursuivre
toute quête esthétique (s'il y en a une). La condensation au
niveau formel conduit à l'univers des connotations. On se lance
vers la voie de la jouissance. Les prémisses s'esquissent,
séduisent, excitent. C'est tout.

Le monde formel s'homogénéise autour d'un motif, d'une
icône si prégnante que toute imagination s'y heurte. Le
motocycliste nous ramène vers le réel, vers le film et appelle à
l'identification. Donc, il n'y a pas eu accomplissement du désir.
Le désir est né, s'est à peine formulé qu'il a fallu se rendre
compte de son irréalité. Le cadre et la référence au quotidien se
sont imposés. Toute la condensation a servi à faire attendre,
espérer. Se buter sur le support de l'affiche, c'est accepter ou
refuser de transposer le sentiment de désir dans le quotidien.
L'acceptation mène quelquefois à l'achat. Le refus oblige à la
transformation de l'énergie disponible.

EASY RIDER

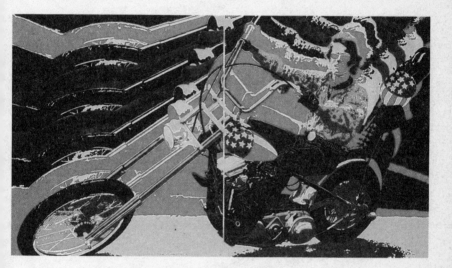

Remarques provisoires sur la spécificité publicitaire

A plus d'un titre, l'affiche inspirée de ce film *Easy Rider* nous pose des questions. Œuvre d'art en lui-même, ce poster, qui se situe dans la ligne de l'accomplissement du désir devient, dans un contexte informatif, un matériau publicitaire réel. Est-ce là un cas particulier ? Une circonstance exceptionnelle ? Ou, alors, cet exemple nous confronte-t-il avec un mécanisme essentiel au travail publicitaire ? A l'analyse, il nous faut bien reconnaître que cette dernière hypothèse est la plus vraisemblable.

L'hypothèse d'exception, en effet, ne se soutient guère. La plupart des galeries, lorsqu'elles annoncent l'exposition de tel artiste, repiquent, au niveau de l'affiche, une de ses toiles. Bon nombre d'images qui servent de support à des messages publicitaires pour produits de luxe, parfums, soieries, bijoux, ont très nettement une qualité d'esthétisme qui les apparente à l'art. La plupart des photos « publicitaires » qui accompagnent ou soutiennent les réclames tant d'autos, de tourne-disques que de cigarettes sont impeccables sur le plan de la représentation et bon nombre d'entre elles, en un contexte différent ou, banalement, prises en elles-mêmes, vaudraient le titre d'œuvre d'art. Nous avons d'ailleurs consacré plusieurs pages du premier chapitre de ce texte à décrire des publicités dont la qualité artistique n'a jamais été véritablement mise en doute. La publicité d'une affiche, ce nous semble, naît d'ailleurs.

Contrairement à certains auteurs qui considèrent que l'œuvre d'art constitue, en publicité, une situation très marginale, nous sommes enclins à croire que la partie image du panneau publicitaire peut volontiers être œuvre d'art et donc fournir à son désir une voie d'accomplissement [4]. Ce qui nous semble, par ailleurs, spécifiquement publicitaire, c'est ce qu'il advient ensuite de ce désir enclenché et sa transformation en pulsion à l'action spécifique. Ici, quel que soit le processus de représentation privilégié, il n'y a pas d'exception : il n'y a pas de publicité sans *détour du désir vers une action spécifique*.

L'affiche d'*Easy Rider* devient publicitaire à compter du moment où on nous refuse, en tant que spectateur, le privilège

---

4. Voir à ce sujet le livre de Milton Glaser, *Graphic Design* (Woodstock, N.Y. : The Overlook Press, 1973). Des affiches réunies dans un livre, classé dans la catégorie « Livres d'art » en librairie, nous impressionnent d'abord comme affiches, style d'un auteur, quand nous découvrons qu'elles ont pour la plupart un but publicitaire. Le même phénomène se reproduit avec Follon, Mathieu.

d'y rêver pour nous inciter, en revanche, à passer à l'action, c'est-à-dire à aller voir le film. Sans ce barrage, sans ce renvoi dans le réel, il n'y a pas *publicité*. C'est dans la façon d'introduire avec plus ou moins d'efficience, plus ou moins de subtilité, ce barrage au rêve que réside toute l'astuce du bon publicitaire. Le meilleur antidote du rêve, semble penser le publicitaire, n'est autre que le réel ; le meilleur antidote de l'espoir, l'assouvissement par le produit.

Partant, et à divers niveaux de la représentation publicitaire, ce réel se devra d'être manifesté. Contre le singulier du rêve, il devra proposer sa langue « consensuelle ». En contrepoint d'une différence rêvée, le mot du publicitaire se devra de proposer une ressemblance rassérénante. C'est peut-être de là, en fin de compte, que naît cette constante référence, dans le discours publicitaire, au consensus et à l'idéologie [5] : c'est sûrement dans ce *passage au même* que s'articule, finalement, la suggestion du geste ; la récupération du subversif.

5. Pour l'emploi du terme « idéologie », nous avons cherché à respecter ci-après la position de François Châtelet (*Hist. des Idéologies,* Paris, Hachette, 1978, Tome I, pp. 10-11). Vu l'importance de ce concept, nous ne croyons surtout pas inutile de citer cette position aussi fidèlement que faire se peut en de telles circonstances. Et nous extrayons donc, de son Introduction, ces brefs passages, que nous estimons significatifs :

« Celui-ci (le terme : idéologie) est, aujourd'hui, il est vrai, surchargé de significations : représentations collectives et ciment d'une société selon la sociologie classique, projection dans un imaginaire rassurant d'une situation réelle contradictoire et insoutenable pour Ludwig Feuerbach, voile intellectuel, "justification morale et arôme spirituel" diffusés par la classe dominante pour masquer et marquer sa domination selon Karl Marx, lieu d'une rhétorique incapable de justifier la production de ses concepts et expression détournée des intérêts d'une couche ou d'une classe sociale pour Louis Althusser, fourre-tout où l'on entasse pêle-mêle toutes les erreurs et toutes les sottises, c'est-à-dire les idées de l'adversaire, selon l'acceptation courante actuellement, l'idéologie est à tout le moins une notion confuse ».

...

« Est qualifié ici d'idéologie le système plus ou moins cohérent d'images, d'idées, de principes éthiques, de représentations globales et, aussi, de gestes collectifs, de rituels religieux, de structures de parenté, de techniques de survie (et de développement), d'expressions que nous appelons maintenant artistiques, de discours mythiques ou philosophiques, d'organisation de pouvoirs, d'institutions et des énoncés et des forces que celles-ci mettent en jeu, système ayant pour fin de régler au sein d'une collectivité, d'un peuple, d'une nation, d'un État les relations que les individus entretiennent avec les leurs, avec les hommes étrangers, avec la nature, avec l'imaginaire, avec le symbolique, les dieux, les espoirs, la vie et la mort. »

Si l'on entend le terme d'idéologie en ce sens, nous croyons en effet que la publicité en devient l'un des lubrifiants majeurs. Tout particulièrement au niveau du symbolique et de l'imaginaire humains qu'elle tente continuellement d'influencer.

A chaque fois que le mot « idéologie » sera employé dans la suite, ce sera dans le sens de cette note.

Quelque part, en devenant publicitaire, le poster d'*Easy Rider* se naturalise : devient trop accessible pour conserver son pouvoir bouleversant. A la limite, l'Amérique n'est plus faite que de ces Easy Riders sans distinction, sans risque, donc sans saveur. Le même arrive à tuer la différence. Dans la même veine, une affiche de 1880 réalisée pour le compte des cycles et tricycles de marque Howe n'enclenche plus, de son parcours, qu'une nostalgie du pareil et du même. On est en pleine campagne publicitaire.

L'affiche du tricycle de 1880 et son rapport au réel

Il est certes plus d'une lecture possible de l'affiche du tricycle Howe de 1880. Celle que nous retiendrons, toutefois, en premier lieu, concerne une certaine lecture du réel que propose cette affiche : une explication de l'univers ambiant qui, très loin d'être neutre ou anodine, suggère le passage au même que nous évoquions plus haut.

Vers 1880, le tricycle est considéré comme un moyen de transport sophistiqué et surtout adapté à la ville ; on le voit aussi comme un témoin de l'ingéniosité humaine, un signe de la technique moderne et du progrès.

Sur l'affiche de Howe, ce cycle nous est proposé en plein paysage campagnard, désert et calfeutré dans sa monochromie, c'est-à-dire, pourrait-on penser, tout à fait hors contexte. Au second plan, un train se dessine. Moyen de locomotion, lui aussi, il pourrait n'être vu que comme une redondance à l'intérieur du paradigme moyens de transport. Mais l'on sait aussi que le train s'utilise beaucoup, à cette époque, pour effectuer le transport des immigrants de la campagne à la ville, qu'il est lieu de transports en commun, donc, en opposition au cycle on ne peut plus individuel. A l'arrière-plan, enfin, un village s'esquisse, évoqué davantage qu'affirmé : son flou, incontestablement, de même que le vague harmonieux de tout le fond champêtre, contraste avec la précision, la minutie apportées au dessin du cycle.

La triple opposition (ville-campagne ; foule-solitude ; flou-précision) utilisée ici crée une sorte de rupture. Un illogisme qui choque, séduit, inquiète, mais qui, surtout, bouleverse le rapport mental habituel du spectateur avec cet élément de modernisation.

Alors qu'à cette époque l'industrie amène une urbanisation massive, entraîne des phénomènes de surpopulation et modifie le rapport antérieur à la nature, la voilà, ici, bienfaisante, grâce au tricycle. La campagne se redécouvre. Le train et sa cohue s'estompent. Le rêve campagnard redevient possible. Or, l'astuce de l'image est double : d'une part, l'on pose comme un fait établi, inévitable, cette contradiction de l'époque ; de l'autre, on donne cette contradiction pour résolue par le tricycle. Mensonge, soit, mais plus encore : lecture particulière de l'univers qui n'évoque des questions réelles que pour mieux les nier et derechef prétendre à une solution, de sorte qu'en lisant cette affiche, le spectateur accède à sa détresse et, de là même, à son désir. Mais, en revanche, son énergie s'épuise, se heurte au cadre et au traitement formel. Comme l'étiquette sur un produit, le produit dans l'affiche indique le prix qu'il suffit de payer pour se « désangoisser », le geste qu'il suffit de poser pour se dégager du désir. Une action spécifique est enclenchée.

A première vue, ce que chacun capte d'abord dans cette image, c'est son iconicité : des motifs mille fois vus, des formes qu'il connaît déjà ; une représentation en quelque sorte familière. Ici, un énorme tricycle en premier plan sur un fond de plein air enclenche le désir. Le prototype de l'homme vainqueur domine les deux plans et entraîne une sorte d'envie et de vœu d'identification. Seulement, à force de voir l'image souvent répétée ou à force de regarder, le « voyeur » ne voit plus ce qu'il voudrait voir. Il ne peut accéder au « nirvâna » esthétique, imaginaire ou mythique car trop d'aspects le ramènent à la quotidienneté ou au support. Puis, comme si ce renvoi iconique à un réel social ne suffisait pas à faire barrage à un désir plus authentique, une écriture vient achever d'identifier le produit. On nous informe du nom du fabricant et de l'adresse du « solutionneur ». L'invite n'est pas au rêve mais à l'achat ; n'est pas au désir mais à l'action.

Jacques Lacan souligne, dans le *Séminaire XI,* que le spectateur de l'œuvre d'art se trouve forcément en position de voyeur. Mais, aussi bien, par un retour subtil des choses, en position de vu. L'affiche du tricycle obéit, ce nous semble, à une logique un peu différente.

Le voyeur finalement ne peut être l'homme de l'affiche car il est trop précis, présent : position de statue, allure statique, profil de médaillon. Le personnage dessiné est très artificiel, trop « mécanisé » par son concepteur. Le créateur a trop mis en avant (avec raison, à cause de son but publicitaire) les symboles de l'homme inventé ici : guerrier vainqueur, (surtout à cause du chapeau, le tricycle remplace le cheval), dieu fort et puissant (à cause de la position du corps trois quarts devant, des bras légèrement écartés et des mains fermées, grandes : ensemble qui rapelle plusieurs statues grecques et latines) — homme libre (le foulard flotte au vent, l'homme porte un habit nouvelle mode, à la direction d'un moyen de locomotion, autant de détails qui connotent un sens de la liberté, même aujourd'hui). D'autre part, l'ensemble du décor est faux. Il est très visiblement dessiné, très approximatif, invraisemblable dans ses proportions, d'une seule couleur, donc incroyable et le spectateur, curieusement, s'y trouve chassé de sa position de voyeur. Il sent assez rapidement, entre autres, le but de cette construction de fond un peu chimérique : c'est la mise en évidence du tricycle qui, lui, est représenté avec beaucoup de précision. Il ne s'agit donc pas d'une œuvre d'art où tout écart par rapport au réel ne se justifie qu'à l'intérieur du tableau. Le fond, le personnage, leurs formes existent de façon évidente en fonction d'un objet existant dans la quotidienneté de 1880. Donc, l'affiche se projette finalement à l'extérieur et le désir ne peut s'accomplir à l'intérieur de l'affiche, car, de fait, il est renvoyé vers le réel ambiant. Par son graphisme connotant l'irréel, par sa structure rendant une seule interprétation plausible par son motif principal encadré en bas et en haut par de l'écriture , l'affiche agit directement sur l'inconscient sans le gratifier. Le déplacement dans l'affiche provoque probalement une soif au niveau imaginaire qui ne s'assouvit que dans la réalité palpable. *L'attente commence à partir du moment où l'imagination bloque sur l'image, n'arrive pas à se perdre pour rencontrer la jouissance.* C'est cette subtilité entre l'irréalité et la réalité prégnante insurmontable qui fait naître un désir irréalisable et finalement *pervers* parce que désir du désir.

A ce moment, il ne reste qu'à canaliser cette énergie assez puissante quelque part ; d'où le besoin, d'où une prétendue satisfaction par n'importe quel objet. Toute la « machine désirante » étant en marche, on renverse le niveau des opérations : le désir en attente reste en attente, mais continue sa course vers la satisfaction et donc vers l'éternel désir, en passant d'un objet à un autre. L'affiche ici évoque, avons-nous vu, la victoire, la liberté, la puissance, la quiétude, le bonheur d'être. Impossible d'éprouver ces sentiments pour un moment comme devant une peinture, un film, une sculpture. On est au niveau de l'odeur, de l'avant-goût, de la toute première esquisse, comme dans toute publicité. Le déplacement, la condensation, comme dans le rêve, brouillent les pistes. Mais là s'arrête l'analogie. Le *surmoi,* intervient, le contrat social parle ; le réel pèse très lourd, et le rêve, pour ainsi dire, mourra dans l'œuf. Le désir se détourne de lui-même, le besoin occupe entièrement l'avant-scène ; il ne reste comme issue que l'action spécifique.

Evidemment, si nous poursuivons ici le rapport du dessin de l'affiche et de sa construction aux mécanismes d'élaboration du rêve, il nous faut, une fois de plus, constater un certain parallélisme. Dans les deux cas, entre autres, les images sont choisies en vertu de leur pouvoir de figuration. Très discrète-ment, toujours pour effleurer le désir du spectateur, du jaune d'or s'étale, par exemple ici au bas de l'image. C'est la ruée vers l'or, la désertion de la campagne qui sont soulignées par cet étalement du vert dans le lointain. Cet homme victorieux sur sa bicyclette ne rappelle-t-il pas que « tout marche comme sur des roulettes » (selon l'expression consacrée) en allant vers la ville ? Les trois roues au-dessus de l'or en direction d'un avenir doré symbolisent à un certain niveau les « roues de la fortune » (selon l'expression connue), roues du hasard et parfois de la récom-pense. D'autre part, la position statique conquérante et rassurée du personnage, bien assis sur son véhicule qui semble voguer à une vitesse régulière, ne peut nous faire penser qu'à la maxime : « Rien ne sert de courir, il faut partir à point.» Tout nage dans l'ambiguïté, car ces derniers liens avec le verbal transparaissent à peine au niveau de la signification de l'image.

Si l'on regarde l'autre affiche, celle de 1970, on y repère la mentalité d'une jeunesse contemporaine. L'affiche semble dire : vitesse = vivre pleinement. En même temps, on ne peut s'empêcher de penser à un slogan très répandu : « La vitesse tue. » Le risque est bien présent dans l'image par la juxtaposition du rouge et du noir au point central, par l'axe diagonal et déséquilibré du personnage. Ainsi, l'image figure l'amour du danger, la passion de la vie menée jusqu'au bout contre la mort physique ou morale. Couleurs, lignes, formes se sont fait un langage pour nous transmettre toute une philosophie.

En même temps, cependant, cette mort d'un potentiel subversif plus qu'indéniable se trouve naturalisée : multipliée à l'infini, désamorcée par rapport à toute singularité, c'est-à-dire idéologisée. L'affiche d'*Easy Rider,* même sans le texte, contient déjà des éléments de la rhétorique « consensuelle » qui en font un matériau publicitaire très vraisemblable.

Sur le plan visuel, l'affiche de 1880 se caractérise par sa monochromie. A ce sujet, il est intéressant de se souvenir qu'au moment des toutes premières représentations picturales, (rappelons-nous les Phéniciens, les Egyptiens, etc.), l'extension d'une même couleur indiquait la profondeur et l'espace occupé par rapport à des objets de différentes couleurs, tandis que l'étendue relative des surfaces colorées avait pour fonction de montrer la hiérarchie entre les différents motifs : leur rapport au pouvoir, à la force ou à l'importance. De cette sorte, les tableaux, loin d'accéder à la perspective spatiale, ne représentaient jamais qu'un ordre de valeur.

D'un certain point de vue, l'auteur de l'affiche de 1880 procède tout à fait selon ce code ancestral. Tout ce qui n'est pas le personnage se teinte d'un même vert mousse. Donc, la même importance, la même valeur sont accordées à ces objets pourtant divers : train et colline ; maisons, prairies ; tout cela c'est « du pareil au même ». Se détachant sur ce fond « mono-tone », le personnage principal occupe, de haut en bas, l'espace central. Son vêtement se distingue du reste de la surface coloriée par un vert nettement plus foncé. C'est visiblement lui qui se révèle le plus important. Même le tricyle, dont l'envergure est en un sens démesurée, n'atteint pas à son importance à cause d'une couleur indéfinissable, mi-vert, mi-blond. Le tricycle, même au plan visuel, supporte le personnage et si, en lui-même, il nous conduit vers une autre représentation plastique, c'est au bas de l'image qu'il faut chercher, c'est-à-dire du côté de l'or qui, seul, vient véritablement perturber cette monochromie en vert. Cet or, c'est évident, n'est nullement neutre : c'est l'époque, souvenons-nous, de la ruée vers l'or, l'âge des mines et du Klondike. Ce tricycle *roule sur l'or*. Signifiant et signifié se répondent parfaitement. l'art primitif réapparaît dans une technique picturale moderne. La campagne se retrouve dans la ville ; la solitude cohabite avec la foule ; le Moyen Age et l'industrie sont en parfaite continuité : il n'y a plus de divorce entre rien et rien. Pourquoi donc y aurait-il lieu de s'inquiéter ?

Du point de vue de sa perspective, l'affiche de 1880 se situe curieusement, c'est-à-dire finalement en pleine ambiguïté. D'une part, en effet, elle emprunte à l'art ancien ; d'autre part, elle annonce le xxᵉ siècle. On roule sur l'or, peut-être : mais on « nage également entre deux eaux ».

Les premières peintures, on s'en souviendra, confrontées au problème de l'établissement du lieu relatif d'une icône dans l'image, résolvaient fréquemment la question en établissant une structure verticale. Le centre et le bas du tableau se lisaient dans ce contexte comme le lieu privilégié où se présentait l'image la plus importante ; à mesure que l'on progressait tant vers le haut que latéralement, apparaissaient les figures secondaires.

Si l'on s'en remet à ce code, on se rend compte que l'on peut lire fort aisément l'affiche de 1880. Le nom du marchand nous saute d'abord aux yeux. L'or promis vient ensuite. Le tricycle dessiné avec la plus haute minutie suit de très près. Le message sollicitant, peut-on affirmer sans ambage, est ici formellement au premier plan. Vient ensuite le héros : puisque, peut-on penser, il n'y aura héros que grâce à cette machine. Puis le train qu'on laisse derrière soi. Le village lointain. Le paysage qui s'estompe au loin.

Dans cet ordre strict, la logique du publicitaire s'explicite : le produit fait de l'acheteur un héros qui oublie les contradictions de l'époque.

Evidemment, au regard du xxe siècle, cette argumentation paraît un peu simpliste, sinon naïve : on ne lui trouve pas assez d'agressivité. Cependant, pour le spectateur du xixe siècle, habitué encore à ce code de représentation, on peut penser que la lecture en était plutôt simple.

D'un tout autre point de vue, cependant, la précision extrême accordée au dessin du cycle et son envahissement majeur de l'espace du premier plan nous semblent précurseurs d'une école de représentation encore à venir.

Le plan du fond, s'il permet d'oublier le contexte, souligne d'une lumière particulière le tricycle sur lequel on veut attirer l'attention. Le dessin, forcément, privilégie de façon excessive un objet tout à fait particulier. On retrouve là les prémisses essentielles de la perspective amplifiée dont l'affiche de Cassandre pour la quinzaine de tennis de 1932 constituera l'un des moments exquis. On entrevoit aussi et déjà le traitement photographique de certaines affiches qui suivront. Si le Moyen Age se retrouve encore dans l'affiche de Howe, le xxe siècle, il faut bien le constater, s'y annonce clairement, presque autant que le produit. Et n'est-ce pas là , au fond, le sens de toute publicité de promouvoir à la fois les idées courantes et le produit à vendre ?

Le passage au même exige le recours idéologique

L'utilisation, par l'affiche du tricycle Howe, des codes anciens tant de couleur que de perspective ne saurait être considérée comme un fait du hasard ni, non plus, la préfiguration que l'on y trouve ou de la photo ou de la perspective amplifiée à la Cassandre. Il s'agit là, pour nous, bien au contraire, d'un fait primordial. Nombre d'auteurs ont démontré ou établi qu'il existait une relation étroite entre les caractéristiques générales de l'expression picturale, romanesque, théâtrale, ou autre d'une époque et les mœurs de cette même époque, son esprit ou ses habitudes, c'est-à-dire donc son idéologie. Et nous endossons certes cette affirmation. Là où, cependant, d'importantes nuances nous paraissent nécessaires, c'est dans la description ou l'analyse du rapport de certaines œuvres ou de certains média à cette même idéologie. Il nous paraît, par exemple, absurde d'affirmer que les théories d'Einstein ou le cinéma de Marguerite Duras sont le lieu d'un rapport idéologique identique à ce que donnerait, par exemple, l'analyse des journaux à sensation. Dans cette perspective, il nous apparaît clair que le rapport de la publicité à l'idéologie est infiniment plus immédiat que celui, par exemple, d'un roman de Joyce.

L'entreprise d'une œuvre d'expression, quelle qu'elle soit, se situe toujours, ce nous semble, quelque part entre un faire du même et faire du différent. L'art, même si les mœurs y sont repérables, tente le différent ; la publicité appartient à ces formes d'expression qui s'acharnent à produire du *même* sinon de l'identique et, de ce point de vue, elle ce partage maints traits communs avec la propagande et toutes les mises en évidence du consensus.

On peut considérer différemment notre question en imaginant, à une époque donnée, ou mieux, dans une conjoncture collective donnée, une inquiétude quelconque. Dans le cas de l'affiche des cycles Howe, cette inquiétude concerne explicitement le double phénomène d'urbanisation et d'industrialisation, mais il est évident qu'elle pourrait, en d'autres lieux ou circonstances, être tout autre.

Cette inquiétude, reliée possiblement — c'est le cas ici — à un phénomène collectif nouveau requiert une réflexion.

Tout se passe comme si le collectif se demandait : « La ville, l'usine, les travailleurs, les trains de banlieue, le village qui se perd, on s'y débrouille, on s'y retrouve comment ? »

Forcément, en face de cette angoisse ou de cette question à demi formulée, différents types de discours viendront tenter de faire réponse. L'analyste politique en profitera par exemple pour illustrer l'à-propos de ses grilles et montrer à l'œuvre les forces bourgeoises en voie de dominer le prolétariat, ou le romancier produira un ouvrage mettant en présence des types engagés dans un tel conflit.

Ce qu'il nous intéresse de constater, c'est que le discours publicitaire, loin d'être affranchi de la problématique en cause, vient l'évoquer pour aussitôt la résorber au niveau d'une solution *passage au même*. Court-circuitant au maximum la réflexion lucide sur une question fort pertinente, se contentant très manifestement de l'aborder sans toutefois l'approfondir, il en occulte toute la dramatique, la niant avec le produit.

La ville, l'usine, les trains de banlieue, les travailleurs, le village qui se perd : tout cela a une *solution* ; à tout cela, il est une voie *d'évitement* : les *cycles Howe*. Dès lors, il n'y a plus de désir authentique possible, mais seulement un passage à l'acte-achat. Plus question non plus d'affirmer sa différence puisque, pour se dégager de l'angoisse, il suffit de puiser au réservoir des réponses idéologiquement déterminées à une question qui, d'un seul coup, se retrouve annulée.

A l'opposé de cette démarche, on retrouve les œuvres créatrices, scientifiques, littéraires ou picturales, c'est-à-dire ces discours qui, en face d'une angoisse-question, produisent un énoncé explicitant, mais tout d'abord *suscitent l'imaginaire* et *provoquent la création*. La place du désir et l'élaboration fantasmatique qui s'ensuit sont ici respectées. A la question, on n'offre plus de réponse toute faite, mais plutôt une voie de dégagement : une matrice associative qui permet au fantasme de s'élaborer et, partant, au désir de trouver son accomplissement. Cette liberté, dont on est redevable à l'œuvre créatrice, risque, on s'en doute, de déboucher sur des représentations plus personnelles, c'est-à-dire plus « extra-idéologiques ». L'acte publicitaire doit, à tout prix, éviter cette éventualité.

Le problème, d'un seul coup, recoupe étrangement celui de l'interprétation psychanalytique puisque l'on sait qu'en face d'une angoisse-question, l'analyste peut aussi bien produire une interprétation ouvrante qui appelle l'élaboration, qu'une interprétation fermante qui cloue le bec au discours qui s'énonce et le renvoie au silence. La publicité, par analogie, est du registre des interprétations fermantes. Plus rien à dire : on consomme du sens ; plus rien à réfléchir : on contempler la solution. L'œuvre créatrice, pour sa part appelant le désir et la fantasmatisation-réponse de l'interlocuteur, serait de l'ordre de l'interprétation ouvrante. Cet appareil désir-fantasmatisation constituant en soi l'essence du geste créateur, on est amené à dire que l'œuvre créatrice est celle qui nous force à créer, tout au moins l'élaboration fantasmatique. Parce que son auteur s'y arroge le droit de s'y créer, l'œuvre de création appelle chez l'autre la création éventuelle ; la publicité, manifestement, doit obvier à cette dérive : le même s'y propose comme évitement du dissemblable.

Pour demeurer avec constance au niveau très étroit d'un même parfaitement établi, il est clair que le publicitaire se doit, en évoquant les « grandes questions de l'heure » de ne jamais déborder le discours courant, de ne jamais être en avance, en quelque sorte, sur l'idéologie.

Dans l'affiche des cycles Howe, par exemple, nous sommes amenés à constater le corps droit de ce personnage noble portant des vêtements trop précieux. Il y a là l'exposé d'un problème. A tout le moins, cette figure est loin d'évoquer celle d'un champion cycliste. C'est un homme de la ville, sa position, son allure nous révèlent qu'il ne bouge pas beaucoup, qu'il n'a pas l'habitude de faire travailler son corps. Et la question est évidente : on commence à s'interroger sur la viabilité de l'organisme humain en milieu très urbain. La gymnastique, par exemple, qui donne « force, santé, courage »[6], devient précisément pratique courante parce que l'homme est davantage coupé de l'effort.

Le publicitaire, cependant, ne peut ici se permettre de déborder certaines normes. Un athlète, par exemple, choquerait : il irait à l'encontre du courant. De même, un énoncé trop explicite sur la mauvaise condition physique de ce cycliste heurterait. L'homme présenté ici ressemble — et c'est voulu — au bon bourgeois du quotidien, à l'homme bien intentionné dont le rapport au corps reste encore inhibé.

6. Dans les journaux et périodiques de la fin du xixᵉ siècle, l'on retrouve bon nombre de slogans publicitaires renvoyant à cette trilogie de « force - santé - courage » : publicités médicales entre autres, mais également textes incitatifs relatifs à la vie à la campagne, en banlieue... etc.
Voir : *L'affiche, miroir de l'histoire*, de Max Gallo (Laffont, 1973), p. 58.

Même raisonnement pour le besoin que l'on évoque de fuir une ville aux exigences multiples et aux pressions presque inhumaines. Le tricycle, une fois de plus, nous est plaqué comme *solution*, c'est-à-dire qu'il vient faire barrage à une lucidité qui, si on la laissait informer l'interlocuteur, provoquerait très vraisemblablement le désir et l'élaboration.

On pourrait encore imaginer que l'analyse de la situation « oppressante » passe ici par une critique de l'appareil industriel/industrialisant. Point du tout. Le remède, semble-t-il, est dans le mal. Le tricycle est une réussite industrielle remarquable de précision et de complexité, mais en même temps une merveille de simplicité. Ce début d'industrialisation fait énigme : le tricycle fait réponse ; la complexité de la situation sociale, le chômage nouveau, les importantes fluctuations économiques et les redéfinitions territoriales ressemblent assez à un bouleversement social : l'équilibre remarquable, la stabilité même de l'image, l'unité — dans les couleurs, entre autres — du dessin, effacent à merveille ce trouble signalé. Le progrès est en marche ; la civilisation résout bien des problèmes qu'elle engendre.

Le lien de l'affiche d'*Easy Rider* avec le même de l'idéologie est aussi explicite, même si le contexte, en près d'un siècle, s'est modifié. De l'industrie on est passé à la technologie, le « stress » urbain est devenu une réalité quasi inévitable. Le mouvement continu, la vitesse des déplacements sont venus s'ajouter aux données de 1880. L'évasion, s'il en est, est devenue presque essentielle. L'affiche, loin d'occulter cette dimension, nous en fournit une lecture assez originale. Elle a créé sa propre lumière. Le heurt continuel des couleurs opposées donne lieu à une lumière crue, artificielle, criante et sans modulation. Cette sorte de luminosité s'associe dans nos esprits (grâce à la mémoire visuelle) à des sensations diverses telles que la vitesse, le danger, la peur, etc. Comme dans ces circonstances (réelles), l'œil, ici, n'a pas de point de repos ; il ne trouve pas de point d'ancrage. Toujours à l'affût, projeté de la droite vers la gauche, ramené au centre et immédiatement lancé vers l'un des pôles, l'œil change continuellement d'espace dans le temps et reconstitue ainsi l'expérience d'un mouvement. Cette sensation est encore renforcée d'ailleurs par la reprise, en « formes détachées », des différents aspects d'un même motif à différents paliers de l'image.

Assurément, l'on est en train de nous donner lecture d'un univers où les valeurs de mobilité - mouvement - vitesse occupent une position centrale. La perception, entre autres, que l'on acquiert aujourd'hui des objets par le biais du déplacement automobile, la présence d'enseignes lumineuses qui font de certaines rues urbaines un véritable kaléidoscope, les images miroitantes et multiples des vitrines ne s'imaginent que très mal au XIXe siècle. A l'heure de cette perception nouvelle, la démonstration d'un objet fixe tel qu'il est ne suffit plus (par exemple ; « le tricycle de Howe »). L'œil moderne a besoin de voir les qualités surtout dynamiques d'un objet pour l'apprécier et lui donner une valeur. Les lumières artificielles, les divers « gadgets » qui rendent les sources lumineuses à la fois plus mobiles et plus diffuse provoquent, chez l'homme, une sensation cinétique de la couleur, sensation toute nouvelle. D'autre part, l'homme, le spectateur est lui-même plus mobile qu'auparavant. Il se déplace en avion, en automobile, en autobus et tous ces mouvements lui donnent une perception du monde et des objets qui est loin d'être statique. Les objets se présentent à l'œil de l'homme actuel dans une scansion bien différente de celle à laquelle étaient confrontés les gens des siècles antérieurs, quand les hommes marchaient dans la rue et en contemplaient tous les détails. D'ailleurs, l'architecture elle-même s'est métamorphosée en ce sens que le détail importe moins que l'ensemble, que le coup d'œil global (exemple ; le building moderne et une cathédrale gothique). L'œil contemporain perçoit d'abord, si on peut dire, le mouvement. Par exemple, pour comprendre le fonctionnement d'une machinerie quelconque, il faut connaître plus que chacune des pièces, le déroulement de tous les processus qui font marcher la machine. Aussi, les films, la télévision et la radio requièrent une façon de penser et de voir qui soit entraînée dans un mouvement perpétuel.

L'esprit contemporain tient naturellement compte de chacun des changements, de l'interprétation, de l'ellipse, de la simulta- néité. Pour suivre l'action d'un film, il faut remarquer les changements des détails, des gestes, comprendre que telle scène se passe en même temps que telle autre, savoir que tel événement arrive parce qu'il s'en est produit un autre absent, à imaginer. Donc, il faut que l'esprit fasse des liens qui ne sont pas vus, pas perçus, pas explicités. Il faut comparer les actes et le gestes des hommes des siècles précédents pour constater la différence dans la pensée, la vision et, finalement, l'action. Nous pensons en mouvement car nous sommes nés dans ce siècle et notre perception s'est adaptée à un environnement voué de plus en plus à la mobilité.

Dans l'affiche de 1880, au contraire, l'objet central est

présenté au premier plan avec force détails. Il s'agit pour le spectateur de cette époque de contempler un instrument nouveau. Pour bien le voir, il faut adopter une position statique ; le tricycle est placé de trois quarts (afin que nous voyions l'ensemble et les reliefs) comme s'il était au musée. L'homme placé dessus fait figure de mannequin. On le dirait emprunté à une peinture et juché sur le tricycle pour la circonstance. L'homme et l'instrument se donnent à voir et l'esthétisme prend le pas sur les qualités de l'objet. Quand il s'agit, dans ce cadre, d'exprimer le mouvement, on n'y parvient qu'à l'aide de subterfuges extrêmement classiques, pour ne pas dire figés. Le foulard, par exemple, derrière la tête, reste bien droit. La vitesse du train est à peine évoquée par quelques lignes de force mal ou trop peu soulignées. On nous parle, c'est évident, la langue d'un autre siècle. Le même qu'on y dépeint, qu'on y suggère est celui d'une autre idéologie.

A cette époque, on était tiraillé politiquement et socialement entre la stabilité (représentée ici par la campagne, par le héros de l'image, par la couleur égale de l'ensemble) et le désir de changement (montré par le train qui sort de la campagne, le tricycle, le nouveau moyen de locomotion de la ville et par la couleur jaune, couleur du soleil, de la fortune et de la violence). Donc, les éléments qui veulent signifier le mouvement se rattachent plus à l'expression d'une idéologie politique qu'à une véritable perception de l'univers. Le raffinement, l'ordre, la précision, la noblesse caractérisent l'icône misc en valeur ; l'homme à tricycle est empreint de fixité, de bidimensionnalité comme les peintures de l'époque. Ceux qui faisaient les affiches les exécutaient pour l'œil du spectateur habitué à contempler la peinture. C'était les débuts de l'affiche comme telle. Ce n'était pas ce panneau que l'on regarde deux ou trois secondes, en marchant, en roulant sur la route comme tout le monde le fait aujourd'hui. Ce n'était pas ce panneau qui doit attirer notre attention envers et contre tout. L'affiche contemporaine projette dans un éclair la ou les qualités principales de l'objet à promouvoir. La génération actuelle s'intéresse plus à l'efficacité, aux pouvoirs de l'objet par rapport à l'homme et à sa vie. Le siècle précédent n'a pas l'habitude des « gadgets », des changements, des nouveautés. Aussi, la révolution industrielle, l'essor de la ville, l'ouverture des grands magasins obligent l'esprit du XIXᵉ siècle à fixer son attention. C'est pourquoi les gens regardent l'objet d'abord parce qu'ils sont étonnés de son existence même.

L'homme du xxᵉ siècle [7], habitué à la vitesse, aux découvertes scientifiques, s'étonne même parfois de la lenteur du progrès dans certains domaines. Sa vie se nourrit d'insolite. Ce qui en fait un être curieux constamment à la poursuite du nouveau dans le domaine des sensations, de l'art, de la morale et en même temps très difficile à impressionner, à surprendre, à enthousiasmer. Le tricycle de l'affiche de 1880 est dessiné pour être vu longtemps, pour être contemplé en soi. L'homme du xxᵉ siècle « n'a plus le temps ».

Mais alors, justement : qu'est-ce qu'on lui propose donc à cet homme du xxᵉ siècle ?

Aussi diverses que soient ces affiches, leur logique est profondément la même : *Le mal est le remède*. La vitesse et le mouvement du xxᵉ siècle deviennent remèdes à la pression née du mouvement et de la vitesse. Exactement comme, un siècle plus tôt, l'industrie devenait remède à l'industrie. Par un habile retour des choses, la libération ne nous viendra que de l'oppresseur. Encore que, dans son essence, ce panneau d'*Easy Rider* donne, d'une certaine manière, la clef pour la transformation des éléments de civilisation en force de libération. Mais que l'on ajoute à ce détail la suggestion d'aller se libérer à telle heure et au cinéma de tel quartier et voilà qu'on complète le cycle des occultations. Le subversif se transforme en du même et la création se trouve récupérée.

Le vert uniforme de l'affiche de 1880 répond à un profond besoin d'homogénéité. Il ne faut certes pas oublier que la classe bourgeoise, particulièrement à cette époque, tient à maintenir son système de valeurs à tous les niveaux. Seul le jaune d'or du bas de l'affiche nous évoque cette légère pensée révolutionnaire qui étouffait dans la grande organisation capitaliste. L'affiche d'*Easy Rider,* au contraire, agresse l'œil par la violence et la pluralité de ses couleurs. Nous avons l'impression que le xxᵉ est

---

7. L'expression « l'homme du xxᵉ siècle » est certes ambiguë. Nous maintenons cependant pareille ambiguïté.

En théorie, celui que nous nommons ici « homme du xxᵉ siècle » n'est qu'un type très particulier de citoyen qui se grise de la vitesse et de l'électronique, une sorte d'être qui serait parfaitement accordé au scientisme actuel et à une sorte d'« American Way of Life ».

En pratique, il n'existe pas, ou alors très peu. Mais il n'importe : puisque la publicité n'est pas tant là pour s'adresser à lui que pour le *constituer,* le *fabriquer.*

L'homme du xxᵉ siècle n'existe pas ou alors très peu. Pourtant, au petit écran, on en suppose et *propose* l'existence quotidiennement. Exactement comme la morale chrétienne propose(ait) quotidiennement l'existence de *saints* ou la morale marxiste, l'existence de *prolétaires exemplaires.*

un siècle où tout éclate ; la politique, la morale, les normes sociales changent à un rythme effarant. Par le cinéma, la télévision, la presse qui met en avant les scandales, ce siècle se donne le droit, presque la mission de vivre la marginalité, de connaître les dessous et les revers de toute une organisation, d'aller au bout de sa propre contradiction. Ce goût du risque, du danger, est admirablement bien rendu par les coloris de l'affiche d'*Easy Rider.*

Mais, affirmer, *comme on le dit,* que tout est possible en terre d'Amérique, que tout peut s'exprimer et qu'il y a amplement place dans ces *Etats-Unis* pour toutes les singularités, n'est-ce pas là, précisément, un subtil recours idéologique ? N'étouffe-t-on pas, dans cette entourloupette, le cri d'une civilisation standardisée ? d'un peuple qui se morfond dans l'uniforme et le prévisible, alors qu'on lui fait croire à tant de différence ?

L'affiche de 1880 se divise, somme toute, en deux parties, le premier plan, l'arrière-plan, le haut et le bas. Ce qui correspond à la façon de séparer la société : les bourgeois et les autres, la campagne et la ville, le passé et le tout nouveau présent de la vie industrielle. A la fois centrifuge et centripète, l'affiche de 1970 est basée sur la diagonale sur laquelle se greffent cercles, courbes vallons empilés. Il semble que la diagonale mette en évidence la mobilité de toute existence à n'importe quel niveau de la société. Et l'ensemble tendrait à montrer à quel point l'univers contemporain est moins stratifié horizontalement et verticalement et à quel point chacun vit son cycle. Mais n'est-ce pas là, une fois de plus, repris en compte, le mensonge qui circule de cette « Free America » ?

La question, certes, conduit à une double réflexion. En tant que photo d'art, le panneau est porteur d'un message subversif. Je me suis permis, nous enseigne l'auteur, de construire avec la technologie de cette civilisation un espace arbitraire de liberté imaginaire. Et, de ce fait, vous, spectateur, êtes invité à faire de même.

L'utilisation publicitaire de ce même placard acquiert un sens tout à fait différent. Plutôt que d'en appeler à un potentiel « Symbolisez-vous », elle convie au spectacle (ici cinématographique) d'une « bonne société [8] » capable de produire son

---

8. Le lecteur aura sans doute remarqué, jusqu'ici, l'omission dans ce texte, du terme *société*. Ce terme est, en effet, trop ambigu. Il renvoie à la fois à la société juive, à la Société des nations ou à la Société d'horticulture du canton de Whal. Pareille ambiguïté, pareille polyvalence sont peu commodes.

auto-récupération (le film), mais incapable, au fond, de supporter la marginalité (contenu meurtrier du film).

A vivre en Amérique, on apprend éventuellement à se méfier de l'élasticité idéologique d'un pays qui se dit, en apparence, capable de tolérer toutes les dissidences mais qui, de façon générale, ne produit que l'identique. L'abondance, voire même la surabondance des formes de l'affiche d'*Easy Rider* devient, dans ce contexte, un peu suspecte.

Prolégomènes à une théorie de l'acte publicitaire

A la fin du chapitre dernier (l'affiche : le désir, la défense), nous avions établi un parallèle entre la construction du panneau, du placard ou de l'affiche publicitaire, et les défenses psychiques. Pour être plus explicite encore nous avions repéré le fait que l'affiche publicitaire tendait à reproduire et enclencher certains mécanismes de défense inconscients (projection, déplacement, intellectualisation, formation de compromis, etc.) dans le but, semblait-il, d'écarter l'interlocuteur de son désir, voire de l'en éloigner sous prétexte de l'en protéger. Le regard davantage diachronique que nous venons, ici, de poser sur l'affiche publicitaire nous incite maintenant à déborder de cette première approche, non pas à l'annuler, mais à en élargir le sens et la portée. Et cette amorce de théorisation, nous le disions déjà en début de chapitre, nous ramène à la stratégie du désir.

La première condition, soulignions-nous alors (p. 60) pour qu'apparaisse le désir, n'est autre que la présence d'une tension, savoir : une sorte de déséquilibre à l'harmonie interne du sujet qui appelle la restitution de l'équilibre. Lacan, corroborant à ce propos la théorie freudienne, précise que ce déséquilibre est celui d'un écart entre la demande et le besoin. Nous avons adopté dans l'ensemble cette lecture du phénomène, mais devons désormais nous intéresser à ce qui se déroule à sa suite.

L'idée de société ou de « bonne société » que nous évoquons ici est justement très floue, abstraite, ou conceptuelle. Mieux : *imaginaire*.

La nation qui a produit *Easy Rider* aime bien s'imaginer (ou être imaginée) comme une, cohérente, nettement identifiée : et alors elle s'appelle (ou voudrait être appelée) société.

Notre propos — qu'on ne s'y méprenne pas — n'est pas spécifiquement anti-américain. La société française n'existe pas plus, sinon dans sa propre fiction, etc.

Cette tension, donc, qui trouve son premier analogue dans l'état de détresse du nourrisson demande d'abord à être représentée, c'est-à-dire énoncée dans une certaine formulation qui, au niveau de l'appareil psychique, témoignera, sinon du sens, tout au moins de la présence de ce désir.

Dans le procès de cette représentation, les chaînes associatives ont une importance majeure. Par voie de déplacement, le long de ces chaînes associatives, une image peut venir nous en figurer une autre associativement voisine. De même, par voie de condensation, une image peut représenter à la fois deux ou de multiples chaînes associatives qui se croisent en elles.

Succinctement, ce processus peut à son tour donner naissance à deux processus dérivés fort différents. Dans un premier cas, en tentant de reconstituer le contexte perceptuel d'un premier état de satisfaction, on élabore, à compter de ses traces mnésiques, une fantasmatique qui accomplit le désir. Dans le second cas, refusant de considérer la tension éprouvée comme un représentant valide de l'état de détresse premier, on réduit cette tension, en quelque sorte, à du quotidien. Fouillant dans ses souvenirs, à la recherche de circonstances satisfaisantes, on élabore alors le projet d'une action spécifique apte à satisfaire la pulsion, c'est-à-dire à réduire la tension.

Ce qu'il importe de noter ici, c'est que les procédés psychiques de condensation et de déplacement ne sont pas, en fait, spécifiques à la construction mais président, au contraire, à l'élaboration de toute représentation. C'est par la suite, pouvons-nous penser, que les événements se départagent. Dans le rêve, la condensation et le déplacement, nous dirions même la représentation se perpétuent. Le rêve est tout entier de représentation donc de condensation et de déplacement suivant, comme chacun sait, les lois de figuralité. Ce qui se passe pour susciter le passage du désir à la pulsion, ou, formulé autrement, ce par quoi s'engage la « réduction au quotidien » dont nous parlions plus haut, n'est pas forcément évident. Or, c'est à ce niveau précis de déviation que s'actualise l'acte publicitaire.

Dans les multiples affiches étudiées au premier chapitre, dans les affiches que nous venons de considérer ici, celle des cycles Howe comme celle d'*Easy Rider,* on peut relever la présence de condensation et de déplacement. Sur ce point, la démonstration est on ne peut plus facile.

A titre d'exemple, nous rappellerons le train, au second plan de l'affiche de Howe. Indiscutablement, il s'agit là d'une image aux vertus de condensation et de déplacement remarquables. Par le biais du paradigme moyens de locomotion, nous sommes volontiers conduits ici du train au coche ou à la diligence, sinon ramenés au tricycle. A la croisée de plusieurs chaînes associatives, ce même train nous renvoie à la machine, au phénomène industriel, mais aussi bien à la cohue du moyen de transport public. Essentiellement, cette image s'inscrit comme le lieu d'un polysémisme indubitable.

On se rappellera, tout au long de ce chapitre, les analyses suggérées par la bande dorée au bas de l'affiche de Howe ou du monochromisme de ce même panneau. Dans le même sens, on se souviendra des multiples symbolismes évoqués par les couleurs de l'affiche d'*Easy Rider*. Nous avons pris en compte, par exemple, l'opposition de la diagonale/motard et des formes élémentaires plus pures. La question n'est donc pas de savoir si l'image publicitaire est lieu ou non de condensation-déplacement, mais bien de repérer ce qui, dans cette image, fait obstacle au désir.

Dès le premier chapitre, nous avons, en partie, résolu cette question. En élucidant le parallèle entre la construction de l'affiche et les défenses psychiques, ce que nous établissions, sans pourtant le nommer explicitement, *c'est que le discours publicitaire se doit de demeurer occultation du désir au profit de la pulsion*. La clinique psychanalytique, en effet, nous enseigne mille fois plutôt qu'une que le patient n'est surtout pas un être sans pulsion ni même sans action spécifique. Qu'il soit obsessionnel, hystérique ou qu'il souffre d'un état limite, il passe même au contraire sa vie dans un monde d'actions dites spécifiques, c'est-à-dire supposées capables de réduire la tension éprouvée. Ce qui est évident, par contre, c'est que ces défenses et ces actions spécifiques le tiennent admirablement à l'écart de son désir profond.

La rationalisation, pourrions-nous dire par exemple, n'est pas une force anti-pulsionnelle. Elle invite au contraire à l'élaboration d'un discours très complexe, parfois savant, et conduit son auteur à des actions qui, apparemment le soulagent. Ces actions toutefois — et c'est là leur essence — maquillent le désir et le rendent méconnaissable. Elles protègent peut-être le sujet d'un trop-plein désirant, mais elles l'écartent d'une voie fantasmatique plus accomplissante.

On pourrait, en un sens, en rester là et arriver à démontrer, dans toute affiche publicitaire, le recours aux défenses psychiques. Nous croyons, cependant, que cette démarche serait à la fois trop hâtive et souvent insuffisante.

Dans l'affiche des cycles Howe, par exemple, on peut assez facilement établir l'utilisation, par le publicitaire, de la formation de compromis. Entre campagne et ville, entre industrie et artisanat, adoptez, nous dit-on, le compromis tricycle. Mais cela suffit-il à faire de l'affiche de Howe un acte de publicité ?

A notre sens, il se passe autre chose. Une autre chose de l'ordre du souvenir-écran : une chose que nous appellerons l'image-écran.

La théorie du souvenir-écran veut qu'il s'agisse d'une scène reliée à un traumatisme important mais de façon très indirecte. Habituellement d'une précision et d'une limpidité remarquables, ce souvenir, lié à l'autre par voie de déplacement associatif, le masque plus qu'il ne le représente. Il distrait l'attention du sujet en se donnant pour important et significatif alors qu'il n'est que maquillage ou (et surtout) lieu d'une croyance acceptable. A titre d'exemple, citons le cas d'un souvenir de viol, à l'âge de treize ans, masquant une scène de séduction beaucoup plus précoce et bien « moins acceptable » pour une certaine patiente.

Cette double notion de clarté et d'avouabilité se retrouve, ce nous semble, dans l'acte de publicité au niveau justement de l'image-écran.

Si nous revenons, dans cette optique, à l'affiche de Howe, il nous faut bien admettre que le contraste entre la précision du tricycle au premier plan et le flou éphémère du fond a très possiblement plus qu'une seule fonction (voir plus haut). C'est dans le flou du fond, en effet, que nous avons pu, en y devenant attentifs, repérer les informations relatives au conflit réel. Le train - bondé - industriel - banlieue et ville ; le village - nostalgie - air pur - communauté et le reste. C'est probablement là, dans ce fond flou et vague, que se dessinent les éléments subversifs, c'est-à-dire ceux qui pourraient, par voie d'analogie, évoquer un état de détresse et, partant, conduire le spectateur à l'élaboration fantasmatique, à la prise de contact avec le désir et, éventuellement, à son accomplissement.

A cette projection possible, l'image du tricycle-écran vient faire obstacle. Plus encore qu'un simple mécanisme de défense, elle suggère au regard de s'arrêter sur elle, de ne pas la dépasser, tout comme le souvenir-écran du viol suggère de ne pas fouiller plus avant.

Plus encore, comme cette image du tricycle est en accord parfait avec la teneur idéologique de l'opinion courante, elle apparaît très manifestement comme un lieu acceptable où porter son action et sa pensée. Dès cet instant, nous paraît-il, le « tour est joué ».

On se souviendra sans doute qu'au premier chapitre nous avons quelque peu épilogué sur l'écriture elle-même, en dehors de toute référence au texte, comme signe d'un sacré. En fait, dans la mesure où l'actuelle théorisation prend forme et ampleur, ce sacré apparaît lui-même comme une image-écran ; un lieu expressément clair mais qui évite aussi au regard d'aller plus loin pour rejoindre le désir ; un lieu manifestement acceptable puisque en accord avec une tradition, une histoire et un contexte : un lieu de *même*. Car c'est là, finalement, que repose la question : comment le publicitaire nous incite-t-il à faire du *même* ?

La question, à la réflexion, s'aborde depuis une autre perspective et nous fait découvrir que l'accès au désir entraîne le risque d'une différence. Pour qu'il y ait acte publicitaire, on met donc en œuvre une construction qui, d'une part, se calquera sur des défenses psychiques connues, mais, d'autre part, proposera au regard une représentation tout à fait acceptable puisque en accord avec le même de l'idéologie.

Dans un cadre de référence plus large, il est permis de penser que le désir est loin de se mettre en branle toutes les fois qu'une tension s'éprouve. On peut même croire que, la plupart du temps, la tension en question s'interprète comme un fait du quotidien et commande une action spécifique. Ce à quoi il faut ajouter que l'action spécifique apparaîtra comme d'autant plus plausible qu'elle sera en accord avec les valeurs du sujet.

La publicité transpose point par point cette logique, comme elle ne peut avoir connaissance de l'acceptable de chacun, elle puise son acceptabilité à même les propos idéologiques dont elle s'informe très régulièrement par des enquêtes minutieuses. Elle exploite, en d'autres termes, notre besoin de ressembler, d'être en accord avec le monde qui nous entoure et, pour ce, de produire du même. Inévitablement, elle renforce la peur du désir, seul lieu possible d'un « *symbolise-toi toi-même* ».

L'analyse, cependant, des seules publicités statiques limite encore les possibilités de théorisation. Même s'il est évident que les caractères relevés ici et pertinents à l'acte de publicité nous semblent suffisamment établis pour les énoncer comme constants, il nous paraît essentiel de prolonger notre démarche du côté des publicités cinétiques, c'est-à-dire de ces messages télévisuels, qui constituent une part importante des heures de programmation que l'on retrouve au petit écran.

Seconde partie

LES PUBLICITÉS CINÉTIQUES

Chapitre troisième

LA DÉRIVE ASSOCIATIVE

Jusqu'ici, nous avons limité notre enquête à des publicités statiques et, forcément, en raison même de la fixité du médium, nous avons dû réduire le champ de notre analyse à une sorte de transparence à travers laquelle, sous l'image manifeste, une image latente s'apercevait. Parallèlement, il nous est apparu que les défenses psychiques qui forçaient la prédilection du spectateur pour l'image affichée recoupaient assez volontiers les mécanismes de la vie de veille (projection ; identification ; formation de symptôme ou de compromis, etc.). Les défenses oniriques, celles de la vie nocturne, présidaient quant à elles à l'élaboration par le publicitaire des films que nous nous sommes contentés jusqu'ici d'examiner plan par plan, donc, par le biais d'une certaine fixité et stabilité.

Au moment d'aborder les publicités cinétiques, il faut, d'entrée de jeu, nous avouer que nous avons affaire à une situation infiniment plus complexe. A chaque plan de la séquence filmique, d'une part, ce jeu des transparences est en mesure d'opérer. Mais d'autre part, dans la construction même de la série d'images, dans l'enfilade successive des motifs de représentation, des mécanismes beaucoup plus subtils seront, en fait, enclenchés chez le spectateur. On touchera ici aux défenses mêmes du rêve.

Le virage est majeur. Il exige des considérations sur la vie associative de la psyché. Il demande que l'on examine certains fondements de la vie symbolique ou le pourquoi de l'attachement à certaines représentations. Mais il éclaire, en revanche, dans le champ même de la psychanalyse, certains événements de la psychopathologie, la perversion tout particulièrement.

L'association inconsciente : loi des séries

Il semble bien que l'une des lois les plus constantes du psychisme humain soit qu'une représentation n'y survive jamais seule.

Ces représentations, au contraire, se regroupent entre elles, forment des séries, des séquences, des cohortes d'éléments analogues. La signifiance, en conséquence, ne naîtrait jamais d'une représentation isolée, mais bien d'une telle série. Comme si c'était seulement devant une série de représentants que pouvait enfin s'établir une certaine validité du lien analogique, comme si c'était seulement dans le cumul et la connexion réciproque des éléments que pouvait finalement s'apercevoir ce qui cherche véritablement à s'exprimer.

La psychanalyse fait grand usage de ce phénomène, elle qui s'exerce à tirer sens de la séquence associative tantôt de la séance, tantôt d'une cure. Mais le phénomène déborde largement ce qui a lieu sur le divan : il est un mode d'appréhension propre à l'esprit humain et ses conséquences pour la vie psychique restent à ce jour peu mesurables.

En ce qui nous concerne cependant de façon plus immédiate, ce que nous retenons de ces séquences significatives, c'est leur étrange pouvoir de qualifier, de préciser, mais aussi de contourner sinon de pervertir un sens premier. C'est, en fait, sur ce terrain même que le film publicitaire polarisera son message.

Mais imaginons tout d'abord un exemple banal. Et supposons que notre esprit soit aux prises avec l'image d'une scène violente : disons un crime sanglant. En soi, ce qui est clair, c'est que cette image n'a pas de sens. Elle n'est pas encore qualifiée. Sommes-nous l'auteur ou la victime de ce crime ? S'agit-il d'un ami ou d'un parent ? De la remémoration d'un spectacle traumatisant ? Rien de tout cela ne s'explicite sans associations subséquentes. Exactement comme en mathématiques le nombre naît de la convergence d'une série, ici le sens naît de la *convergence* de la *série associative.* Le sens, d'ailleurs, n'a rien de fixe ni de permanent ; il s'élabore constamment puisque, d'une certaine manière, toute série demeure toujours ouverte, toujours à compléter.

Ce qui est évident aussi, c'est que les associations subséquentes peuvent aisément venir corrompre la représentation originelle, la connoter de façon acceptable ou tolérable, la transformer pour tenter d'en masquer l'intention immorale. Ainsi le meurtre sanglant qu'on souhaitait commettre sur un parent que l'on croyait aimer peut se transmuer en un désir d'affirmation de soi et de dépassement d'une certaine dépendance. Apparemment, le tour est joué et les connotations fournies par l'association deviennent déculpabilisantes.

L'importance connotative et correctrice des chaînons associatifs subséquents aux représentants originaux est donc majeure : ils peuvent transmuer une vision accablante en image agréable. Dans la plupart des cas, l'original sera lui-même refoulé ou amenuisé : désamorcé. Il ne restera que la vision acceptable et gratifiante ; leurre efficace sans doute, sans lequel la somme d'angoisse serait peut-être insupportable, mais leurre tout de même d'une essentielle illusion.

Dans cette perspective des associations psychiques, l'affiche constitue ce que nous appellerons, même s'il s'agit d'un abus de langage, une situation simple.

L'affiche comporte deux images.

La première est latente. Elle parle de mort, de désespoir, de révolte, de désir, d'homosexualité ou de liberté subversive. Mais parce qu'articulée sur du désir, elle est également choquante ou angoissante ; inacceptable, en fait, à moins d'une remise en question qu'il faudrait alors accepter trente fois par magazine.

Sur cette première vision, manifeste cette fois, se superpose une seconde représentation socialement acceptable, articulée non plus sur le désir ou sur le manque fondamental mais sur la pulsion et le besoin.

Incontestablement, cette image manifeste apparaîtra comme un substitut tout à fait privilégié de la première, parce que moins menaçante, d'abord, mais aussi parce qu'elle offre de la première une transcription analogique qui la rend souhaitable.

C'est l'image latente, il faut le souligner, qui nous attire : c'est là que s'investit le désir. Mais c'est aussi en raison de la présence de ce désir inavouable ou insondable que s'investit sa transformation manifeste. On nous fournit le masque et le prétexte, le faux-fuyant, la rationalisation et tous les stratagèmes du désaveu. Et on les accepte d'autant mieux que le désir sous-jacent nous parle et se doit d'être objet de désaveu.

En termes associatifs, on a donc sommairement affaire à une série analogique à deux représentants. L'original trop dérangeant se refoule au profit de son substitut. Le problème phénoménal de l'urbanisation en Angleterre fait place à l'image du tricycle Howe, et l'inquiétude originelle reste méconnaissable.

Ce qui se passe dans la publicité cinétique n'est pas tout à fait d'un autre ordre. Il n'empêche que le publicitaire dispose ici d'une série de plans plus longue et plus élaborée. Pour flouer ou rediriger le regard, il y a dix plans, vingt plans qui, tour à tour, peuvent contredire ou nuancer le premier : distraire du désir. Les substitutions, en principe, peuvent donc ici se surdéterminer. Aux substituts premiers, des substituts seconds viendront rapidement succéder. La panoplie des résistances peut s'affiner jusqu'à la démesure. La scénarisation appellera en particulier la mise en jeu des défenses oniriques. On peut, en quelque sorte, jouer sur tous les tableaux.

L'affiche, en effet, ressemble à une situation psychique de l'état de veille. Une image inconsciente cherche à faire surface. Il faut, en quelque sorte, s'en défaire : rapidement, à cette image, succède une projection ou une rationalisation ; l'urgence quotidienne appelle la substitution immédiate. Dans le cas du scénario, c'est, en fait, une espèce de contre-scénario qu'il convient d'établir. Cette contre-scénarisation en appelle aux procédés oniriques.

Evidemment, les publicités que nous abordons ici sont aux antipodes de la fixité. Elles ont d'entrée de jeu plusieurs plans et proposent au regard une *séquence*. Certaines publicités télévisuelles ne sont pas cinétiques pour autant. Elles n'ont d'avantage sur l'imprimé que le nombre accru de spectateurs possibles. Le plan unique, à la télévision, s'analyse au même niveau psychique que l'affiche.

Dans le cas donc des authentiques publicités cinétiques, on verra s'organiser une séquence qui tentera de faire converger des sens possibles vers un sens souhaité. De l'initiale polysémie des représentations originales, on tentera de conclure à une espèce de monosémie finale. La technique mérite qu'on l'illustre et la dissèque.

Le premier plan de la publicité que nous allons ici considérer est une scène urbaine. Près d'une fenêtre, une jeune fille au visage doux est seule dans un appartement. Une voix précise : « le dimanche, la lumière a un goût de mélancolie ».

Si l'on s'en tient à cette introduction, tout est, d'une certaine manière, plausible. Ce qui, déjà, se met en scène, c'est une jeune fille belle, douce, mais seule. Le dimanche nous renvoie autant à la réjouissance possible en ce jour de repos qu'à la solitude désolée de ces jours où « il n'y a rien à faire ». La mélancolie semble, en effet, qualifier cette atmosphère trouble où le goût et la vision s'emmêlent. Tout est appelé à un éveil : la vue, l'odorat gustatif, l'ouïe dans l'énoncé même de la phrase d'une voix douce

PUBLICITÉ BELL

et grave. Déjà, en chacun de nous, certaines chaînes associatives sont interpellées. Le dimanche, la mélancolie, le viol peut-être aussi d'une jeune vierge douce. Comment le publicitaire va-t-il ici se tirer de l'embarras polysémique où il s'est mis en un sens ? Telle est, en fait, la question qui peut nous venir à l'esprit, sachant surtout qu'il n'y a guère d'intérêt de rentabilité à nous laisser dans la mélancolie.

Si l'on examine la situation attentivement, on repère donc les chaînes associatives plausibles suivantes :

Série associative dans la publicité de Bell

ennui	←jeune fille seule→ à la fenêtre	envie d'amour
désolation	←dimanche→	fête
semaine		
noirceur	←lumière→	clarté
dégoût	←goût→	saveur
vide	←mélancolie→	vide comblé
grave	←voix→	douce

Un auteur mélodramatique utiliserait volontiers pour la suite des enchaînements la série de gauche (désolation, noirceur, dégoût, vide, ennui, gravité) pour établir son scénario.

Contre toute attente manifeste, le scénario publicitaire nous renvoie quant à lui à une curieuse comptabilité : il fait l'éloge des rabais téléphoniques sur les appels interurbains de fin de semaine. Mais en insistant pesamment sur leur dimension financière.

Pourtant, en seconde analyse, cet enchaînement n'apparaît plus si improbable.

La série de gauche, celle de l'ennui et de la désolation, a finalement été retenue par le publicitaire, mais réduite à une expression : celle de la *pauvreté affective*.

Le non-dit de l'ennui, c'est le vide intérieur et le sentiment de pauvreté émotionnelle. L'image de *pauvreté matérielle* viendra en prendre le relais. Grâce au rabais de fin de semaine, nous ne sommes plus (monétairement) si pauvres « que ça ». Dès lors, la série même peut s'inverser : la pauvreté matérielle se banalisant, la solitude et la pauvreté affective se désamorcent ; la mélancolie a le goût de la lumière du dimanche : elle s'annihile.

Les circuits associatifs du message publicitaire

	MESSAGE MANIFESTE	VOIES ASSOCIATIVES OUVERTURES	MESSAGES LATENTS	SÉRIE ANALOGIQUE
THÈME	Jeune fille seule à sa fenêtre Le dimanche, la lumière a un goût de mélancolie	double nostalgie → vide → lumière et réjouissance	l'être humain est un être seul et vous vivez de vide.	mélancolie → tristesse solitude → pauvreté affective
CONTRETHÈME	Le téléphone = économie	images de retrouvailles et d'appels d'agréables	il en coûte peu de combler tous vos vides c'est fou de rester nostalgique	pauvreté émotive ↓ pauvreté matérielle ↓ pauvreté matérielle banalisée
SYNTHÈME	N'y a-t-il pas quelqu'un ?	la séparation n'est en fait qu'un éloignement	au fond le sentiment de solitude est ridicule comme toute idée de castration vous n'êtes pas castrés, au fond !	mélancolie banalisée

Une affiche seule aurait pu tenter de nous convaincre d'utiliser l'interurbain : il lui aurait suffi de constituer, par exemple, une image latente de solitude et de lui superposer une image de retrouvailles. L'argument forcément eut été moins élaboré, le passage par la pauvreté affective → monétaire, beaucoup moins sûr, la gestalt, beaucoup moins complète.

Ce qui semble ici se passer, c'est qu'on nous offre tout d'abord un thème en apparence monosémique : celui de l'ennui, mais un thème qu'il faudra, selon les habitudes de l'inconscient, inscrire dans une série connotative. Pour ne pas voir le spectateur dériver vers la nostalgie la plus totale, on lui fournit cette *série* qui amende ce qu'à juste titre le langage populaire nomme *première impression*.

Il est intéressant de constater ici combien, d'un pays à un autre, d'une culture à une autre, les thématiques humaines profondes demeurent identiques à elles-mêmes et comment, à partir de là, le même problème publicitaire en vient, malgré les continents, à s'énoncer par le même argumentaire.

La France, en effet, au cours de l'année 1981, avait à mettre au point une campagne publicitaire dite du traffic téléphonique national. On devait y aborder la question dans une perspective tout à fait voisine de malheur initial et de bonheur retrouvé. La campagne se constituait, en fait, de quatre séries de témoignages télévisuels, de trente secondes chacun. Ces divers mini-métrages devaient, en principe, inciter le spectateur à s'abonner au réseau du téléphone. Ils ont eu un effet certain, selon les P.T.T. Regardons-en le contenu général d'un peu plus près.

« J'étais furieuse contre lui, il m'a téléphoné, il m'a expliqué, tout s'est arrangé », déclare une jeune ménagère souriante près de son appareil téléphonique.

La colère s'est donc dissipée, transformée en écoute amoureuse, muée en discours rassurant, en bien-être tout à fait sécurisant. Comment, en effet, ne pas s'allier ce porte-bonheur électronique ?

Ailleurs, le mécontentement de départ est de nature professionnelle. « L'air de rien, un coup de ˜! à la météo, ça peut vous sauver une récolte. » L'inquiétude initiale est ici à peine esquissée, aussitôt aplanie, remplacée par l'affect de fierté, liée à une réussite anticipée. La tracasserie n'est plus insoluble. Le prix d'une ligne téléphonique n'a pas de commune mesure avec la perte d'une récolte.

Devant sa 2 CV, un jeune homme qui arbore le calme imperturbable d'un financier déclare : « J'ai passé une petite annonce avec mon numéro de téléphone et en moins de vingt-quatre heures, je l'ai vendue. » Quelle efficacité !

Derrière ces témoignages, pourtant, dont nous ne livrons ici que des fragments pour ne pas alourdir le texte, l'on aperçoit, en transparence, la même pauvreté affective quand ce n'est pas le désarroi avec lesquels l'être humain se débat d'un océan à l'autre.

L'aplanissement tangible des difficultés matérielles ou concrètes occupe l'avant-scène. Derrière lui se profile un autre ordre de résolution de conflits, c'est-à-dire le passage de la solitude à la communication, de l'ignorance à la connaissance informée, du vide au plein. Une telle matérialisation-concrétisation du vécu intime peut choquer en premier lieu : pourquoi ne pas aborder, en effet, l'affect directement ?

Séguéla (et bien d'autres) essaient tant bien que mal (Séguéla 1982) de débrouiller cette question. L'être et l'avoir, se demande-t-il, ne se confondent-ils pas ? *Avoir* le téléphone, n'est-ce pas *être* davantage communicatif ? Avoir cet air épanoui de femme rassurée, avoir cette assurance de financier après une transaction avantageuse ou ce sourire d'agriculteur en pleine possession de ses moyens, n'est-ce pas, d'une certaine manière, un être-plus ?

La question est subtile dans la mesure où ces dehors charmeurs camouflent la dramatique réelle qu'elle recouvre. Ce que nous dit en somme Séguéla, c'est : « la publicité fonctionne dans la mesure où nous confondons volontiers *avoir* et *être* ».

L'orientation donnée ici à la campagne du traffic téléphonique national confirme, à première vue, le dire de Séguéla. Le publicitaire a orienté la chaîne connotative vers des représentations matérielles du contenu affectif, banalisant, du même coup, tant l'angoisse éprouvée que le bonheur possible, les réduisant à une tangibilité factuelle. « Un p'tit coup de fil rend la vie plus facile. »

En acquiesçant à la proposition des P.T.T., nous convenons donc, en effet, qu'il nous est plus *facile* de considérer l'avoir que l'être, plus facile d'endosser le faux-self que le cheminement patient du travail de deuil et d'auto-castration.

Là ou Séguéla abuse de la langue, cependant, c'est lorsqu'il prétend que les deux niveaux se confondent. Si nous choisissons la voie du tangible c'est que l'autre, celle de l'affect, nous confronterait ici à de l'archaïque, à du violent, à de la solitude, à de l'incompétence relative devant le changement technologique. Si nous choisissons le stéréotype et la facilité, c'est que l'autre démarche, plus tortueuse en soi, ne trouve dans les trente secondes relatées aucun support ou aucun alibi. En excellent publicitaire qu'il est à l'évidence, Séguéla déplace le problème. Ce qu'il paraît plus juste d'affirmer, c'est que, devant un choix possible et en étant encouragés à prendre parti pour le mythique ou l'idéalisé, notre attitude qui va vers la facilité n'implique pas forcément la totalité de la réponse humaine. La complicité du publicitaire et de son spectateur vise ici à faire silence sur l'autre choix plus réflexif, davantage fait de deuils et de castrations assumés. Le cheminement affectif que nous escamotons, en ces circonstances publicitaires, pour nous laisser duper par l'euphorie provisoire des messages de Séguéla et de ses collègues, ne le justifie pas de croire qu'il en est perpétuellement ainsi.

Si Séguéla et la publicité s'ingénient à éviter le manque, le vide, la peur, la haine, la tristesse ou l'envie, le désir et son infini ; si, en plus, pour des raisons qui ne regardent que chacun de nous, en trente secondes, on ne refait pas entièrement sa vie et l'on ne se défend pas d'être complice d'un mensonge partagé, il devrait à son tour respecter le silence qu'il recommande : le reste a saveur de publicité.

Le principe de contiguïté

En fait, le sujet auquel nous en arrivons, celui des *logiques associatives,* est l'un des plus complexes qu'il soit donné à nos savoirs modernes d'aborder. Pour ne nommer qu'elles, la mathématique pure aussi bien que l'anthropologie, la psychanalyse et la linguistique s'y passionnent chacune à leur manière et le débat est loin d'être épuisé.

En mathématique, la question de cette logique associative prend corps dans le vaste champ des algèbres booléennes et de la mathématique des ensembles. Mais, depuis la venue de l'ordinateur, on inverse aussi carrément la perspective. Alors qu'en algèbre des ensembles, on raisonne à partir de classes d'objets ayant en commun une caractéristique donnée, une nouvelle branche de la mathématique voit peu à peu le jour, la symbologie (Collectif 1976). Celle-ci cherche, dans un ensemble hétéroclite, à percevoir les traits communs entres les éléments de l'ensemble ; à énoncer la caractéristique qui fonde l'algèbre conventionnelle de Boole. On parle de symbologie parce que l'on est persuadé que cette caractéristique commune est une espèce de symbole pour l'ensemble, c'est-à-dire une représentation capable de rendre compte du groupe d'éléments. L'ordinateur exige de telles recherches en vue d'accroître son intelligence artificielle. Ce secteur théorique n'est toutefois qu'à l'aube d'un développement.

La psychanalyse, pour sa part, étudie la question dans une tout autre perspective. D'une chaîne associative donnée, produite dans certaines conditions cliniques, elle cherche à repérer la signifiance comme si, dans ses postulats mêmes, elle supposait qu'un sens n'est au fond jamais acquis mais court le long d'une chaîne qui le précise et l'entraîne dans une convergence. L'intelligence de cette logique est ici capitale : comment, en fait, l'analyste entend-il ce qui se dit sur le divan ? Ses commentaires ou interprétations ne sont-ils pas association supplémentaire dans le cours associatif de la pensée de l'autre ? Comment est-il conduit, par exemple, d'un rêve de chauffard à un souvenir de glace au citron, à parler du besoin de tuer un enfant en soi ? Un espace analytique, dit Serge Viderman (1970), se construit entre les deux protagonistes analytiques ; espace qui éventuellement produit du sens. René Major (1978) parle des associations de l'analyste qui viennent compléter celle de l'analysant.

Le point de vue que nous abordons ici constitue, d'une certaine manière, un autre aspect de ce débat. Nous prétendons que nul mot, nulle représentation n'est en soi claire ; qu'elle appelle toujours, ne serait-ce que pour la préciser, d'autres figurations connexes, le sens n'étant en rien un phénomène statique, mais au contraire *dynamique* et à traiter dans une perspective relativiste, un peu à la manière des physiques einsteiniennes.

Or, dans cette perspective, la question reste entière de savoir ce qui, en face d'une représentation X appelle la suivante Y.

Les rationalistes peuvent volontiers prétendre que Y vient d'un besoin logique d'affiner sa perception. Cette position est tout à fait intenable ; il faudrait, pour y adhérer, mettre en veilleuse l'ensemble des défenseurs psychiques, oublier que bon nombre de représentations sont d'abord insoutenables pour l'esprit, se refoulent donc et se transforment pour se maquiller. Nous émettrons ici une autre hypothèse.

Jusqu'à preuve du contraire, nous postulerons en effet que *toute représentation est réductible à un conflit intrapsychique.* Conséquemment, nous poserons en corollaire que toutes les associations qui suivent visent à réduire cette tension conflictuelle, à résorber la divergence. Et, à l'aide de cette hypothèse, nous tenterons d'expliciter ce qui a cours, entre autres, dans le champ de la publicité.

Le premier associant d'une série étant donné, les autres, selon cette hypothèse, seront choisis comme successeurs dans la mesure où ils s'y relient d'une certaine manière, mais dans la mesure aussi où ils sont susceptibles de *réduire* la tension provoquée par lui.

Le « d'une certaine manière » est extrêmement flou : il doit le demeurer. Les chaînons subséquents de la séquence associative peuvent en effet se relier tantôt à la sonorité, au rythme, au potentiel évocateur ou à toute autre dimension subtile du premier. Des exemples illustreront sans doute une théorie autrement trop abstraite : nous les emprunterons d'abord aux marques mêmes de certains produits.

« Sveltesse-Taillefine » dit une certaine marque de commerce. Et la représentation résiduelle qu'elle produit va certes du côté de la minceur que certaines femmes, par hypothèse publicitaire, recherchent. Mais, si l'on y regarde de plus près, l'on constate que l'expression conduit non pas à une mais deux séries associatives en fait conflictuelles. Evidemment, svelte et fine renvoient à l'élégance. Assurément aussi, svelt*esse,* par le biais de son suffixe, conduit à des termes phonétiquement voisins : caresse, princesse, jeunesse, déesse, etc... Mais, en revanche, n'est-il pas aussi vrai de dire que tesse renvoie à test, c'est-à-dire à épreuve ; voire à déteste, puis à test-taille, puis à déteste-taille ? Svelte et fine ne sont acquis qu'à condition d'un test-taille central. Taille est aussi un verbe quelque peu tranchant, mais qui n'est pas si loin du fantasme d'une chair à enlever pour acquérir la minceur désirée.

L'expression, justement, a des chances d'être retenue dans la mesure où elle énonce à la fois un conflit et sa plausible solution. Des représentations qui, par l'absurde, seraient neutres ne nous retiendraient pas : *sans écart dans la signifiance,* le désir n'a pas de lieu où s'investir. Ce n'est pas la publicité qui a inventé cette règle ; tout ce que l'on peut affirmer, c'est qu'elle l'exploite au maximum.

Que penser, dans la même foulée, des marques de savon du type Lux, de certaines marques d'auto, Toyota par exemple ? Des produits Croc-en-bec ? Ou des jeans de marque Lois ? Lux, à ne pas douter, renvoie à luxe et à la lumière ; il rappelle aussi la discrète culpabilité qu'on peut avoir à s'occuper de son corps : trop se parer peut sembler luxe ; il renvoie finalement à certains préjugés à l'endroit des classes défavorisées ; ils pourraient se laver ; l'eau et le savon ne sont pas luxes. Lois laisse entendre, par voie de dérive associative, des loisirs ou des affects chaleureux, tel : love, mais il n'en renvoie pas moins à l'austérité de la loi, celle du sheriff ou celle du Far-West ? Dans la même veine, le parfum Jontue allie Je et tu. Le mariage tuerait-il ? Ou les herbes sauvages de la campagne voisine ? Je - onc - tue ou je tue donc, à moins que Je ... on ... tue ? Amour et haine, passion mortelle ou mortifère : le parfum, à coup sûr, s'adresse à une femme *fatale* ! Chanel doit peut-être une partie de ses succès à l'absence pertinente d'un R au milieu de son nom : cette idée d'un charnel désamorcé est ce qui fonde le mieux la double voie associative (vierge - putain) des produits cosmétiques en général : double chaîne qui, presque toujours, se résout par l'énoncé rassurant d'une sensualité déculpabilisée, c'est-à-dire très exactement d'une femme « chanelle ».

Mais, comme nous l'avons souligné plus haut, c'est dans le film publicitaire plus encore que dans l'image isolée que l'on peut le mieux dévoiler la stratégie associative : elle s'élabore, dans ce contexte, beaucoup plus librement, s'étale dans toutes ses virtualités. Son interprétation, conséquemment, laisse place à beaucoup moins de tergiversations aléatoires. Il persiste toujours, autour de la représentation isolée, une aura d'imprécision et de doute qui en fait certes le charme et le mystère, mais qui la fait aussi échapper à une analyse autre que projective.

Les mini-métrages publicitaires que nous allons maintenant examiner illustrent, à notre sens, cette fonction d'orientation et de contrôle du publicitaire sur la dérive associative de son spectateur. Nous les analyserons dans ce sens spécifique, laissant les aspects plus proprement idéologiques au travail du chapitre subséquent : l'homélie cathodique.

Le règne de la femme nouvelle

Si nous enchaînons volontiers notre réflexion à l'aide d'un mini-métrage publicitaire de parfumeurs, c'est, plus que par simple à-propos, relié entre autres au fait que parfum est quasiment en soi une entité connotative. Avant lui, l'être existe et plaît ; grâce à lui, l'être s'approprie une connotation. Odeur, soit, de menthe ou de pervenche, de rose ou de citron, mais représentation tout aussi bien de l'ordre rhinencéphalique des choses. L'odorat, on le sait, perçoit sans élaboration toujours consciente. Il est néanmoins efficace et ce, depuis notre plus tendre enfance, pour susciter la reconnaissance de l'autre à un niveau premier et archaïque. S'approprier le musc ou le lilas, c'est se donner à reconnaître au niveau le plus instinctuel du rapprochement humain, se donner à pré-voir ou, mieux, à pres-sentir.

A ce palier rhinencéphalique aisément refoulé parce qu'archaïque, tout se joue en termes de pulsions/répulsions, goût/dégoût. Le fauve a ici le goût d'une dépendance ailleurs désavouée, le corps appelle le corps sans le dire à l'esprit trop raisonneur. La scène est, de toute évidence, dressée pour une mise en jeu potentiellement « violente ». Le publicitaire est, ici, sur une corde raide.

Yves Saint-Laurent (1978) accepte ce risque de façon ingénieuse et représentative. Son parfum n'est pas, il faut le rappeler, pour les « femmes effacées ».

Dans un premier plan du mini-métrage, une femme dévale un escalier à toute allure. Par sa démarche pressée, les mouvements rapides de son corps, elle évoque une course que le spectateur peut associer à un événement désastreux ou catastrophique, sinon aux faits et gestes d'une femme sportive en pleine urgence ou aux manières d'une passionnée un peu « sauvage ». On est, gestuellement, aux antipodes associatifs de l'élégance de son vêtement « Cardin ». L'image de cette femme déchaînée nie, en particulier, la dépendance soumise des modèles « féminins » classiques que l'on retrouve chez d'autres annonceurs.

Une séquence subséquente nous révèle une voiture qui fonce à toute allure et se gare abruptement, en toute illégalité, aux abords d'un café-terrasse. Plus loin, cette même D-S (déesse ?) frôle le pantalon d'un passant qu'elle risque d'écraser tant elle roule à une allure incontrôlée.

La dérive associative s'oriente : nous sommes en face d'une voiture — et par voie de conséquence d'une femme — capable de tout. Elle écrase tout sur son passage. Rien ne lui résiste. C'est une furie, une « hors-la-loi ». La Mafia nous vient à l'esprit, ou Al Capone et Chicago. Cette femme, à l'écran, est en contact avec le mal, le meurtre, ou, peut-être, l'affaire du siècle ! le romantisme ne s'appelle plus ici fleur bleue et bouffée de pervenche. Nous sommes en face d'une « femme d'action ».

Suit un long corridor qu'elle enfile en courant toujours, puis un long escalier qu'elle monte quatre à quatre. Où va-t-elle donc ainsi ? Où court-elle ? Que cherche-t-elle ? Notre curiosité est avivée. Est-ce la passion qui la pousse de la sorte vers un quelconque Roméo ? Et alors, quelle passion furibonde qui ne connaît que les lois de l'amour, qui ne vit que l'empire des sens. Sauvage, passionnée « à mort », cette femme n'est « certes pas » du type à s'attarder à quelque baliverne (le parfum, par exemple).

L'escalier nous conduit au lieu du rendez-vous : la cour de justice. Le spectateur est étonné. Il se rappelle les rapports équivoques de cette furibonde avec la loi.

Le plan général de la cour nous laisse entr'apercevoir le lieu sans que nous puissions, d'emblée, en déterminer le sens. Cette image structure l'ambiguïté elle-même de ce mini-métrage. Cette femme est-elle l'accusée ? Le dossier de sa conduite routière nous persuaderait volontiers de ses torts. Or, ô surprise, le seul acteur manquant de ce tribunal est l'avocat. Ou doit-on dire l'avocate ?

Tout bascule. La complicité du juge et de l'assassin, situation traitée ailleurs par Tavernier, nous revient à l'esprit. De même l'ambiguïté des interprètes de la loi. Le réalisateur de cette publicité (J.P. Rappeneau) joue à fond sur les diverses oppositions humaines. Le conflit se déploie.

La hors-la-loi habite l'avocate comme le corps sauvage habite le vêtement classique. La folle soumission de cette femme à son rendez-vous juridique n'a d'égale que les exigences d'un métier où elle doit être maître (maîtresse ?) du destin de ses semblables, être un recours en cas d'exploitation ou d'humiliation ! Sa passion, sa course effrénée, son délire d'actes font ici contre-poids à cette tête qui plaide, rationalise, argumente et impose le respect.

Pourtant, le conflit se résorbe, s'évite : se refoule. D'un geste vif, au cours du seul temps d'arrêt de toute la séquence, elle vaporise son parfum derrière ses oreilles, avant d'entrer à la cour.

Rejoindrait-elle donc, par ce geste, les femmes des publicités concurrentes, agressives mais douces, félines mais conformes ? Féminine au-delà d'une apparente virilité ? Tout au long du film, on a le sentiment qu'elle a horreur de la délicatesse, de la finesse ; ce geste, même furtif, évoque la capacité de caresse. Elle se caresse, soit, c'est-à-dire n'aborde pas encore le monde relationnel ; mais elle va peut-être y entrer ! (Joyce McDougall, 1981). D'ailleurs a-t-on ici envie d'entrer en relation ?

Rive gauche, rive droite : passage de l'espoir fantaisiste au réalisme du pouvoir. « Ce parfum, nous dit-on, n'est pas pour les femmes effacées. » Nous pourrions conclure même qu'il appartient aux femmes agressives, dures, délinquantes ou phalliques. On est en pleine dénégation. Désaveu du besoin de relation et prétention masturbatoire ou narcissique à l'auto-suffisance. Le subterfuge repose sur notre peur de dépendance et de relation (Searles, 1980).

Ce que promet le produit, c'est de libérer l'acheteuse du besoin de « compter sur » quelqu'un et, par extension, des entraves (légales ou autres) de la vie elle-même. L'on acquiesce dans la mesure où la dérive, sans ce contrôle, nous conduirait à re-considérer la peine et la tristesse de la séparation, la nécessaire réalité du deuil et de la loi.

La position redevient aconflictuelle par le jeu du « superbe effacement narcissique » (Kernberg, 1978) sous lequel disparaît l'exhibitionnisme phallique suggéré. Ce parfum se destine aux femmes engagées dans le meurtre (de la mère ? ou du père ?) ou dans l'affirmation en marge des lois, d'un soi grandiose ; il parle aux femmes éblouissantes de contrôle (rêvé) sur leurs passions. Il s'adresse à toutes celles qui trouveraient la vie tellement plus facile s'il n'y avait pas d'*autre* (Lacan 1964) : c'est-à-dire à ce soi grandiose que nous passons, tous et toutes, notre vie entière à démasquer.

Est-ce là l'avenue du féminisme ?

Le conflit moins le remords : une éthique de la tranquillité

La seconde publicité que nous allons maintenant considérer pourrait tout aussi bien s'intituler : plus il y a de problèmes, moins on en a. En fait, elle opère à peine autrement en posant un problème pour aussitôt l'escamoter. Elle concerne une bière, de marque Carlsberg, et date de 1979.

La première scène nous montre un homme casqué dans une embrasure assimilable à une porte. Ce pourrait aussi bien être un motard avec un sac de camping sur le dos et une combinaison de circonstance ; en fait, c'est un parachutiste. D'ailleurs, il nous dit : « Moi, j'aime *l'action* », puis s'élance dans le vide.

Un second personnage, sac au dos, en train d'escalader une pente et qu'on reverra plus tard en face d'un feu de camp, déclare simplement : « Pour moi, c'est la nature. »

A la scène suivante, une rivière étroite, des hautes herbes, un canot et un homme qui se penche vers l'avant, sur le point de saisir un objet. L'homme, simplement, énonce : « L'aventure, moi, ça me passionne. »

La femme qui apparaît ensuite est jeune. Elle joue négligemment avec un fichu de soie qu'elle porte au cou. Le décor est celui d'une plage marine. « Moi, c'est la mer », annonce-t-elle.

Puis commence une musique style « folklorique ».

Chacune de ces saynètes pourrait, bien sûr, être objet spécifique d'analyse. Pour l'instant, nous retiendrons cette quadruple proposition comme une thématique d'ensemble : voilà assurément quatre personnes relativement jeunes qui ont en commun d'aimer quelque chose : l'air, la mer, le feu et la terre comme s'ils avaient tous lu les philosophes grecs.

Mais c'est autre chose que le publicitaire s'empresse de nous souligner. L'écran se subdivise en quatre parts égales. Un jingle s'amorce et qui chante : *Nous sommes différents, pourtant on se ressemble.*

Voilà donc une première clé. Nous avions été hardiment sollicités par l'individualisme de ces gens entreprenants et heureux de vivre : on nous renvoie à un au-delà de la différence, à une ressemblance profonde.

L'écran quadrillé les rassemble : au niveau du plan d'ensemble, ils se côtoient et continuent d'évoluer, leur différence n'interfère surtout pas avec leur vie ; astucieusement, elle est même argument d'appartenance.

D'ailleurs, on le voit bien : chacun continue de vaquer à son occupation, laquelle, le plus naturellement du monde, le ou la conduit à un même geste : déboucher une bière Carlsberg, preuve de leur intérêt commun. Chacun dans son coin de l'écran, d'ailleurs, dit en même temps exactement la même phrase : « Carlsberg, c'est ma bière. » Tout est parfait.

Evidemment, il ne faut pas avoir été un très long temps en contact avec les milieux de la clinique analytique pour savoir que le sentiment de différence constitue, chez chacun, une zone extrêmement conflictuelle. Et, plus précisément encore, que cette différence s'oppose presque toujours au fantasme symbiotique d'une ressemblance totale.

Ce que la publicité manipule ici n'est rien de moins que de la dynamite. A partir, en tout cas, de ces mêmes prémisses, on peut élaborer plus d'une théorie sociale, plus d'un projet politique aussi, allant de l'anarchie à la répression la plus totalitaire.

Les images enclenchées par l'amorce associative pourraient

PUBLICITÉ YVES SAINT-LAURENT

1

2

3

4

5

6

7

8

PUBLICITÉ URGO

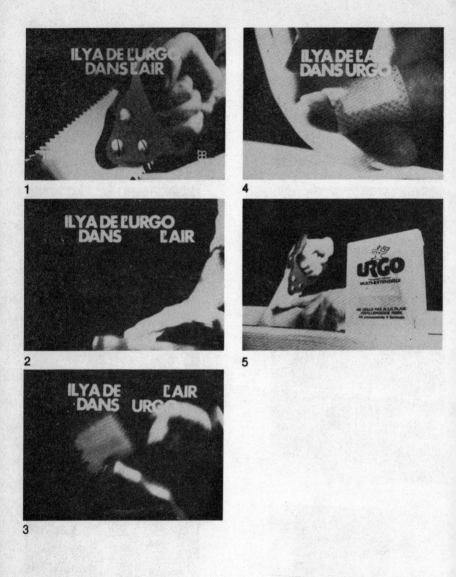

donc aisément conduire à la conscience soit d'une castration soit d'un désir ou des deux à la fois puisque, de toute manière, ils sont intimement liés.

Ce qu'il faut voir, cependant, c'est qu'une telle réflexion - remise en cause, qui passerait par tous les « Suis-je différent ? », « Suis-je semblable ? » possibles, aurait quelque chose de pénible ou d'astreignant.

Le « Pourtant on se ressemble » se présente donc dès lors comme un gage précieux d'une relative tranquillité. Y croire, c'est ne pas se troubler d'une question plus profonde. Le moment est venu d'associer le produit, non pas, il faut le souligner, aux divergences de départ, mais bel et bien au « Pourtant on se ressemble ». L'association produit-divergence ne résoudrait surtout rien, mais ne ferait que renvoyer le spectateur à ses conflits et, en principe, il refuserait cette association : *facilité oblige*. La vie psychique, de toute manière, est faite de milliers de représentations conflictuelles qu'on désamorce ainsi par associations banalisantes, le conflit ne faisant jamais surface qu'au moment où achoppent les défenses.

Le scénario de ces messages n'est donc *pas* lu par le téléspectateur, mais d'emblée transformé. Le récit se condense en une différence génératrice de ressemblance — bière. Le se - jeter - dans - le - vide du début s'escamote en un se - permettre - l'alcool - d'oubli ; le goût de l'aventure ou de la mer devient le goût de l'amer d'une bière. Déplacement et condensation sont entièrement à l'œuvre et quand, au moment d'émissions publiques, les gens disent qu'ils n'écoutent pas les messages publicitaires, il faut probablement les croire : ces messages, ils les rêvent.

Pour panser une blessure narcissique

Il peut paraître invraisemblable, à première vue, qu'une publicité de sparadrap arrive, tout comme celle d'une bière, à susciter du rêve. Pourtant, si on l'examine de près, la campagne Urgo, en France (1980), semble arriver à ce prodige. Nous en observons, ici, certains fragments représentatifs.

Lors de notre réflexion sur la publicité statique, nous avions signalé (chap. I, p. 38) comment Urgo pouvait panser la plaie urbaine : l'insistance se portait alors sur l'élasticité de la bande de sparadrap (1970).

Une première partie du mini-métrage présente donc une saynète, qui est dans la plupart des cas une représentation d'une activité de bricolage. Ce peut cependant être une scène de jeu : gros plan d'une jambe d'enfant en patin à roulettes. Une voix nous prévient : « Il y a de l'Urgo dans l'air. » On entend «Aïe ». La tête du marteau s'est abattue sur un doigt flou. Une voix nous rassure : « Il y a de l'air dans Urgo ». Gros plan sur le produit et son contenant : « Urgo multi-extensible ». Tous les outils y passent, ou presque. Une scie que l'on voit les dents dirigées vers le haut, un couteau à linoléum ; bref, tous les instruments journaliers de la mutilation possible. La structure, d'un message à l'autre, est suffisamment univoque pour traiter la campagne comme un tout unique.

Le lettrage et sa mouvance dynamique sur l'écran sert, au surplus, cette unification de manière admirable. La première apparition de la phrase « Il y a de l'Urgo dans l'air » se lit sur deux lignes dont les caractères sont espacés de façon convention-nelle. Aux plans suivants, la seconde ligne (dans l'air) se divise et s'étire vers la droite, laissant, entre « dans » et « l'air » un vide qui figure vraisemblablement la plaie ou la béance.

« *L'air* » reste à droite, mais monte à la première ligne, séparé, cette fois, du « il y a » par une solution identique de continuité. Sur la seconde ligne, maintenant, DANS et URGO sont séparés par un vide important. Les plans qui suivent rapprochent les lettres (grâce à un sparadrap technique, on imagine) pour que la représentation finale soit à la fois pleine et justifiée, à droite comme à gauche.

Les lettres qui s'écartent figurent les lèvres et la plaie et leur rapprochement ultérieur, la cicatrice possible et le renvoi à une intégrité totale, pareille à celle d'un texte imprimé. L'honneur est sauf. On fait même mieux avec Urgo que dans la nature, puisque le premier texte donnait deux lignes d'inégales longueurs : il y a de l'Urgo / dans l'air.

On peut donc lire les première séquences, en dérive associa-tive, comme un rappel du danger permanent de blessure corporelle ou de hiatus psychique, comme un avertissement au Moi toujours menacé dans une certaine mesure de se dissoudre, de passer à l'acte d'auto-mutilation. L'image du bricoleur qui ne sait pas manipuler de façon professionnelle les outils qu'il utilise ou celle de l'enfant apprenant quelque sport nouveau est là-dessus explicite. Le Moi, tenté par la grandeur, peut oublier quelque peu sa limite. Heureusement, Urgo est multi-extensible et pourra rapatrier les limites ainsi égarées du self. Sinon !...

Sinon : quoi, justement ? Sinon, ce qui peut émerger ou pointer, c'est le sadisme ou le masochisme, l'« accident-promesse » sous-jacent à chacune de ces séquences.

Ce qui peut envahir le Moi, si on l'abandonne à lui-même, c'est d'une part qu'il s'autorise de tout, même de ce qui déborde nettement le champ de sa compétence, de l'autre, qu'il se détruise faute de contraintes rassurantes. Le narcissisme, tout comme l'égoïsme aux deux faces de l'image, est une arme à double tranchant (Greene, 1983). Pour panser la blessure narcissique (de n'être pas omniscient), il faut au Moi une relative solidité ; sinon, le choix éventuel sera l'irruption dans le champ de la conscience d'une fantasmagorie primitive, en particulier perverse, sadique ou masochiste. Le publicitaire se comporte ici en conformité avec cette hypothèse : la plaie, figurée dans les lettres, est plus tolérable que la vue du sang, mais elle évoque en revanche une multitude de lésions possibles y compris des blessures plus symboliques (Bettelheim, 1971).

Il y a de l'air dans Urgo dans la mesure où Urgo ressuscite ou ramène à la vie un Moi qui, laissé seul sur cette dérive associative, en serait venu à disparaître, pour un faux-self prétentieux et sadique. « Il y a de l'air dans Urgo », eh ! ma foi, ça soulage presque !

Comme on peut le voir, la structure du message est ici analogue finalement tant à celle du message de Bell analysé plus haut qu'à celle du message Carlsberg. Le fond reste le même, une sorte de triptyque, un conflit, un produit, un conflit résolu, c'est-à-dire évité ou refoulé. Et nous investissons d'autant plus ces messages qu'ils nous parlent à la fois de notre trouble incertitude humaine et des voies d'évitement plausibles. Au delà d'une vérité qui nous concerne, ils nous fournissent le mensonge-issue.

Incitation et érosion

Sans vouloir se faire moraliste, ce n'est pas ici l'objectif du propos, on peut néanmoins opposer à cette stratégie un questionnement. Pourquoi, en effet, le publicitaire, conscient ou non de son fait, passe-t-il, pour nous séduire, par l'éveil d'une béance fondamentale, béance dont il nous distrait ensuite en nous persuadant qu'il s'agit d'une égratignure ? Le procédé est certes doublement pervers : on évoque du fondamental dans un réel proprement accessoire et on éteint illico une flamme inutilement éveillée. Bien au-delà de la consommation à laquelle incitent de telles manœuvres, c'est l'usure corrosive et constamment banalisante des forces d'un authentique désir qui, d'un message à l'autre, se répète insidieusement. S'il n'est pas certain que la tactique (accidentelle) conduise à consommer du produit B, ce qui est clair, en revanche, c'est que la stratégie (globale) conduit à l'apprentissage quotidien de la perversion de soi. C'est là, nous semble-t-il, plus que dans l'économie de marché que l'analyse doit demeurer extrêmement vigilante.

En revanche, ce qu'une telle démarche perverse justifie très probablement, c'est l'unanime désaveu d'un consentement publicitaire. A entendre, en effet, les témoignages reproduits au cours de certaines émissions d'affaires publiques ou à lire certains textes centrés sur la publicité, on est surpris du peu de gens qui disent entendre, voir, ou même regarder et écouter les messages publicitaires. De sorte que ce qu'il faudrait conclure, c'est ou bien à une population extrêmement sélective ou bien à une efficacité de la publicité qui naîtrait de n'être pas perçue. Ces deux hypothèses restent certes intéressantes, mais il nous semble qu'un tel désaveu reflète un autre phénomène. La publicité se rêve, nous l'avons suggéré plus haut, mais étant acte pervers elle reste inavouable. Au fond, la question d'apparence banale : « Ecoutez-vous ou lisez-vous la publicité ? » en recèlerait une autre de la forme : « Etes-vous pervers ? » ou, à tout le moins, « Vous laissez-vous de temps à autre pervertir ? » Ce à quoi, quasiment sans exception, on répondrait : « Moi, mais non »

La preuve pourtant est là : des produits se vendent et doivent leurs succès en partie tout au moins à la publicité. Certaines télévisions d'État concentrent en une seule plage télévisuelle tous leurs messages publicitaires exactement comme certaines revues concentrent en une tranche particulière l'ensemble des placards sollicitants et l'on n'accuse, dans l'un et l'autre cas, ni faillite de la cote d'écoute ni diminution de la cote de lecture. Au contraire même, dans certains cas. Le phénomène a donc une autre explication et notre complicité même avec un interlude de facilité, fut-elle perverse, semble prendre racine dans un réflexe plus infantile. Ne dit-on pas, en lisant une revue spécialisée ou un article de fond, que la publicité nous distrait ou nous détend ? Comme si, en dernière analyse, nous ne nous consolions jamais de perdre tout à fait l'illustré de notre enfance pour plonger définitivement dans l'abstrait et l'aride du texte typographié !...

Valeur métonymique de la dérive associative

Nous avons abordé, au début du présent chapitre, la question extrêmement complexe des logiques associatives de l'inconscient et émis l'hypothèse que toute représentation, d'abord conflictuelle, tendait, par associations, à se désamorcer en une représentation résiduelle « déconflictualisée ». Il est évident qu'une telle hypothèse exigerait éventuellement une démonstration qui déborderait largement le simple cadre de cet ouvrage. Il nous faut conserver à cette affirmation son caractère de construction théorique intérimaire.

Ce qui s'éclaire cependant peu à peu au fil de notre progression, c'est qu'une représentation en enclenche, en appelle forcément d'autres qu'on nomme associatives pour éviter le problème de les définir. C'est cette « association » qui, ici, réclame toute notre attention.

Loin de dériver du premier par loi de linéarité, un associant (élément de chaîne associative) se lie en effet à son précurseur en tenant rarement compte de sa valeur sémantique, mais plutôt en s'accrochant à une de ses valeurs « accessoires » et ceci, d'autant plus que le précurseur est polysémique.

Ainsi, par exemple, si nous considérons dans son ensemble, c'est-à-dire comme syntagme métaphorique, une minute publicitaire entière, nous pouvons présumer que ce qui en sera retenu par le sujet récepteur, ce seront des caractéristiques « plutôt vagues » telles la profusion des coloris, la dynamique des formes, le rythme du mouvement. Si ces qualités s'imprègnent plus que d'autres, si elles appellent plus d'associations, c'est tout d'abord qu'elles parlent à des mouvements premiers, à des logiques fondamentales de l'appareil psychique.

« Sveltesse » appelle des associations bien plus par loi de contiguïté phonétique (suffixe-préfixe) que par sa valeur sémantique. De même, une minute de publicité cinétique en appelle beaucoup plus à notre esprit par son cinétisme que par toute autre valeur. Nous en retiendrons la cadence et la vivacité à quoi s'ajoutera, dans un grand nombre de circonstances, le refrain de marque ou « jingle » caractéristique lui aussi de rythmes enfantins, de chansons primitives, de ballades archaïques. Comme si les lois de l'inconscient étaient insuffisantes, ce même rapport à des fragments de représentation sera repris à toutes les phases de la minute publicitaire en nous forçant constamment à ne retenir de l'image ou de son énoncé qu'un fragment portant, à reconstruire à chaque fois une métonymie où la partie parvient à *invalider* le tout.

Ce que notre appareil psychique sait à la fois le mieux et le moins faire, c'est sans doute résoudre des conflits, c'est-à-dire se protéger de toutes les tensions vraisemblables ou éventuelles qui pourraient l'assaillir pour rétablir aussitôt l'équilibre attentionnel. C'est pour cette raison que les associations qui seront choisies pour venir compléter la circulation d'un sens, voire même d'une signification, le seront en fonction de leur apparente innocuité et de leur complaisance avec des procès d'équilibre.

A chaque fois qu'une représentation se présente à l'esprit, notre psyché fait face à un problème, celui, précisément, de lui *donner* un sens.

Cette situation, le message publicitaire ne peut aucunement l'éviter. Ce sur quoi il table, en revanche, c'est sur le fait que nous n'allons retenir de toute sa rhétorique que les aspects les moins troublants ; que nous allons nous-mêmes collaborer au refoulement de ce qui est problématique, en cela nous-mêmes auteurs de notre propre perversion.

L'abondance même, dans le texte, des « Je », « tu », « ils » polysémiques, la construction d'une temporalité irréelle, qu'elle soit passée, future ou même conditionnelle, ne sont là que pour plaire à l'inconscient qui, bâtissant à compter du message son élaboration propre, tendra à condenser ou déplacer tout à son aise, à construire son propre rêve à partir de ce prétexte ou plutôt de ce pré-rêve.

Le produit, doit-on le préciser, n'a ici qu'une importance secondaire. Nous associons d'abord à compter des caractéristiques telles que la proximité des corps, des sons qui conduisent vers un ailleurs, le rythme qui promet la vie, la nostalgie qui débouche sur l'appel de quelqu'un, l'ouverture qui mène à la facilité, voire même à la nécessité que l'on domine.

Le publicitaire table sur ce fait très simple qu'on a plus envie de rêve que de lucidité, de perversion que de respect intégral de la totalité de l'autre.

Le drame est là pour nous garder captifs. Pour que le désir s'investisse, mais qu'il investisse aussi *le procès de dérive*.

Ce qui domine finalement le cours associatif du message lui-même, ce sont problablement ces trous, ces interstices qu'on y laisse à être interprétés, c'est-à-dire maquillés, fardés, comblés ou transformés, relus après avoir été scotomisés.

Le montage, en ce sens, représente tout d'abord une sorte de conflit de discontinuité et de continuité. Ça se rompt pour, sitôt après, se reconstruire ; ça s'ébrèche, ça s'émiette pour aussitôt se resouder. Voilà la véritable matière à associations. Voilà l'élément à quoi on s'accroche pour *donner* un sens au vide entr'aperçu. La surcharge devient opulence possible. La précipitation devient mouvement de vie.

Nous associons d'abord parce que nous refusons d'entendre, et il suffit pour s'en convaincre d'avoir une fois entendu le psychanalyste dénoncer chez vous ce phénomène.

Au sens premier de l'expression, toute cette publicité, c'est donc tout d'abord *nous* qui la faisons.

Est-ce donc à dire que l'inconscient est à ce point friand de représentations qu'il acceptera n'importe quel prétexte, n'importe quel pré-rêve et s'engagera d'entrée de jeu dans les associations désamorçantes ?

Il ne faudrait surtout pas le croire naïvement. Nous avons cité, en première partie, quelques échecs publicitaires. Le médium télévisuel n'est pas en soi une garantie. Et le fait que les séquences associatives appellent volontiers des séquences associatives n'assure en rien la positivité du résultat.

La relation qui unit ici regardant et regardé, même si elle est bilatérale, contient ses fragilités propres et ses pierres d'achoppement. Tous les chemins ne mènent pas forcément à la consommation. Au contraire, tout comme dans le cas de l'affiche (voir chap. 1-2), une sorte d'équilibre est à maintenir entre le vide de la désespérance ou du désir et le trop plein de la solution passive : une sorte d'équilibre, plus précisément entre la forme d'art et une insignifiance inefficace. Le recours à l'œuvre cinématographique nous permettra ici d'illustrer quelque peu notre propos.

Les trois thématiques publicitaires que nous avons tout particulièrement considérées dans les pages qui précèdent : la nostalgie, chez Bell ; la différence, chez Carlsberg ; ou le plaisir et la nécessité, dans le cas d'Urgo, pourraient, il importe tout d'abord de le constater, constituer, chacune, la problématique d'un très grand film à la fois profond, émouvant et pertinent.

Ce n'est donc pas par la banalité de son propos en tant que tel que la publicité diverge de l'œuvre d'un grand cinéaste, mais bien évidemment par le traitement de cette thématique.

Ce que l'on ne peut, en effet, imaginer d'un film réussi sur l'un ou l'autre de ces thèmes, c'est qu'il *se déconstruise* aussi rapidement qu'il s'amorce, qu'il évoque son sujet pour aussitôt le refouler, l'annihiler.

Fellini ou Bergman nous laisseraient ici sur une ou des questions réelles, nous feraient voir qu'à la fois on diffère et on ressemble ou que la distance évoque la séparation mais aussi ce qui nous unit.

Quand le film *Cria Cuervos,* par exemple, aborde le problème de la solitude de l'enfant, ou quand *Scènes de la vie conjugale* esquisse le drame de l'amour à la fois solitude et partage réel, l'on ne se sent surtout pas, en tant que spectateurs, protégés par l'écran. Au contraire, c'est à un vide réel que l'on est confronté : à un écart manifeste qui a ceci de subversif qu'il nous renvoie à nous-mêmes et nous suggère de signifier, chacun pour soi, ce vide.

La fresque gigantesque qu'est le film *1900* ne s'explique pas entièrement par la seule thématique du « Nous sommes différents, pourtant on se ressemble ! », mais elle l'aborde largement. En y trouvant une solution ? Jamais. Même s'il est évident, tout au long de ce film, que le prolétaire en question et le bourgeois qu'on lui oppose sont quelque part liés, jamais cette amitié ne vient occulter le regard de la dissemblance.

Carlsberg divise l'écran mais réunit tous ses protagonistes autour d'une même bière. La différence n'existe plus. Ou, plus exactement, après avoir attiré le désir, elle se métamorphose en une ressemblance qui le nie. Le trou, le vide, la béance par où le sujet, éventuellement, aurait pu accéder à la nécessité, pour lui, de prendre sens, est obturé avant de pouvoir exercer sa subversion.

Tout comme dans le tableau de Rothko, c'est de l'interstice, du flou, du manque à représenter que naît la *liberté* de l'œuvre d'art au cinéma, c'est du trou ou du vide entre les différentes séquences que naît la subversivité. Le plein publicitaire se présente, en revanche, comme une butée contre le désir authentique, comme un empêche-regard, mais surtout comme une voie de perversion.

Bref, l'œuvre d'art nous invite à transgresser le sens et le signifiant pour reprendre à son compte la signification : tuer Laïos, le laïus et le discours pour en venir à *sa* parole.

Le film publicitaire, en raison même du principe marchand qui le fonde, se doit de bloquer cette transgression, tout au moins en partie, pour confier à un autre objet le soin de *faire* du *sens.* C'est autour de cet axe que pivote sa construction. S'il est trop vide, trop peu construit, il n'attire pas et n'a plus le privilège de la page illustrée en contrepoint de l'écriture cursive. S'il est trop plein et gave le téléspectateur avant même d'évoquer au fond de lui l'image d'un certain vide, il n'opère pas non plus : puisque l'appât qui fixe sur lui l'investissement de notre libido est en cette circonstance absent. L'échec de certains films publicitaires surchargés est relativement connu : on ne gagne rien à ne laisser aucune place au téléspectateur ni, à l'inverse, à l'abandonner. Le film est un lieu figural, c'est-à-dire un espace virtuel où regardant et regardé entreprennent d'entrer en relation. Oublier l'un ou l'autre des éléments de cette relation la rend tout simplement impossible.

La polysémie de l'image est telle qu'elle peut conduire à un nombre infini de représentations. Or, quand ce que l'on cherche est une direction précise du regard, cette polysémie peut se révéler un obstacle majeur. Certaines publicités achoppent parce que la multiplicité des sens qu'elles évoquent n'est jamais re-centrée sur un objet. Ce sont, en général, ces publicités que, dans le milieu publicitaire, on estime le plus, celles qui gagnent des prix ou satisfont la volonté artistique de leurs auteurs, mais celles aussi qui paraissent le moins au petit écran.

D'ailleurs, pour pallier ce risque de la polysémie de l'image, les compagnies publicitaires comptent beaucoup sur la valeur rectificatrice de l'énoncé textuel auquel le moment est venu de consacrer le prochain chapitre de notre travail. Devant les vertiges du désir et de la transgression, nous y verrons comment le texte, aussi, se propose comme un garde-fou supplémentaire.

Chapitre quatrième

L'HOMÉLIE CATHODIQUE

Introduction

L'on convient volontiers que les diverses publicités se comportent, de manière générale, comme un système opérant lui-même à l'intérieur d'un plus vaste système qu'on appelle brièvement système social. Mais ce qu'on oublie de préciser, de façon tout aussi courante, c'est ce que l'on entend, chacun, par la notion de *système,* et en quoi, à partir de là, nous nous sentons légitimés de parler, au sujet de l'objet qui nous occupe, d'un *système* quelconque. Pour obvier à cette facilité fréquente, nous tâcherons donc d'établir ci-après dans quelle perspective nous entendons soutenir ce propos.

La notion de système à laquelle nous nous référons est extrêmement voisine de celles de Berthalaanfy, de Bateson et de Roland Barthes, c'est-à-dire qu'elle décrit un *tout* fait de parties diverses tant par leur aspect que par leur fonction et reliées entre elles par une tâche synthétique éventuellement saisissable comme unique sur le plan opérationnel.

Il ne s'agit donc pas d'un appareil, lequel n'a qu'une fonction, ni non plus d'un agglomérat puisque alors les parties ne seraient reliées entre elles que par l'effet du hasard ou d'une histoire sans opérationnalité perceptible (un agrégat minéral, par exemple), mais plutôt d'un ensemble d'appareils.

Dans cette perspective, il devient important, au premier chef, de cerner, dans le *système,* certaines fonctions élémentaires pour ensuite lire leurs interrelations organiques ou opérationnelles. Au sujet de la publicité, nous avons déjà entrevu certaines de ces fonctions élémentaires : *Informer, Attirer, Relancer.* Mais aussi, à un palier plus profond : *Exciter* et *Interdire, Solliciter le désir* et *Provoquer la défense.* On a déjà, donc, en termes systématiques, un minuscule abécédaire de fonctions.

La question qui se pose dès lors pourrait s'entendre en termes simples : « A quel médium ou à quel fragment de tel ou tel médium confie-t-on d'habitude telle fonction ? » Est-ce repérable, ou caractérisable ? Malheureusement il ne semble pas exister de réponse simple à une telle question.

Il y a, certes, un certain nombre de généralités possibles : par exemple, qu'en Amérique l'on confie à la publicité télévisuelle la fonction d'informer et de séduire tandis que l'on demande à la publicité statique de jouer le rôle de rappel : « girl in window, as in ad » : « la jeune femme à la fenêtre comme sur l'affiche » précise un scénario de Bell. Mais au-delà de ce constat, tout paraît devenir complexe. Chaque médium publicitaire remplit à la fois plusieurs fonctions. L'affiche sollicite et rappelle, excite et interdit. D'habitude, c'est l'écriture ou le nom du produit qui, dans un appareil donné, joue la fonction de cran d'arrêt ; mais l'on sait que certaines écritures jouent un rôle de sollicitation sans équivoque. Doit-on, donc, de ce fait même, renoncer à toute systématisation de nos intuitions ? Ce serait certes plus facile. Mais nous nous proposons une autre voie.

Nous postulerons, en effet, que chaque manifestation publicitaire, quelle qu'elle soit, est elle-même un ensemble dynamique et pluri-fonctionnel à la fois relié de par son intention au sur-ensemble des représentations psychiques et relié de par son origine même au tissu plus étalé des représentations sociales manifestes et latentes. Nous postulerons donc qu'il n'y a pas moyen de rendre compte de l'acte de publicité sans rendre compte à la fois de ces fonctions multiples et de ces liens complexes.

Pour être très concrets, il nous apparaît, par exemple, insuffisant d'affirmer, pour parler de publicité qu'elle exploite volontiers le sexe ou qu'elle reproduit les valeurs dites bourgeoises. S'il est vrai de dire, par exemple, que telle publicité utilise en partie le corps de la femme, il faudrait en même temps, à notre sens, préciser comment cette image est à la fois proposée/interdite, avancée/retirée. Comment, donc, se joue là, non pas un jeu infantile et simpliste mais un art extrêmement élaboré et complexe. De la même manière, il est faux d'interpréter la publicité comme phénomène exclusivement social : ce n'est pas dans le social, au sens strict de ce terme, que se déroule le phénomène publicitaire, mais bien plutôt à la lisière fragile qui sépare à peine un inconscient en attente d'une proposition magique. Ce lieu-lisière fait lui aussi partie du système que nous tentons ici de cerner.

Dans la logique de cette perspective dynamico-systémique, nous adopterons, pour l'analyse des publicités télévisuelles, un point de vue quelque peu inusité. La plupart des auteurs sont en effet fascinés par l'image télévisuelle. Nous nous intéresserons à la bande sonore. La tentation est grande d'affirmer que la trame sonore des mini-métrages publicitaires est primordiale par rapport à la trame visuelle, mais, par souci de rigueur, nous n'y succomberons pas, du moins pas tout à fait. Certes, nous croyons que l'importance de la trame sonore a été fort sous-estimée dans diverses études et nous entendons la poser comme tout à fait fondamentale, mais il ne s'agit pas à notre tour, de nous prendre au piège des aphorismes. La bande sonore est, en effet, une composante majeure d'un système dynamique de représentations : elle répond à la trame visuelle soit en la complétant, soit même en la contre-disant de façon extrêmement subtile et savamment organisée. Elle n'est donc, en un sens, qu'un élément entre autres du système. Mais, de par ses caractéristiques, elle occupe, nous le répétons, une place à notre sens exceptionnelle dans la spécification des média publicitaires que nous considérons.

Cette position est, à coup sûr, inspirée de la psychanalyse. Elle découle en particulier de la notion de scène primitive, c'est-à-dire de l'élaboration fantasmatique enclenchée par une scène qui n'est qu'entendue. Mais elle renvoie aussi aux qualités pré-verbales, donc archaïques, de la musique et du bruit, à l'apprentissage incessant de la langue maternelle et au fait que l'oreille, contrairement à l'œil, ne se ferme jamais.

Partant donc de ce point de vue, nécessairement arbitraire, nous considérerons tour à tour certaines publicités en fonction d'une classification axée d'abord sur leur construction sonore, mais qui tient compte, fondamentalement, de la relation dynamique de la trame visuelle à la trame entendue. Nous verrons, dans chacune de ces circonstances, comment chacune des trames régit et interpelle sa trame complémentaire. Et, de la sorte, nous passerons en revue la très grande majorité des formules publicitaires télévisuelles courantes : la publicité-présentateur, la publicité-narrateur et la publicité-conversation. Nous consacrerons à l'arrière-plan sonore une attention toute particulière en raison de ses rapports à l'inconscient ; de même, nous nous pencherons spécifiquement sur les publicités à refrain caractérisé pour pouvoir finalement énoncer dans ses premiers traits l'hypothèse centrale de cet ouvrage, qui postule l'existence d'un contrat de nature perverse au sens large de ce terme entre consommateur et pourvoyeur de biens de consommation.

Publicité-présentateur : promesses du savoir-technologie

Description

De façon générale, le présentateur est une institution publicitaire dite d'information stricte. Supposé expert dans ses rapports à un objet, à un produit (alors qu'en fait, il est surtout expert comme comédien ou comme commerçant sinon comme personnalité sportive), il produit une parole dont le sens capital est de nous renseigner sur l'existence et les avantages d'une réalité à vendre.

Dans une première formule, celle du *présentateur-démonstrateur,* le personnage demeure immobile face à la caméra tout au long des soixante secondes que dure le message publicitaire. Habituellement, il est l'objet d'un plan américain au point de départ puis la caméra effectue, en cours de route, un travelling qui laisse entrevoir l'objet à vendre, le lieu où l'on fabrique cet objet (diapositive de l'Usine Machin-Machin), la compétence des artisans à l'œuvre (film de vingt secondes montrant un ouvrier sortant un lingot d'acier d'un haut-fourneau). Tout au cours de ce processus, cependant, le présentateur-démonstrateur demeure le motif central de l'image. Seule bouge la caméra qui, dans un travelling latéral ou arrière, suit notre professeur en marche dans un décor à volonté explicative. La voix ne quitte jamais le champ de la caméra. De nombreux fabricants de pneus, certains services garagers (silencieux, par exemple), divers dépositaires automobiles, plusieurs proposants de services techniques (ordinateurs ou autres) ont adopté cette formule. Elle connote une dimension didactique utile pour les produits « scientifiques ou techniques » ; elle peut aussi avoir l'attrait d'une révélation ou celui d'une démonstration concernant l'abondance d'un produit ou l'importance d'un effort (quand on montre un chantier, par exemple). De ce fait, elle est devenue l'une des options les plus fréquemment choisies par les publicitaires.

Le second type de présentateur que nous avons repéré est, en fait, un *présentateur-comédien*. Pris dans un gros plan (figure et épaules), lequel restera fixe jusqu'à la fin des soixante secondes, notre personnage n'a plus alors qu'à être expressif, à faire valoir sa figure, à faire valoir son rôle pour que la parole transmise soit bien entendue. La personne choisie pour tenir ce genre de rôle est, la plupart du temps, un comédien connu pour sa participation à des continuités télévisuelles telles qu'un feuilleton ou alors un mannequin dont on est susceptible d'avoir vu la photo dans un magazine récent. Un grand sportif peut aussi faire l'affaire quoiqu'on lui confie davantage les publicités du type présentateur-démonstrateur dont nous venons de parler.

Evidemment, le cas du présentateur-comédien introduit, dans le champ de « la compétence » du présentateur, d'importantes nuances. Alors que le présentateur-démonstrateur est, en principe, un technicien ou un spécialiste, le comédien ne tire sa « compétence » que des rapports fantasmatiques où l'investit son image publique. L'on prêtera foi à l'argument de M. Untel parce que, dans tel film ou telle série télévisée, il apparaît comme un « père judicieux ». L'on peut même, dans ces conditions, s'offrir le luxe d'un anti-expert : c'est le cas de la publicité Gésal-Conseil en France où l'homme représenté n'est ni expert en télévision ni expert en horticulture. Mais, rêvant comme bon nombre de Français, de réussir son petit jardin, il se fie aux produits Gésal. Suivant cette même logique, l'on a vu apparaître, depuis quelques années, une série de mini-métrages publicitaires où « l'expert-désigné » n'est autre que M. Tout-le-Monde. Il a essayé tel produit ; Elle a lavé son linge à l'aide de tel savon ; Ils ont participé à une enquête sur le goût de telle boisson gazeuse (Coke-Pepsi, par exemple) et ils en font part publiquement.

L'on pourra voir, dans ces trois types de présentateur, une gradation du registre d'identifications souhaité par le fabricant. Plus le produit est sophistiqué, plus l'expert doit apparaître comme hors du commun ; plus l'on veut présenter le produit comme populaire, plus l'expert devra être près « du peuple ».

Cette hypothèse se vérifie dans une campagne récente de la compagnie I.B.M. où le produit à vendre est un ordinateur de type personnel, donc un produit de relativement haute diffusion. Un expert-technicien aurait rendu le produit rébarbatif ; M. Tout-le-Monde n'eut pas été crédible. L'on a donc utilisé le personnage de Charlot en faisant constamment référence au film de Chaplin : *Les Temps modernes*. Evidemment, si « Charlot » lui-même, lui qui a critiqué avec pertinence et saveur les pièges de la modernité se rallie à l'idée de l'ordinateur, comment ne pas l'imiter ?

Eléments d'analyse

Lorsque l'on tente d'analyser la logique inhérente à la publicité-présentateur, il est certain que l'on s'attend pour ainsi dire d'entrée de jeu à parler des fonctions d'identification. Mais cette notion ne doit pas, à son tour, nous faire perdre de vue l'importance d'un subtil système de références ni celle de la mise en place d'un appareil conflictuel très savamment dosé.

Sur le plan de l'identification, l'on conçoit volontiers que le fabricant d'une chaîne stéréo haut-de-gamme s'adresse à son public par le biais de l'image de la compétence. Le consommateur va débourser une somme importante pour le produit et il le fait au nom d'une connaissance technique, réelle ou fantasmée, dont on lui renvoie une image fidèle, voire complaisante.

Mais les produits de haute technologie ne sont pas seuls à se prévaloir de cette mise en scène. L'on a vu, par exemple, certaines banques ou certaines institutions de service y recourir très volontiers.

La première remarque qui s'impose, en de telles circonstances, concerne le primat du haut - savoir - technologique dans l'idéologie courante.

Le présentateur-démonstrateur est un *expert*, ce qui fait référence, d'entrée de jeu, à une idéalisation recherchée de la compétence technique et le film, vient démontrer à l'appui la force, l'ampleur, la haute-technicité du produit ou du service dont il nous entretient : on a donc, dans bon nombre de cas, convergence simple du discours et de l'image : la référence est linéaire, sans plus.

Mais ce qu'il ne faut pas non plus négliger, concurremment, c'est que la publicité n'a pas pour unique fonction de mettre en évidence un produit ou un service, mais,tout autant, de le *situer* dans *l'ordre des choses* actuel.

La référence au savoir, donc, d'entrée de jeu, renvoie à un produit en harmonie avec l'espoir actuel. Mais, aussi bien, par *référence* à des publicités de même typologie, elle donne au produit A les vertus du produit ou service B de référence.

C'est-à-dire qu'on assiste à un véritable système de références inter-publicités et, partant, inter-idéologies.

Brochand et Lendrevie, dans leur récent *Publicitor*, évoqueraient volontiers, à ce propos, des concepts du type : « positionner le produit dans un référentiel adéquat » ou, encore, « occuper un créneau spécifique de communication ». Nous ne divergeons pas d'opinion là-dessus, sinon que, contrairement à ces deux auteurs, il nous paraît primordial de ne pas escamoter la fonction symbolique de ces créneaux. L'idée, qu'ils utilisent, de « positionner le produit se lit, quant à nous, en termes d'assurer à un produit une valence symbolique précise, c'est-à-dire de le situer dans un certain « ordre des choses », ou, mieux de lui faire occuper un espace idéologique déterminé. Alors que Brochand et Lendrevie ne perçoivent leurs objectifs que sur le plan de la communication, ce qui reflète la position habituelle des publicitaires, nous croyons que l'image qu'ils cherchent à produire occupera éventuellement un lieu dans l'univers de nos symbolisations personnelles, c'est-à-dire s'enfouira dans nos inconscients dans la mesure où elle correspond à d'autres éléments des propositions symboliques du collectif où nous sommes insérés. D'un point de vue publicitaire, l'on peut donc dire que la référence inter-publicités « positionne » le produit ; d'un point de vue individuel, que cette même référence suggère un lieu symbolique au produit mis en évidence.

Un exemple éclairera ici notre propos. La banque Canadienne Nationale éprouve certaines difficultés financières. Techniquement, la solution à ces difficultés paraît résider dans une fusion avec une autre banque, nommément la Banque Provinciale. A la suite de manœuvres administratives appropriées, la fusion s'opère et la nouvelle banque, Banque Nationale, lance une campagne publicitaire à son sujet. La réclame télévisuelle est relativement simple : l'on y voit des images évoquant la fusion des métaux dans des hauts fourneaux. Dofasco, à la même époque, publicise sa sidérurgie avec des images du même ordre. Ce que l'on peut cependant apercevoir derrière cette stratégie toute simple, c'est l'allusion qu'utilise la Banque Nationale à une industrie pour ainsi dire éternelle dans le fantasme du public. L'acier évoque la pérennité, les hauts fourneaux, la haute technologie. Voilà donc, au tout premier plan de l'image, l'idée de solidité alors que, dans les faits, la fusion était consécutive à des difficultés économiques qui plaçaient la B.C.N. dans un état de précarité.

A un autre palier, c'est-à-dire au niveau de la référence

inter-publicités, la nouvelle banque, en s'autorisant du même type de publicité que la sidérurgie, tente de se positionner, dans le fantasme de son spectateur, au même plan que la sidérurgie. Investir chez nous, semble promettre la banque, c'est comme investir dans cette industrie très prospère qu'est la sidérurgie.

Ce type de référence inter-publicités n'est possible, à coup sûr, qu'en prenant pour acquis une certaine culture publicitaire chez le spectateur. Mais c'est là le moindre souci de nos publicitaires : cette culture existe ; elle est même extrêmement répandue. Ils peuvent y compter comme sur la force de... l'acier.

Pareil système de référence est parfois extrêmement subtil, parfois quasi grossier. Faisant par exemple allusion à la publicité connue : « Le 2 septembre, j'enlève le haut, le 4 septembre, j'enlève le bas », le père Noël d'une affiche 1982 annonçait : « Le 24 décembre, j'enlève la hotte. » L'allusion est ici manifeste. C'est un clin d'œil au spectateur. Mais son existence nous renvoie à ce fait qu'en adoptant telle ou telle structure publicitaire, l'annonceur ne fait pas que vendre son produit : il lui donne un lieu parmi les objets, il le situe dans un certain « ordre des choses » qui est lui aussi, plus qu'on le ne croit généralement, l'une des tâches prioritaires de la publicité.

Mi-Cho-Ko, aux fins de publiciser ses friandises chocolatées, introduit, dans un mini-métrage aux allures romantiques, une musique « classique ». Certaines publicités d'Eram nous renvoient à des films de Tati ou de Fassbinder. La campagne Manufrance nous renvoie au Robinson de Defoe. On se souviendra ici des allusions à Michel-Ange au moment des publicités des jeans Levi's. Bref, la publicité se comporte à ce propos comme M. Dupont qui aime bien, de temps à autre, laisser tomber dans la conversation : « Ah, vous savez, moi, le dernier Elsa Morante ! » Et, au fond, lorsque Saupiquet, pour nous annoncer ses produits de table, imite les textes de Pagnol, l'on est, entre autres, convié à convenir d'une même culture et donc d'une complicité à l'origine. Pour qu'un consommateur français accepte d'acheter une nourriture en conserve, il fallait peut-être que le publicitaire réitère tout d'abord une complicité dans la culture ; ainsi peut se transgresser un ordre des choses plus établi pour que s'en instaure un nouveau : ce que dit le publicitaire, c'est que, dans ce cas, il n'y a pas de transgression.

PUBLICITÉ MI-CHO-KO

Dynamique son/image

Même si, comme nous l'avons indiqué plus haut, c'est à la trame sonore que nous accordons, dans notre esprit, la priorité en termes d'efficacité dans ses rapports avec l'inconscient, c'est à la conjonction opérante des deux trames, visuelle et sonore, qu'il faut s'attarder pour saisir la constitution même de l'espace publicitaire télévisuel.

Ici, dans le cas de la publicité-présentateur, les deux trames se complètent admirablement. Non qu'elles aillent dans la même direction, tout au contraire ; mais elles se complètent au sens où l'une et l'autre s'associent pour énoncer puis résoudre en l'éludant une représentation psychique conflictuelle.

Dans le cas, par exemple le plus simple, de la publicité-démonstrateur expert, l'on pense, à un premier stade, à une simple explicitation d'une trame par l'autre, l'image *illustrant* ce qu'énonce la voix ou la voix *dirigeant* adéquatement le regard tandis que les bruits ne feraient que reproduire la *réalité* du lieu. Et, pour des fins sommaires, ce type d'analyse est juste. Pourtant, à un autre stade, il n'est pas adéquat. La plupart d'entre nous ne sommes familiers ni avec une usine à hauts fourneaux ni avec une expédition de recherche sophistiquée dans les régions polaires (publicités des compagnies pétrolières). Le calme et la maîtrise textuelle du commentateur contrastent à plus d'un titre avec les images de *grandeur* qui occupent l'arrière-plan visuel. La présence manifeste du présentateur vient, comme une sorte de garde-fou, éviter l'égarement toujours possible de notre inconscient soit sous le poids d'un écrasement soit dans l'envol vers le grandiose. Le conflit de nature intrapsychique oppose ici l'éblouissement (ravi ou subi) à la maîtrise. L'image renvoie elle-même à des *forces domptées* de la nature. La question nous est, au fond, quotidienne : c'est celle de décider, quasi à chaque instant, du devenir *civilisé* des forces *instinctuelles* qui nous habitent. La maîtrise rassurante du commentateur, la neutralité même de son ton objectif ont donc ici leur rôle : l'emportement pulsionnel, mégalomane ou dépressif, n'aura pas lieu.

L'extase (ou serait-ce l'asservissement) se résout en contrôle ; la castration devient accomplissement et le mini-métrage est tolérable.

*
**

Il est certain, ici, que l'excès de mots nous guette et que la tentation d'accuser le publicitaire de tous les maux est un piège d'une extrême facilité où nous pourrions très aisément glisser. Qu'on se rassure : notre position à ce sujet est assez claire ; les messages publicitaires ne sont jamais, en soi, plus « mal-intentionnés » qu'un autre message. Pour tout dire, dans un exemple comme celui que nous venons de citer (le déploiement-démonstrateur) le publicitaire n'a, en fait, guère le choix. En chacun de nous existe un enfant apeuré devant l'immensité des « forces de la nature » qui *l'habitent* et *l'entourent*. Cette force nous inquiète et nous fascine tous. Et les publicitaires, avec certains ouvrages de vulgarisation, sont à peu près les seuls à nous inviter sérieusement à une appropriation de ce monde intérieur/extérieur. Plus encore, les publicitaires sont seuls à nous entretenir de ce monde au niveau archaïque où il nous touche le plus. Lorsque nous affirmions, au chapitre précédent, que le message publicitaire se comporte comme une homélie catholique, nous n'entendions pas par là condamner la publicité mais plutôt signaler que la publicité est peut-être une des rares institutions télévisuelles à nous parler intimement des fantasmes qui nous occupent.

Après plusieurs années de recherche, Bion, qui avait cru pendant longtemps à une pulsion épistémologique — à un désir de savoir — se ravise pour constater que l'inconscient ne veut pas « savoir », en fait. Mais que nous cherchons à être, et être plus et mieux.

Les publicitaires le savent et, contrairement à bon nombre d'émissions télévisées parfaitement ratées, ils en tiennent compte.

Ce trait est évident encore dans l'exemple que nous apportions de la publicité étayée sur la compétence de M/Mme Tout - le - Monde.

La lessive est un geste éminemment quotidien. On a assez entendu les revendications de bon nombre d'épouses au sujet de situations de ce genre pour savoir que ce qui se vit, dans l'univers ingrat des tâches ménagères, évoque souvent plus de dépit, d'envie ou d'agressivité que de sublimation spontanée. « Pendant que je m'astreins à la lessive, les autres vivent (extra-ordinairement !...) » serait plus près d'un sentiment commun que toute autre expression. Certaines femmes ajouteraient volontiers : « pendant que *lui* participe à la vie de haute technologie, aux débats actuels sur le monde et la vie... moi, je trime ».

Mme Tout-le-Monde, devenue experte dans le choix de son détergent, renverse tout à coup cette banalité, cette exclusion. « Vous aussi, chère madame, vous êtes experte. Vous appartenez à ce monde scientifique où la vérité se conquiert par voie d'enquêtes sociologiques. »

Mensonge ?

C'est manifestement trop court. Ce qu'il nous faut plutôt nous demander, c'est « qui dans le monde où nous habitons, songe sérieusement à revaloriser cet univers ménager, à lui donner lieu et sens au sein de l'évolution que nous traversons ? » Les groupes féministes ? Ce n'est pas à ce niveau que se situe leur intervention. Les grands débats intellectuels ? Ils ne touchent pas la dimension affective de la question. Les feuilletons ! Peut-être, encore faudrait-il y regarder de plus près.

Quand Mme X., dans l'un de ces messages, confie la corvée de la lessive à un mari joyeux, il ne s'agit pas de dire que l'on assiste à une propagande révolutionnaire, mais il ne convient pas non plus d'annoncer la mauvaise foi univoque du publicitaire.

La banalité se transmue, dans le creuset de ces messages, en compétence. La solitude devient solidarité (avec l'évolution actuelle). La précarité se transforme en solidité. Saupiquet déculpabilise Mme Dupont de transgresser la tradition en ne préparant plus « elle-même » ses petits plats mijotés. Ce faisant, Saupiquet transmue la transgression en fidélité à la tradition.

Il n'est malheureusement pas évident que d'autres voix aient entrepris d'aborder avec la même justesse émotive les questions qui nous préoccupent très intimement. Là où l'image risque de devenir transgression, on comprend que la trame sonore se fasse rassurante puisqu'il faut mater le désir là où il risque tout à coup d'émerger avec trop d'insistance. La matière à laquelle s'attaque le publicitaire est nettement *explosive*.

Publicité-récit : de l'anecdote à la légende

Description

Pour être rigoureux, au plan de la terminologie, il importe, dans un premier temps, de définir plus précisément le « récit » publicitaire.

Il s'agit d'un récit, c'est-à-dire d'une histoire qui nous est racontée, soit par quelqu'un qui l'a vécue, soit par quelqu'un qui en a été le témoin. Conséquence technique immédiate de cette formule, la voix du narrateur est quasiment toujours hors champ. Il peut arriver qu'on voie à l'écran le narrateur, mais alors, il est très rarement en train de raconter son histoire, on le voit plutôt acteur aux prises avec les péripéties de la fable.

Seconde différence et non des moindres : l'argumentaire du récit ne repose pas sur la compétence du narrateur mais davantage sur la valeur de conviction de l'anecdote narrée.

La voix est neutre, chaleureuse, animée ou angoissée suivant les circonstances.

L'image illustre l'anecdote ; elle propose donc des illustrations, insolites la plupart du temps, de situations anecdotiques au plein sens de ce terme, c'est-à-dire à la fois banales et excentriques.

Conséquence architecturale de ce véhicule publicitaire : le poids de l'efficace repose à la fois sur deux pôles ; la qualité de l'image et la capacité de communication du narrateur.

La publicité Bell analysée au précédent chapitre (p. 98) est un parfait exemple de ce modèle. Nous nous proposons ci-après d'en examiner quelques autres, y compris certaines publicités-radio dont c'est la formule privilégiée.

Quelques exemples

Nous tirerons, justement, notre premier exemple d'un message radio dont voici tout d'abord le scénario partiel

Voix de femme : Y'a rien à faire contre l'destin.
            Tiens. Ce matin, j'sors de chez moi.
            D'abord, il pleut.
            Normal, puisque je sors.
            En arrivant au bureau, une place juste d'vant.
            J'essaie de m'y mettre sans trop y croire.
            Eh bien, j'avais raison. Elle était trop petite.
            J'ai cassé mon phare.
            Y'a rien à faire : je suis marquée.

Le récit est au JE ; la voix est extrêmement expressive ; l'événement raconté est à la fois banal dans sa possible quotidienneté, mais extra-ordinaire dans la mesure où il marque la pointe d'une exaspération presque à son comble. On en ferait volontiers le prototype du récit.

La seconde partie du scénario ne correspond pas à la structure du récit, mais vient plutôt lui faire contrepoint :

Voix d'homme : Mini Mini   (musique)
        Si la ville vous désespère
        Prenez une Mini, matin et soir
        Ça passera.

        Mini Mini   (même musique)
        Ça se faufile partout
        C'est pas long du tout
        Trois mètres zéro cinq en tout.

        Mini :
        à partir de 20,950 F en tout
        chez votre concessionnaire Austin Morris.

        Mini :
        c'est bon pour les nerfs.

Réservons, pour l'instant, nos commentaires et analyses et présentons plutôt d'autres publicités, télévisuelles cette fois, construites suivant le même modèle.

A l'écran : un visage noir que l'on découvre en close-ups successifs. Voix (off) d'homme : « Non, vous vous trompez... Je suis un journaliste d'*Actuel*. J'ai voulu passer quinze jours dans la peau d'un noir. Je me suis fait embaucher comme ouvrier métallurgiste. Le reste, je l'ai raconté dans *Actuel*.» Voix off (homme) : Lisez *Actuel*, vous risquez d'être surpris » (1980) : *Actuel*.

Une autre publicité de ce même mensuel (1980) prend la forme suivante :

Voix off (femme) : Cette espèce de cinglée, c'est NINA HAGEN...
        La première star allemande...
        Depuis Marlène Dietrich..
        Avant *Actuel*, qui connaissait Nina Hagen ?

Voix off (homme) : Lisez *Actuel*, vous risquez d'être surpris.
à l'image : plans de Nina Hagen échevelée, excessive,
        certains diraient même hystérique.

    Actuel : le mensuel des Années 80.

En poursuivant toujours ce bref tour d'horizon, l'on aborde enfin un dernier sous-type de publicité-récit : c'est-à-dire un récit tout en images. Nous en signalerons deux illustrations particulièrement célèbres en France : la publicité dite de « La Soie », et, d'autre part, la non moins fameuse publicité « Buffalo Bill ».

La Soie : Une jeune femme rousse, bon chic, bon genre, s'avance vers le spectateur toute de soie vêtue. Tailleur plissé beige, en soie, chemisier à dentelles, en soie, et un collier, de perles.
Le décor : un appartement meublé Régence. Elle enlève posément sa veste. Puis son chemisier. Puis sa jupe plissée.
Elle fait glisser doucement une bretelle du soutien-gorge toujours en soie : découvrant du même coup un sein qui pointe, vers le spectateur.
Elle enlève ensuite sa petite culotte.
La caméra remonte vers les hanches.
Gros plan sur la chute des reins.
Enfin, on la retrouve au lit, dans des draps de soie.
Ecriture et voix off : La soie, rien ne remplace le naturel.

Buffalo Bill : Ciel bleu.
Mer bleue.
Nina Klepp, seule, les seins nus, enserrée par d'énormes liens.
Un couteau s'avance.
On voit un bras viril (i.e. ici : velu) qui s'avance vers elle et la délivre.

Texte : Jean Buffalo
Je t'ai dans la peau, Bill,

*
**

Eléments d'analyse

Ici s'achève notre microscopique tour d'horizon.

Le premier élément qui ressort de cette brève énumération, c'est, il importe de le repérer, une certaine diversité, voire une certaine richesse de ce corpus publicitaire. Dans le cas de l'Austin Morris Mini, le récit n'est que discours : c'est l'anecdote qu'on raconte au café, avec gestes et éclats de voix. C'est le récit-catharsis, le récit-défoulement. A l'autre extrême, dans le cas de la soie, l'image parle « d'elle-même » ; la voix n'est plus présente comme support explicatif. Pourtant, il y a récit, au sens d'une fiction qui se déroule de façon séquentielle. C'est le cas-limite du récit publicitaire : de très loin le plus efficace, mais, de très loin aussi, le plus exigeant sur le plan de sa fabrication technique. D'ailleurs, à ce niveau, les films sont ici signés par des cinéastes de premier plan, ce qui n'était pas forcément le cas dans les publicités-démonstration.

Mais revenons à notre analyse.

PUBLICITÉ ACTUEL

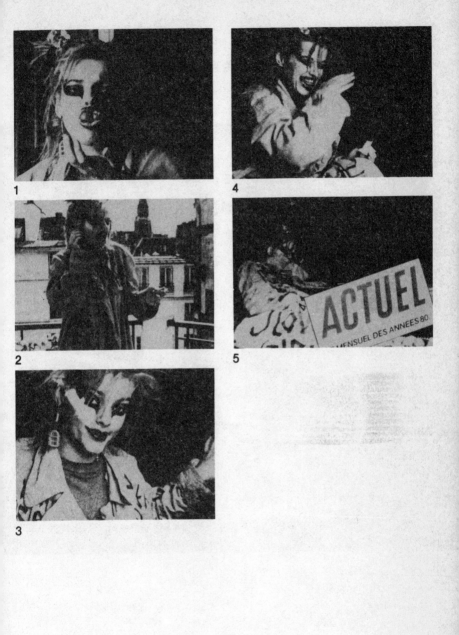

1

2

3

4

5

PUBLICITÉ BUFFALO

Au-delà donc de cette apparente diversité, ce qui nous apparaît presque aussitôt concerne une étonnante unicité de ces argumentaires. Que l'on nous suggère, en effet, soit de lire *Actuel,* soit d'acheter de la soie, ou encore de conduire une Austin Mini, il est manifeste que l'on n'entend pas nous y induire par des arguments rationnels ou par la mise en place d'une très haute technologie, mais bien par le biais d'un assentiment affectif.

La soie, dans un décor Régence, nous dirions volontiers 16e arrondissement, paraît, à première vue, tout ce qu'il y a de plus civilisé. La suite est davantage ambiguë, comme on a pu le lire.

Actuel, lui aussi, fait appel — c'est curieux — au côté primitif (noir — Nina Hagen la « cinglée »).

L'anecdote d'Austin renvoie à la colère et même à la rage. Mais, bon médecin (une allusion technologique ?), Austin conseille : « Prenez Mini, matin et soir, ça passera. » « Mini, c'est bon pour les nerfs. »

Pour peu qu'on ait tendance à simplifier, l'on pourrait croire très volontiers, suite à ces brefs exemples, que l'essentiel de la publicité-récit consiste à inviter secrètement les gens à une certaine primitivité.

Il y a là une part de vrai et nous y reviendrons plus bas. Mais nous voulons tout d'abord préciser que la question nous semble plus complexe, c'est-à-dire que ce qui nous paraît tout d'abord s'illustrer ici se présente sous forme de conflit non seulement entre civilisation et primitivité comme c'est souvent le cas, mais également entre banalité et excentricité, entre pauvreté fantasmatique et opulence fantasmatique, entre pudeur et audace. Bref, ce à quoi nous confronte le publicitaire, c'est à cette difficulté que nous avons *tous* à insérer de l'originalité dans l'habituel, du pulsionnel dans une vie de contrôle, de l'excentrique dans le banal ou le normal.

En un sens, le publicitaire nous insulte. Vous ne savez pas vivre en accord avec vos fantasmes : lisez *Actuel,* portez des jeans, redécouvrez la soie.

Mais cette insulte n'en est pas une non plus. Le message, en effet, contient son propre renvoi tant à la prudence qu'à la norme. Mini calme les nerfs. Lisez *Actuel.* Dans le cas même du jean Buffalo Bill, l'excès des images est, d'une certaine façon, un gage de normalité. L'on sait fort bien que le spectateur « n'ira pas jusque-là ».

Le publicitaire et la loi

Devant certains « excès » de la publicité, devant, tout particulièrement, l'utilisation de l'anatomie féminine, les gouvernements de même que les groupements féministes ont jugé à propos de réagir. En France, aux États-Unis et au Québec, ce mouvement est désormais perceptible. L'intention de ces protestations ne saurait être mise en doute. La vertu qui les fonde est on ne peut plus estimable. D'un certain point de vue, cependant, l'attitude du législateur risque en de telles matières de se révéler plus idéologique qu'efficace. L'enjeu réel de ces débats est plus subtil qu'on imagine en général.

Dans le cas, par exemple, du jean Buffalo Bill que nous venons de citer ou dans certaines circonstances similaires (Aubade, La soie, Atal), il est vrai que des femmes apparaissent à l'écran presque nues et, la plupart du temps, dans une position très soumise. Il devient tout à fait justifiable d'affirmer que de telles images avilissent le corps féminin et perpétuent un fantasme de soumission féminine inéluctable. Mais est-ce là vraiment l'essentiel ? Ou, pour formuler autrement la question, qu'est-ce au juste qu'annoncent des messages comme ceux du type Buffalo Bill ?

Pour répondre, en partie tout au moins à une telle question, il nous faut d'abord nous répéter que la publicité qui obtient des résultats est celle qui vise juste. Celle qui rejoint d'une certaine façon une problématique éprouvée comme fondamentale par l'interlocuteur qui la lit ou reçoit. Les publicitaires gagnent leur vie à savoir mieux que quiconque ce qui ne va pas en chacun de nous.

Dans une telle perspective, il paraît pertinent de ne pas escamoter le fait que les seins nus de Myriam (Avenir), la promesse tenue de l'afficheur (par opposition à la promesse non tenue du gouvernement), le bleu des Caraïbes ou le rituel païen de Lee Cooper parlent en fait de malaises profonds d'une collectivité.

L'appel à la liberté qu'on y décèle, le désir qui s'y réaffirme de retrouver une certaine primitivité (Buffalo, Lee Cooper) témoignent à leur manière d'un vécu de contrainte et de restriction qu'il peut être nocif de désavouer. Le publicitaire peut ici être perçu comme un observateur privilégié. Un observateur dont le salaire dépend en grande partie de l'exactitude de ses perceptions. Quand un tel observateur remarque que le rêve d'une population renvoie au primitif, au naturel ou à la liberté, il convient peut-être également, avant de le condamner, d'examiner attentivement le bien-être général de cette même population. Et de s'interroger sur ce qui peut brimer cette « population » à ce point. Autrement, la censure n'a aucun sens. Elle n'est que répression ou renvoi au silence. Mort d'une question, mort d'une subversion.

Il est clair, dans notre esprit, qu'avec l'être sauvage qui nous habite ou avec le goût de la nature qui survit en chacun de nous, il y a très vraisemblablement autre chose à faire que de consommer de la soie ou du denim. Le devenir de la pulsion est à la fois une question hautement individuelle et une question de civilisation. Le destin que le publicitaire propose à nos béances n'est jamais le plus noble ou le plus sublimé. En revanche, il nous semble que le silence n'a jamais rien résolu non plus.

Ce qui constitue ici le véritable problème de nos gouvernements, c'est peut-être en définitive que les publicitaires soient désormais les seuls ou presque à nous entretenir des questions de fond de nos existences. Que faire du primitif ? Comment gérer le sadisme qui nous hante ? Que faire de sa mélancolie ? Comment trouver une convivialité dans les grandes agglomérations urbaines ? A toutes ces questions le publicitaire n'a qu'une réponse : consommer. On peut être en désaccord avec elle. Mais alors il convient de s'interroger : qu'avons-nous à offrir en guise de métaphore symbolisante ?

Dynamique son/image

Certains percevront comme injuste ou déplacé le commentaire qui précède sur les rapports de la loi et de la publicité. A notre sens, au contraire, ce commentaire ouvre sur un développement qui serait éventuellement à explorer bien plus avant. En fait, la publicité et la loi ont bien plus en commun qu'on ne le soupçonne habituellement. L'une et l'autre s'intéressent au monde des pulsions. L'une et l'autre prétendent gérer le comment de l'agir de ces pulsions, non le pourquoi. Et l'une et l'autre, enfin, espèrent, à ce sujet, détenir la vérité. La loi punit et contraint. La publicité dirige et oriente en promettant de gratifier qui lui obéit. Il n'est pas étonnant que ces deux moralistes d'écoles de pensée voisines vivent si souvent, entre eux, des querelles de pouvoir insoupçonnées. Mais laissons là, pour l'instant, l'univers politique et éthique et revenons à nos trames.

Nous disions donc que la publicité, comme le législateur,

s'occupe du comment des agirs pulsionnels. Le cas de la publicité-récit illustre volontiers ce propos.

Vous voulez être primitif ? Il y a de « l'animal » en chacun de vous ? Du sensuel ? Du frustré ? De l'urbanisé ? Lisez *Actuel*. Re-découvrez la soie. Initiez-vous au jean. Pilotez une Mini.

Comme nous le disions déjà au chapitre premier, ce n'est pas tant au désir que s'adresse la publicité qu'à la *défense* contre ce même désir. Sous cet aspect, la conjonction des deux trames, sonore et visuelle, acquiert, à notre avis, une importance capitale. La règle peut se formuler de façon assez simple : lorsque l'image excite, le son rassure ou encadre ; lorsque le son provoque, l'image inhibe. Mais quand il n'y a pas d'image, à la radio par exemple, qu'en est-il, vous demanderez-vous ?

L'on conviendra, ici, de l'importance des deux temps de l'annonce Austin Mini. Un temps de rage, de haine et de désespoir ; un temps de calme, de joie (musique) et de solution. Et lorsqu'il n'y a pas de son comme dans le cas de la soie ?

Précisons tout d'abord qu'il y a son, puisqu'il y a musique, et sur ce son nous reviendrons plus loin. Mais ajoutons aussi que l'image est ici double. Sensuelle soit, mais contrôlée. Strip-tease et femme bon chic bon genre se répondent dans ce film de façon admirablement précise et calculée. Vulgarité et classe, sens et mesure, c'est donc à une partie de l'image que l'on a confié la responsabilité de représenter la loi.

Quant à la publicité du jean Buffalo, c'est ici à l'*excès* presque grotesque de la situation qu'est confiée la mission du rappel subreptice de l'ordre établi des choses. C'est peu, peut-être et c'est sans doute parce que le législateur sent, en de semblables circonstances, son patrimoine menacé qu'il a envie de légiférer. C'est peu, peut-être, mais, à notre avis, c'est efficace.

Publicité-conversation : la familiarité

L'utilisation, par les publicités télévisuelles, du procédé de la conversation entre plusieurs individus ne pose pas, en soi, de problème de repérage. Plusieurs protagonistes, à l'intérieur d'un lieu donné, échangent des répliques. Le regard de chacun ne s'adresse pas spécifiquement à la caméra, mais davantage à l'interlocuteur. Dans la plupart des cas, le plan est d'un angle moyen, quelquefois même on le saisira au grand angulaire.

Jusque-là donc, rien de très étonnant : la technique ressemble à celle de tout film qui aurait à reproduire un dialogue ou une conversation à interlocuteurs multiples au cinéma.

De ce point de vue, le premier constat qui s'impose à notre observation, c'est l'important sentiment de *familiarité* qui émane de ces diverses conversations. Le ton banal, du moins en apparence, de la plupart des répliques y concourt mais aussi le décor, l'allure décontractée des participants. Malgré la vigilance des autorités à l'endroit de la langue parlée, malgré, en fait, l'imposition plus ou moins avouée du code d'un « français international », le ton demeure la plupart du temps badin et de nombreuses expressions typiquement locales s'insèrent volontiers dans ces scénarios. Le lieu où se déroule l'action ressemble non seulement aux lieux familiers aux téléspectateurs, mais est souvent l'un des lieux mêmes où se déroule l'écoute des émissions télévisées (salon, cuisine, petit restaurant du coin, épicerie de quartier...). La façon de décorer ces lieux est savamment calquée sur les mœurs en usage. Le public-cible, à n'en pas douter, se sent rapidement chez lui dans un tel cadre. Ici, plus de mannequin ou de super-vedette ; pas de personnage inaccessible : tout doit être à portée de la main, si l'on ose dire.

Dans un premier temps, donc et de façon globale, l'on pourrait affirmer que la conversation permet au publicitaire de réconforter le téléspectateur : *le produit offert n'est pas en discontinuité avec son milieu de vie habituel.*

Cette proposition, cependant, se révèle, à l'examen, beaucoup moins vague, beaucoup moins imprécise qu'on ne l'imagine d'abord : l'idée de conformité, de non-rupture, ou de continuité avec le contexte idéologique prévalent correspond à une stratégie qui s'étend jusqu'au moindre détail. L'instrument conversation, en publicité télévisuelle, devient donc, de fait, le lieu où s'aperçoivent avec le plus de clarté, non pas les différences culturelles en soi, mais les différences que les idéologues-publicitaires voudraient voir comme acculturées. C'est donc très clairement du côté psychosociologique ou mieux anthropo-psychanalytique que l'étude de ces publicités nous conduit. Mais regardons plutôt attentivement l'une de ces publicités.

Imperial Oil, voulant mettre en avant la qualité de son service aux usagers de même que l'intérêt qu'elle attache à la notion de *performance,* propose à son public une saynète publicitaire articulée sur une courte tranche de vie familiale. C'est le soir (période où il est évidemment difficile d'obtenir les services d'un mécanicien en temps usuel). Une femme est seule à la maison.

Elle a préparé un dîner. Un homme entre. Il a dix-neuf ans
environ ; c'est de toute évidence le fils de la dame. Une
conversation s'engage entre eux :

Français	Anglais
M- *Encore* en retard	M- You're late
F- Quelle journée, m'man, j'ai remplacé 64 bougies, 10 pneus, je suis crevé. Mais... le service avant tout.	S- Mom, don't
	M- Don't tell me you had to replace a fan belt, a tire or whatever you may call it.
M- (sourire) Ça c'est de la...	S- That's right
F- ...la performance, ce soir, c'est de ne pas bouger d'un poil. je *veux* regarder la télé.	M- Right, when you have Esso station, customers come first.
M- (sérieuse) On a de la visite rare. Ton oncle Antoine s'en vient.	M- What about your poor mother ?
F- (réagissant) Ah oui !	S- Mom, please.
M- Justement, il a un petit problème avec son auto	M- Good. Your uncle Max is coming over and wants you to fix his car (pause)
F- Ah non !	You're such a good boy
M- Tu connais ça, toi... (pause) la performance !	

Il est manifeste qu'un anthropologue qui le désirerait pourrait
utiliser un tel matériel à des fins d'analyses transculturelles
passionnantes. L'Œdipe *figuré,* représenté, ou proposé : mieux,
l'Œdipe reflété n'est clairement pas le même d'un texte à l'autre.
Les susceptibilités diffèrent donc, mais les enjeux psychologiques
également, sans doute.

Justification du retard

Dans le texte français, c'est le fils qui tient à justifier lui-même
son retard. Il ne ménage d'ailleurs pas les arguements : 64
bougies, 10 pneus ; bien au-delà, évidemment, de ce qui explique
son retard. Il s'agit peut-être là de son travail de la journée ou
l'on ne sait trop quoi, mais pas de son motif de retard. La mère
anglophone n'est pas si possessive, du moins en apparence.
D'abord, elle fournit à son fils une porte de sortie. C'est elle qui
suggère l'excuse. « Ne me dis pas... » Il s'agit cette fois d'un seul
pneu ou d'une seule courroie de ventilation, ce qui paraît sinon

plus réaliste du moins plus limité à la seule circonstance du retard lui-même.

L'adolescent est homme en devenir

La mère anglophone considère manifestement le devenir sexuel de son fils comme une dimension importante. D'abord, un « What about your poor mother » qui, pour être culpabilisant, n'en indique pas moins clairement que le fils a déjà entrepris de diriger ses pulsions ailleurs que dans le milieu familial. Puis un « Eat and run, I suppose » qui nous met sur la piste d'activités autonomes du fils dans le champ de la séduction. Dans le texte français, l'allusion à la sexualité du fils est beaucoup plus discrète. Tout le pouvoir d'évocation de cette réalité est en fait confié au seul mot de *performance*. On y revient deux fois et, dans chacun des cas, de manière trouble et ambiguë. Comme s'il ne fallait pas « parler de ces choses-là », comme s'il s'agissait d'un tabou.

D'ailleurs, dans la mise en scène du texte français, le fils embrasse sa mère en entrant d'une façon pas très explicitement filiale (peut-être même amoureuse). Tandis que, du côté anglophone, la mise en scène indique des rapports nettement plus affranchis.

L'oncle Max/Antoine

Assez explicitement, il s'agit d'une représentation d'un amant réel ou possible de la mère. Cet amant, tout au moins virtuel, va évidemment prendre la place du fils et reproduire l'Œdipe original. On doit donc assister à la recastration du fils au bénéfice d'une sexualité de la mère. Est-ce seulement par hasard que le texte anglais place, dans la bouche du fils lui-même cette phrase ambiguë : « I'm staying in to watch » sans préciser s'il s'agit de télé ou d'autre chose. Pour surveiller la scène primitive, pourrait-on croire... Le fils francophone, lui, ne bougera pas d'un poil : il a enfin une soirée seul avec sa mère. Il est, d'entrée de jeu, plus soumis : s'il se rebiffe, c'est pour la forme. Le fils anglophone ne se rebiffe pas : sa mère lui est en fait plus soumise. Elle lui a d'abord demandé s'il avait l'intention de sortir, puis lui propose de réparer l'auto de l'oncle Max... C'est son acceptation qui lui vaut le « You're such a good boy » de la fin. En français, les dernières paroles de la mère demeurent ambivalentes. « Ton oncle Antoine vient, c'est peut-être mon amant, mais celui qui sait ce que c'est que la performance, c'est tout de même toi » pourrait-on aisément développer.

La saynète se termine sur une ombre chinoise où l'on voit le fils couché sous l'auto de l'oncle, en train de la réparer. Le sigle Esso envahit l'écran.

Du point de vue des publicitaires, il est flagrant que l'on perçoit la culture canadienne-française comme un matriarcat ou que, à tout le moins, on a compris que le **Québécois** moyen aimait se voir dans un contexte de ce type. La mère joue ici un rôle dominateur que les anglophones n'accepteraient que très difficilement. Le **Québécois** préfère, semble-t-il, percevoir la femme comme toute-puissante et le publicitaire lui renvoie cette image.

On retrouve ce même schéma de fond dans une publicité d'analgésique anti-inflammatoire. Après usage de ce produit, la mère se permet tout simplement de dire : « Tu as l'air tellement mieux, maintenant, chéri... pourrais-tu sortir la poubelle ? »

En milieu anglophone, on n'osera guère de ces scènes ambiguës. Les rapports suggérés entre membres d'une même famille seront d'emblée situés davantage au niveau de la compétition que de l'érotisme ; plus affranchis, moins troubles, plus agressifs en revanche...

En milieu américain, cette notion de compétitivité et d'agressivité va jusqu'au fantasme d'un morcellement de la famille où chacun des membres du clan n'a rien à voir avec les autres. Les montages visuels et textuels n'éviteront pas, par exemple, de consacrer à chacun des individus des plans séparés, des bouts de texte ou de parole en complète discontinuité les uns avec les autres.

L'une de ces publicités, entre autres, a été refusée au Canada parce que trop éloignée de nos modes de vie.

Le père, la mère, le fils et la fille font, à l'intérieur de cette publicité, l'objet d'un montage explicitement distinct. De plus, chacun des protagonistes se présente comme très profondément exaspéré (gestes brusques, crispation de la figure, bouche largement ouverte). Les plans se succèdent sans raccord parce que, justement , il n'y a pas de conversation véritable. Personne n'écoute, personne ne reçoit de réponse.

La mère répète obstinément : « Mets le sel sur la table... » Exaspérée elle ajoutera enfin une sorte de « s'il te plaît » de dépit. A qui s'adressent ces paroles ? Nul ne sait... Des mots « en l'air », pourrait-on dire...

Les plans qui nous montrent la fille se succèdent à intervalles à peu près réguliers dans l'ensemble de ce scénario. Dans l'ordre, ses interventions, à la cantonade, se succèdent comme suit :

— Papa, Michel a pris mon disque
— C'était mon plus beau disque
— Ce disque-là, c'était mon plus beau

Chacune des interventions soit de la fille soit de la mère est ponctuée par une phrase désolée du père :

— Où est Michel ?
— Qu'il vienne dîner, c'est le moment.
— Mais qu'est-ce qu'il fait ?

La mère répond-elle vraiment à cette question lorsqu'elle dit, d'un ton blasé : « Il n'a pas l'air dans son assiette » ?

P. — Ah, il va bien ; il étudie trop, mais il va bien.

On coupe. Suit une image de la chambre du fils, Michel, où ce dernier est en train de se piquer au bras. Sans l'ombre d'un doute, il s'agit d'une drogue ce qui, évidemment, renvoie encore à une absence de communication.

Quand le fils descend l'escalier et que l'image transforme le décor ambiant en une vision floue, tremblante et chamarrée, l'annonceur intervient de sa voix calme et neutre pour parler de l'Assurance La Métropolitaine et des ravages de la drogue chez les jeunes.

Le message d'ensemble donne une forte impression de solitudes agglutinées à l'intérieur d'une cellule familiale ; contre ces solitudes, toutefois, l'annonceur propose une solution à la fois extérieure et dérisoire : une ASSURANCE.

Il est certain que, même sur le seul plan idéologique, en 1972, le Canada en général et le Québec en particulier n'étaient « pas prêts » mentalement, dans l'esprit des publicitaires, à se confronter avec un tel morcellement familial. Il est manifeste, en particulier, que le message publicitaire doit passer, au Québec par une vision de la famille unie non disloquée. Scènes autour d'une table de cuisine, conversations dans un salon où la famille est réunie seront dès lors les outils préférés du discours-publicité. Ce qui n'a rien à voir avec la réalité, cela va sans dire : bien des familles québécoises sont en fait disloquées ; la famille améri- caine a grand mal à assumer sa solitude à différents niveaux et vit encore, à plus d'un titre, le fantasme de l'amour romantique et symbiotique. Mais, ce qui est évident, c'est que, idéologiquement ou mythologiquement, la représentation d'un morcellement est plus supportable au sud du 49e parallèle qu'au Canada. Elle renforce, en un certain sens, l'idée de l'individualisme libéral et capitaliste, elle renvoie à la morale protestante de l'unicité de la conscience morale. L'expérience chrétienne rejetterait un message de cette sorte.

En France, en un certain sens, l'unité familiale semble encore plus sacrée qu'au Québec, mais elle est différente puisqu'axée sur le père et un modèle patriarcal. Plans d'ensemble d'une famille entière (4 personnes) à l'intérieur d'une auto, le père est au volant ; un couple de 27-30 ans et les beaux-parents du conducteur ; une scène de vie familiale où l'homme prépare la cuisine pour sa petite maisonnée ; un homme qui loue une grande voiture pour pouvoir emmener avec lui femmes et enfants ; un jeune homme fortuné qui s'achète une voiture de luxe et la *laisse* conduire par sa bien-aimée : voilà les instruments que privilégiera en ce pays le discours publicitaire. Rien de tout cela ne nous fournit d'indice réel sur la vie affective du Français ou de l'Américain, mais tout cela nous sert d'indice précieux quant à la vie *rêvée* de chacune de ces cultures.

Enfin, notons qu'au niveau du désir, la technique de la conversation offre de nombreux avantages. Le produit annoncé dans ce contexte de familiarité ne menace en rien le consommateur puisqu'il vient, dans un double mouvement, *consolider* les valeurs en place et le système de croyances acquis, tout en proposant une *nouveauté*, satisfaction essentielle au besoin de mouvement et de rafraîchissement des habitudes de vie.

Grâce au climat d'*intimité* créé par ce contexte, le publicitaire peut se permettre d'aborder des questions plus fondamentales *(amour, avenir, bonheur)* ; tout en proposant à ces grandes énigmes existentielles des solutions-gadgets inconsciemment bienvenues chez le téléspectateur puisqu'au moment de leur énonciation, elles viennent le soulager d'une angoisse sans réponse réelle ou, en tout cas, sans réponse univague. En termes simples, on dit :

— on vous connaît bien
— on connaît votre façon de parler
— (on fait intrusion dans votre vie)
— on sait les questions importantes qui sont les vôtres
— on ne peut les résoudre bien sûr

— mais au lieu de vous angoisser avec tout ça qui est bien compliqué, on vous propose une solution facile
— vous achetez et n'y pensez plus.

Tout au cours de cette présentation, pour mieux souligner l'absence souhaitée de grands bouleversements, la caméra demeure fixe, stable comme l'idéologie régnante, immobile sauf pour faire place à l'insertion du produit ou de son sigle visuel.

Si la représentation psychique demeure la même — nous sommes comme vous et vous comme nous — les formulations scéniques pour arriver à sous-entendre cette idée divergent avec les idéologies. Dans le tableau qui suit et les exemples explicités plus haut, il apparaît clairement que les publicitaires s'ajustent à leur public, et surtout à leur idéologie.

Nationalité — idéologie et représentation familiale

Famille	Représentation publicitaire
Américaine	Famille morcelée mais unie Rapports d'indépendance et de complicité combinés Exemple : Assurance La Métropolitaine
Française	Axée sur la figure du père et de son autorité Exemple : pneu Dunlop
Québécoise	Oedipe fils/mère prononcé Allusion au matriarcat Importance de « l'être ensemble » Exemple : Imperial Oil
Canadienne- Anglophone	Chaleur mitigée Autonomie relative des membres « FAIR PLAY » Exemple : Imperial Oil

Pour montrer la généralisation dans l'usage d'un produit-solution, ou l'étalement d'une nouvelle habitude, on recourra aux techniques précitées de travelling arrière (étalement) ou l'on multipliera les saynètes (généralisation).

La pulsion enclenchée, au bout du compte, est le plus souvent celle d'être un individu qui, à l'intérieur d'une culture a résolu la plupart des énigmes essentielles. Un citoyen réussi qui entreprend, dans ce sens, les actions spécifiques appropriées.

Cette loi publicitaire d'enclencher l'action spécifique est assez bien connue pour que Brochand et Lendrevie, par exemple, s'y réfèrent constamment sous le terme de *conation*. Il s'agit là d'impulsions conduisant à l'action. Laquelle action constitue le fondement de la plupart des manuels de marketing qu'il nous a été donné de lire. Ce que n'analysent cependant pas ces textes, en général, c'est comment cette action naît de l'impulsion plutôt que du désir. Comment, tout en ayant l'air de satisfaire le « désir », elle n'assouvit que l'impulsion. La distinction désir/ besoin n'existe pas dans ces appareils théoriques propres à l'administration puisqu'on n'y croit pas à l'inconscient.

Si l'on tente donc, en rétrospective, de resituer les quatre paliers d'analyse dont nous avons maintenant pris l'habitude, il nous faut voir que l'astuce de ce sous-système au plan *discours-image* est d'en venir à faire dire à des protagonistes familiers le contenu d'un message publicitaire. La familiarité favorise l'identification sinon l'identité idéologique. Dans le *système des publicités,* une telle solution évite, encore plus que le système-narrateur, toute idée de grandiose et de menaçant. Elle place ces produits dans un ordre des choses appartenant au familier. Des compagnies qui veulent livrer l'image d'un service quotidien et très intime y auraient donc recours. De la bière à l'essence, de l'épicerie aux services téléphoniques, les clients d'une telle formule sont extrêmement nombreux.

Dans l'ensemble de ces structures, pourrions-nous dire, ce qu'on nous propose finalement à consommer, c'est plus une mythologie et un ordre de valeurs que des produits. L'homélie sous-jacente est constamment la même : voilà LA vision du monde qu'il est suggéré d'entretenir. Voilà le ciel, voilà l'enfer. Voilà aussi les dieux que vous vous devez de consommer.

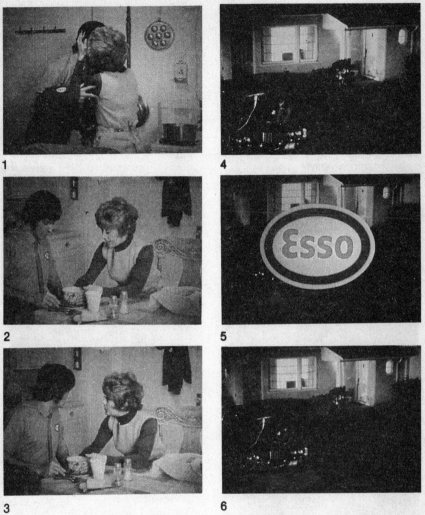

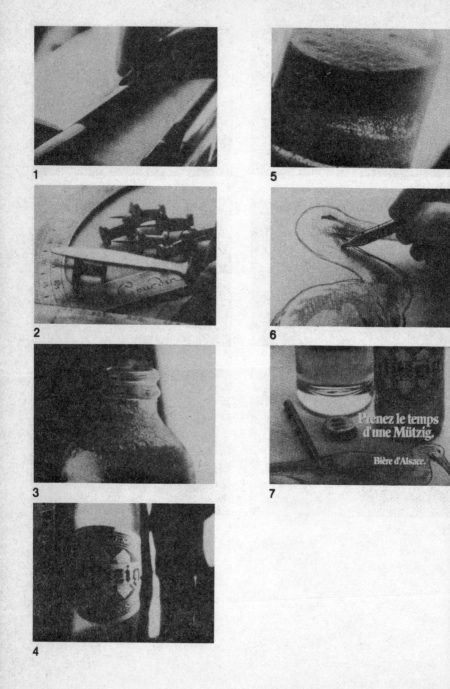

L'arrière-plan sonore : du vraisemblable et de l'irréel

Introduction

Nous avons attribué, au début du présent chapitre, un rôle fondamental à la trame sonore du message publicitaire et, en accord avec cette hypothèse, nous avons classé les différentes publicités en fonction de catégories qui tiennent d'abord compte de l'aspect textuel de ces messages. Pour saisir cependant en profondeur le rôle de cette trame sonore, il convient maintenant de déborder ce premier aperçu et d'en analyser certains traits spécifiques.

L'une des idées, par exemple, que nous avons soutenues jusqu'ici consiste à affirmer que, devant le déferlement de l'image ou la polysémie du visuel, la trame sonore opère comme le texte dans l'affiche, c'est-à-dire à la manière d'un recours à la loi ou à l'ordre des choses. C'est souvent vrai, mais c'est aussi comme on s'en doute, plus complexe.

A mesure, en effet, que l'on se déplace le long de ce *continuum* sonore qui nous mène du présentateur-démonstrateur à la conversation, l'on se rend compte que la teneur « autoritaire » de la trame sonore décroît progressivement. Dans la conversation par exemple, cette voix, à la limite, participe à son tour à la polysémie du message.

En maintes circonstances, l'on cherchera même à éviter la dimension légiférante de la voix. Et, de même que certaines images sont du côté des machines désirantes et d'autres du côté des défenses psychiques, symétriquement une partie de la trame sonore se range du côté de la loi, mais l'autre appuie le rêve et le désir.

Les sons ont, au même titre que l'image, le pouvoir d'éveiller de l'archaïque, de stimuler des associations dans le registre du désir, de se proposer comme échanges possibles le long des chaînes associatives.

Evidemment, en revanche, plus ces sons restent hors du champ de l'articulation légiférante, c'est-à-dire plus ils sont musique ou bruit, plus ils ont de pouvoir polysémique.

C'est à ces bruits sans sémantique définitive que nous nous référons lorsque nous parlons d'arrière-plan sonore.

Arrière-plan théorique

Si nous avons choisi de mettre au premier plan de notre analyse la trame sonore des média publicitaires, c'est tout d'abord en relation avec la théorie psychanalytique relative au concept de scène primitive (S.I.). Ce concept, comme chacun le sait, est avant tout une abstraction qui cherche à désigner le rapport de l'enfant, seul dans son univers, face à la vie nocturne de ses parents. Cette vie, à fortes connotations sexuelles, intrigue l'enfant qui, de facto, en est exclu. Scène d'origine ? L'enfant l'imagine volontiers. Mais son fantasme est pour lui le seul garant de la réalité. Il ne voit pas ce qu'il entend et ce qu'il entend le force à inventer ce qu'il n'aperçoit pas. Castré du fait de cette exclusion du lieu matrimonial, l'enfant rage en silence ; imagine des vengeances ; invente des tortures qui le consoleraient de cet abandon. L'oreille lui est ici repère premier. Elle lui fournit l'unique matériau de référence. Dans son esprit, les sons prennent donc des proportions monstrueuses ou éminemment tangibles. Ils sont plus que des signes au sens restreint de ce terme : ils deviennent les relais nécessaires d'une essentielle fiction.

En tant qu'abstraction, ce concept peut évidemment s'appliquer à de nombreuses situations analogues soit de la vie infantile soit de la vie adulte. Situations d'exclusion où l'on est amené à deviner ce qui se passe, bruits dans « la pièce d'à côté », choses qui se trament en cachette : chacune de ces situations rappelle à l'enfant que nous sommes restés l'ancienne défaite œdipienne. Chacune aussi s'articule comme par enchantement sur une trame sonore qui a valeur de support à l'élaboration fantasmatique qui vise à l'expliquer. La salle d'attente d'un cabinet de consultation professionnelle peut ici servir d'exemple. Une partie de notre inconscient voudrait tant savoir ce qui se déroule de l'autre côté de ces murs qui séparent de l'avocat ou du médecin que l'on va consulter. Il arrive même que l'imagination, en de pareils instants, soit particulièrement prolifique.

D'autres situations sont perçues cependant dans l'inconscient comme des S.I. Dans une publicité du mensuel *Actuel* (1981), une femme pousse des gémissements intentionnellement associables à la relation sexuelle. On l'entend ainsi « jouir » pendant plusieurs secondes. Puis, une voix nous apprend que les Américains ont inventé une chaise qui masse les fesses. Lisez *Actuel*, vous pourriez être surpris. L'allusion à une S.I. est ici manifeste. Nul ne la discutera. Il s'agit même d'une S.I. au sens le plus génital possible. L'auditeur, très évidemment, n'a d'autre choix que d'imaginer la scène qu'on évoque pour lui.

La plupart des utilisations publicitaires de ce schème inconscient de référence sont, il convient de le reconnaître, infiniment plus subtiles. Mais pour en parler plus à l'aise, replaçons-nous d'abord dans le contexte d'une soirée télévisuelle type. Au cours d'une telle soirée, en effet, l'utilisation par le diffuseur des diverses techniques sonores correspond à certaines limites précises. Les émissions d'information sont plutôt monotones (sur le plan sonore, s'entend) ; les feuilletons télévisés n'utilisent que très peu d'effets sonores particuliers, peu de musiques typées par exemple, pas de gros plans sonores non plus en général. Bref, dans l'ensemble, il y a peu de diversité sur le plan de la sonorité. Souvent, d'ailleurs, les familles le savent bien qui poursuivent des bribes de conversation en même temps que se diffuse l'émission : le son ne dérange pas ou alors il dérange très peu.

Arrive un message publicitaire. Ce que l'on entend fait alors étrangement diversion au reste de la programmation (à moins qu'il ne s'agisse d'un film), de façon évidente. Bruits et fanfares, mélodies et rythmes multiples, cris et élans, gros plans sonores et techniques spéciales, l'oreille, indiscutablement, est attirée. Pour l'inconscient, c'est *là* que « la chose » va se passer.

Serait-ce à dire, objecterez-vous, que nous regardons la télévision pour assister à une S.I. ? La seule réponse à fournir à une telle question peut sembler désolante à quelques-uns, mais elle est tout à fait affirmative. Au plan rationnel, bien sûr, nous regardons la télévision pour nous informer de la situation politique ou pour nous divertir, pour assister au match Colombie/Argentine où nous n'avons pas les moyens de nous rendre. Il n'empêche que l'inconscient cherche sur le petit écran la trace d'une toute autre mémoire. L'affrontement qu'il cherche à percevoir, la vengeance qu'il souhaite, le sang qu'il voit couler : tout cela concerne, à un premier palier, l'événement diffusé, mais, à un autre palier, ne concerne en définitive que la S.I. de notre enfance. Dans la monotonie de la soirée télévisuelle classique, l'inconscient se repose. Quand il y a affrontement, qu'il s'agisse d'un affrontement littéraire, comme dans le cas d'*Apostrophes,* ou d'un affrontement moins intellectuel, il se passionne déjà davantage. Quand la sonorité télévisuelle se modifie pour faire place à la densité sonore de l'encart publicitaire, l'oreille est tout à fait attirée. L'enfant, d'ailleurs, en témoigne volontiers lui qui se détourne d'habitude des émissions monocordes, mais dont l'oreille s'anime pour ainsi dire dès qu'on est en présence d'une mise en place publicitaire.

L'on peut donc, tout au moins par extension, comparer la soirée télévisuelle classique aux longs moments d'attente qu'éprouve l'enfant qui « épie » la vie nocturne de ses parents. Et la publicité elle-même peut se comparer à une espèce de pic sonore où la scène initiale risque de se produire. Mais cette analyse à son tour mérite qu'on l'approfondisse puisque, à l'intérieur du message lui-même, certains segments de trame vont agir comme évocations de la scène primitive. Les bruits serviront ici de relais. Ce sont eux que nous allons maintenant entendre de plus près.

Bruits et fonctions de trame

Dans ses rapports au premier plan sonore, le bruit ou ce qui en tient lieu occupe une place privilégiée dans la mesure où il jouit d'un pouvoir d'évocation à la fois discret et absolu, nous attirant tout en passant subrepticement inaperçu.

Qu'il s'agisse, en effet, du « crunching » d'une grignotine (Croc-en-dip) ou du crissement de la neige sous les pas d'un marcheur solitaire, les bruits, à la première audition, paraissent tout ce qu'il y a de plus naturel. On ne les soupçonne guère que d'ajouter au réalisme de la description en cours ou de s'offrir en contrepoint à la conversation reproduite. L'inconscient ne l'entend pas ainsi. A la trame sonore manifeste, en effet, se superpose une trame autre qu'il nous paraît adéquat d'appeler trame sonore latente. Glissement de skis sur la neige, dérapage d'un bolide en course automobile, décapsulage d'une bouteille de bière, pleurs d'enfants, cloches qui annoncent un mariage, bruit caractéristique du freinage subit d'une voiture, rires sonores, martellement mécanique des machines-outils ; chacun de ces bruits renvoie à sa série associative de représentations psychiques, chacun évoque un univers particulier.

Dans bon nombre de cas, ces bruits peuvent n'avoir aucune importance, n'être là que pour accroître le réalisme de la représentation. Dans bon nombre de circonstances aussi cependant, ils peuvent devenir des actants sonores, c'est-à-dire provoquer une fantasmatisation sans rapport apparent avec le texte manifeste du message émis.

En de telles circonstances, nous aurons affaire à une construction sonore calquée sur l'abstraction S.I. c'est-à-dire que nous serons intrigués par une sonorité insolite ou inexplicable sur laquelle nous ne pourrons que projeter nos images personnelles. Pour illustrer une telle circonstance, nous nous placerons, exceptionnellement, dans la peau d'un publicitaire ayant à créer un message pour le produit X : produit de haute technologie pour lequel une publicité-démonstration par un expert réel est tout indiqué. Suivant les lois typiques de ce modèle, l'image manifeste nous montrera un homme sérieux et une usine impressionnante. Nous connaissons déjà ce prototype pour l'avoir étudié plus haut et pouvons facilement prédire que la trame visuelle latente cherchera ici à associer force et puissance technologique au produit à publiciser. Il n'est pas non plus improbable que le texte, trame sonore manifeste, nous informe des dernières réalisations ou des plus récentes recherches dans un secteur spécialisé.

Or, d'un point de vue publicitaire, nous sommes ici en face d'un problème. Parmi les éléments dont nous disposons, nul ne renvoie le spectateur ailleurs que dans le réel. Aucun espace n'est laissé à l'imaginaire ou au rêve. Or, si nous ne parvenons pas à enclencher un minimum de rêve, ne serait-ce que pour y faire tout de suite barrage, nous ne construirons pas une publicité efficace.

Pour nous sortir d'embarras, il nous reste la trame sonore latente. A ce niveau, en effet, nous pouvons introduire du rêve ou de la métaphore, de l'allusion ou de l'allégorie. Mélodies et cadences nous sont à ce plan disponibles. Nous pourrons donc forger une atmosphère d'évocations plus archaïques que le réel où nous sommes confinés. Une marche militaire, par exemple, pourrait ajouter une teinte d'humour à la cadence des machines-outils. Ou une musique de cirque pourrait dédramatiser la vision de circuits intégrés impressionnants. L'effet S.I. tiendrait ici dans l'insolite de la trame surajoutée. L'oreille attirée se fabriquerait une représentation de cet inattendu. Ces représentations, parce que produites par le spectateur, sont infiniment plus prégnantes que celle qu'on lui propose directement.

A l'inverse de ce scénario, l'on peut facilement concevoir certaines publicités d'auteurs dont la faiblesse est justement de ne s'adresser qu'à l'imaginaire de leurs spectateurs. O.BA.O. (1976) nous présente, à l'écran, des images suggestives de mousse et de corps féminin, tandis que la trame sonore laisse entendre une musique évocatrice. Brador (Québec, 1978) occupe l'écran d'onctuosités dorées et de bulles informes tandis que se joue à la trame sonore un dispositif plutôt évocateur. Mutzig use pareillement de dessins gracieux pour exprimer l'art et la noblesse de sa bière. Sur le plan de la construction d'un espace proprement publicitaire, de tels documents de départ peuvent aisément poser problème. Où donc, en effet, fournira-t-on au spectateur quelque emprise sur le réel ? Car la scène primitive, si elle appelle l'évocation, exige aussi son refoulement. De telles publicités, si elles ne sont qu'évocatrices, peuvent être finalement un échec faute de barrer le désir, faute de favoriser le refoulement.

Ici encore, la trame sonore latente peut jouer un rôle primordial dans la restitution de l'équilibre nécessaire désir/inhibition qui est l'essence de la publicité. Comme dans les cas cités plus haut, c'est à l'indéfectible complémentarité de ses diverses trames que le message devra finalement son efficacité.

Des bruits discrets, d'une banale quotidienneté, ou quasi surréels, pourraient ici suffire. Mutzig met un terme à notre dérive sentimentale par un appel rythmique au nom de son produit. La S.N.C.F. (1980) compense le surréalisme de sa présentation d'un train bleu sur fond entièrement artificiel par une évocation discrète du roulement du train. Ainsi peut se rétablir l'équilibre matière/irréel qui fonde nécessairement le médium publicitaire. Hors de cet équilibre, un document peut offrir de nombreuses qualités ; mais il n'est en tous cas pas publicitaire.

De ce point de vue, la trame sonore latente dispose d'un atout particulier : pondérée et juste, elle peut emporter l'assentiment presque inconditionnel d'un large fragment de notre inconscient : elle touche directement aux zones pré-verbales d'entendement. Et, à partir de ce seul point d'ancrage archaïque, elle est capable de court-circuiter la plupart de nos appareils de défense.

A l'inverse, la limite des trames manifestes, qu'elles soient sonores ou visuelles, c'est qu'elles ne peuvent jamais convaincre qu'au niveau de la raison. Or, la raison est le lieu des défenses psychiques ; contre un argument, on peut toujours se défendre, contre une thèse, on peut toujours trouver une antithèse. Les éléments sonores préverbaux vont à l'encontre de ces structures de rationalisation, évitent ces champs de débat possible ; ce qui constitue un avantage incontestable sur les diverses autres trames utilisables.

Si nous ajoutons à cet argument le fait que le bruit insolite appelle par voie d'analogie la reconstitution d'un état psychique pertinent à la scène primitive, la trame sonore latente se révélera facilement la plus puissante des trames dont dispose le publicitaire dans l'élaboration de son message.

A notre connaissance, il n'existe aucune publicité télévisuelle sans parole énoncée (parlée ou chantée). Ce qui existe de plus en plus, toutefois, ce sont des publicités où la trame sonore pré verbale accompagne jusqu'à cinquante des soixante secondes publicitaires. Ce qui s'achève sur un de ces brefs refrains caractérisés dont nous parlerons plus loin ou sur la conjonction image/produit d'une part, et voix nommant le produit de l'autre.

Ce type de publicité tire sa grande efficacité du fait que, en de telles circonstances notre inconscient ou l'appareil psychique dans son ensemble devient extrêmement perméable à un discours qui a ceci de particulier qu'il ne se dit surtout pas mais qu'il s'évoque. Tout se passe comme si, devant un tel silence du verbe, on se mettait tout à coup à entendre.

Or, ce phénomène, n'a rien de vraiment surprenant. L'imaginaire humain a cèrtes besoin de liberté, de « folie » ou, plus simplement, d'aération ; mais il doit également obéir à certaines consignes précises de la psyché. Parmi ces lois, il en est une qui semble stipuler que l'absence de représentation est, à toutes fins utiles, intolérable ; qu'en présence donc d'un stimulus (sonore, par exemple) diffus ou imprécis, l'une des premières responsabilités de l'appareil de fantasmatisation consisterait à produire de l'image pour combler le vide à percevoir. Si l'image est fournie par une source extérieure, (dans la publicité, par exemple), l'inconscient qui est paresseux de nature préférera volontiers cette image à toute autre qu'il aurait à élaborer lui-même, surtout si cette élaboration risque de l'entraîner dans des zones conflictuelles de son existence psychique comme c'est presque toujours le cas de la scène primitive par exemple. L'on comprend donc de quels atouts disposent ici les publicitaires. Mais l'on comprend aussi, du même coup, à quel point c'est nous en tant que spectateurs qui choisissons dans ce débat la voie de la facilité plutôt que celle de la confrontation avec un conflit qu'on nous propose de résoudre.

De telles techniques pourraient facilement s'utiliser ailleurs que dans le champ de la publicité. On les voit à l'œuvre dans la propagande ou dans les discours politiques ; ce qui caractérise, de ce point de vue, l'appareil dit publicitaire, c'est qu'il ne modifie jamais le contenu d'une idéologie ou d'une culture, mais le consolide constamment. Pourtant à la réflexion, est-ce vraiment si caractéristique de la seule publicité ?

Mini-métrage musical :
du rythme et de l'insouciance

Introduction

Le mini-métrage musical (M.M.M.) est certes, de tous les genres publicitaires télévisuels, le plus complexe et le plus exigeant tant sur le plan de l'élaboration que de l'analyse. Véritable travail filmique, souvent réalisé par des cinéastes de renom, il s'édifie à partir à la fois d'une trame visuelle sophistiquée et d'une trame sonore élaborée tant rythmiquement que fantasmatiquement. Son coût à lui seul en réserve l'usage à des produits de très grande diffusion : les tournages, par exemple, se déroulent très souvent en pays étrangers (Californie ou même Afrique) et engagent, de ce fait, des frais quelquefois fabuleux. Le public qu'il atteint est vaste et son esprit est populaire : un ethnologue qui chercherait à saisir l'âme d'une population y trouverait le commentaire souvent très juste d'un observateur privilégié, à savoir l'agence de publicité : témoin dont le métier est de connaître à fond ce qui motive une population donnée.

En termes commerciaux, le mini-métrage musical a quelques exigences qui lui sont propres. Le produit étant populaire, il est certain qu'il devra tout d'abord apparaître à l'écran comme éminemment accessible. Donc, on soulignera le coût modique et la très grande diffusion. Mais, en même temps, l'allusion à cette popularité ne devra surtout pas blesser le public-cible. Il faudra du doigté et du tact. L'ennoblissement des caractères sociaux perceptibles y sera le plus souvent de règle. Une certaine idéalisation des spécificités nationales rêvées par le consommateur y sera habituelle. Les Britanniques souligneront ici leur sens de l'humour, les Français, leur amour de la culture et de l'histoire, les Québécois, leur volonté d'amitié simple et plus qu'hospitalière.

Autre élément de ce M.M.M., le refrain caractérisé, ou jingle, fera l'objet d'un choix très attentif. Son air, son rythme, sa complicité même doivent évoquer soit la tendre familiarité des folklores nationaux ou la présence des musiques plus contemporaines. Il devra donc posséder le mérite de paraître connu depuis toujours tout en étant suffisamment original pour se repérer comme spécifique. Insouciant ou badin, dans la plupart des cas, il fournit en même temps le support à un texte chanté dont la fonction sera de vanter les mérites du produit. Ce détail n'est pas anodin. Ce n'est plus à la voix parlée que l'on confie la fonction textuelle, mais à la voix chantée, comme dans une opérette. Le registre de référence à l'appareil-Loi s'en trouvera donc très sensiblement modifié.

L'enquête que nous avons menée ne nous ayant pas permis d'avoir accès à des scénarios complets de tels M.M.M. ailleurs qu'au Québec et en France, nous limiterons ci-après notre réflexion à ces deux régions de notre planète. Il est cependant certain, dans notre esprit, qu'une étude transculturelle serait ici des plus éclairantes.

Le Québec d'amitié et d'hospitalité

La premières des publicités que nous allons ici considérer date des années 1971-72. Elle peut sembler vieillote à certains de nos lecteurs. En fait, elle ne l'est pas d'un point de vue structural. En outre, elle présente l'avantage de nous offrir un scénario complet, de même qu'une certaine distance analytique non négligeable. Comme la totalité des publicités de bières québécoises, elle exalte le thème de l'amitié et de la camaraderie. Du point de vue de la construction, elle repose en grande partie sur un « héros », Tex, un chanteur québécois bien connu localement à l'époque, devenu depuis humoriste. Très décontracté dans sa mise et dans ses gestes, d'une stature néanmoins assez imposante, il représente à la fois le côté paysan et jovial du Québécois et le côté un peu plus sophistiqué de l'artiste ou du poète. C'est le paysan bon vivant et sensible, mais pas le moins du monde efféminé. Ce détail est plus important qu'on ne l'imagine, puisqu'il ne faut surtout pas évoquer de fantasme homosexuel autour des publicités de bière : le monde des tavernes est un monde homosexuel, mais on ne doit pas provoquer à ce sujet de prise de conscience brutale.

Autour de ce personnage très attachant, on a construit le scénario qui suit :

PLAN	IMAGES	CAMÉRA	TEXTE
1	Tex à table avec des amis en train de verser une bière. 4 sec.	travelling avant	Aie, Tex, moi, j'aimerais ça voir du monde qui bouge.
2	Tex, en gros plan, verre à la main. 2 sec.	Travelling Cut.	— Tu veux en voir ? Tiens-toi bien, on part !
3	Course de chevaux. 2 sec.	Plan d'ensemble. Cut.	— musique.
4	Ville. 1 sec.	Plan aérien. Cut.	
5	Lui. 1 sec.		Quand on est Québécois
6	Ville à vol d'oiseau. 1 sec.		— On est fier de son choix.
7	Lui. 1 sec.	— Et parce qu'on a du goût	
8	Rue et camion. 10 sec.	Plan d'ensemble.	— De la Molson c'est ce qu'on boit chez nous.
		Plan d'ensemble rapproché.	(Répété par le chœur)
9	Trois bières et trois verres que l'on pose 6 sec.	Gros plan	— On se fait plaisir — On aime la vie — On se paie la traite — On compte pas les tours.
10	Décapsulage. 2 sec.	Gros plan.	— On aime une bière
11	geste de verser (« pouring »). 2 sec.	Gros plan	— Pleine d'agréments
12	Bière dans verre. 2 sec.	Gros plan.	— On la choisit, c'est pour longtemps
13	Champ de course. 2 sec.	Plan moyen.	— De la Molson c'est ce qu'on boit chez nous
14	Une fille regarde avec lunette d'approche : elle se retourne du côté de ses amis. 2 sec.	Plan moyen rapproché avec travelling avant sur fille.	
15	Garçon regarde. 2 sec.	Gros plan.	
16	Port du toast du groupe d'amis précédent. 4 sec.	Plan d'ensemble.	— Musique

PUBLICITÉ MOLSON

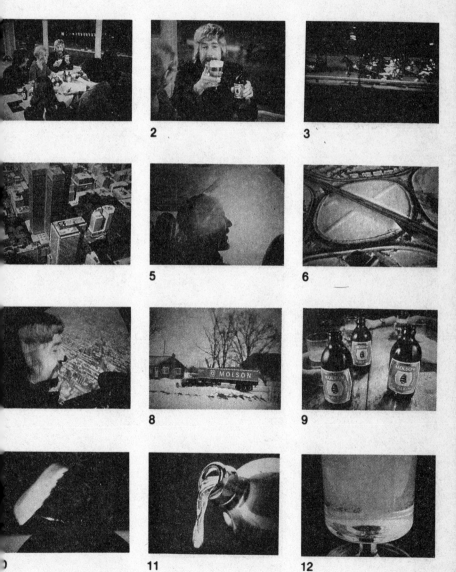

2

3

5

6

8

9

11

12

13

14

15

16

17

18

19

20

21

22

23

17	Sigle de bière (lettres MOLSON). 3 sec.	Gros plan.	— Pour nous, la bière ça n'a plus de secrets.
18	Fille qui marche de profil. 2 sec.	Gros plan.	— Un vrai plaisir, on sait ce que c'est.
19	Arbre et moto. 2 sec.	Plan moyen.	— On se fait une idée, puis c'est sérieux.
20	Course de chevaux. 1 sec	Plan d'ensemble.	— De la Molson, c'est ce qu'on boit chez nous.
21	Tex. 1 sec.	Gros plan.	(Répété par le chœur)
22	Fille et garçon. 1 sec.	Gros plan.	— (T'as vu comment ça bouge par chez nous).
23	Tex et les amis. 4 sec.	Gros plan.	(Salut !)

Vingt-trois plans se succèdent ainsi en soixante secondes. En apparence, ils se constituent comme une mosaïque d'idées disaparates. En fait, ils s'élaborent comme une construction musicale à partir des trois premiers plans qui leur servent de thème ou de motif central. Les amis, pourrait-on résumer, la bière et le sport.

Mais tout d'abord, Tex est avec ses amis. Et, fort astucieusement, cette notion nous sera répétée aux plans 14, 15, 16 ; puis 21, 22 et 23 ; soit donc en milieu de montage, puis tout à la fin, comme pour boucler la boucle, pour revenir au point de départ.

Entre temps, le thème s'élabore, se ramifie. A l'intérieur d'un montage en parallèle, ses motifs nous reviennent à peine transformés. Au plan 14, c'est la fille ; au plan 15, le garçon ; le garçon et la fille au plan 22 ; les amis et Tex aux plans 16 et 23. Le fil conducteur est assez explicite. On s'aime, on est bien, on est plutôt entre amis... Bref, tout va bien.

Le montage qui sert à soutenir ces connotations est un syntagme en accolade. Il s'agit dans le cas présent d'une sorte de montage exprimant la durée joyeuse non seulement dans le temps (multiplicité des événements), mais également à travers la diversité des occasions (réunions de tous genres).

Cette variété d'occasions, cette diversité des moments introduit d'ailleurs elle-même le second volet de la thématique : les sports ou, mieux, les occasions heureuses de se rencontrer en dehors du quotidien. Annoncé dès la seconde image (course de chevaux), ce second thème se développe ensuite par lui-même.

Aux plans 13 et 20, on retrouve ladite course de chevaux. Puis les plans 6, 18, 19 et nous renvoient à cette même notion : course de motos ; marche rapide de la jeune fille ; avion conduit par Tex. Allusion, bien sûr aux charmes séducteurs de Tex, à son pouvoir phallique (avion, moto), mais avant tout grande joie, immense facilité : tout se déroule sans la moindre difficulté, le scénario, pourrait-on dire, coule de source

Et pourquoi ? Pourquoi cette durée joyeuse qui ne s'interrompt pas ? C'est ce que tentent de nous expliquer les plans 4, 5, 6, 7, 8, 9, 10, 11 et 12 : *à cause de la bière*. Cette réponse nous avait été suggérée dès le plan 2. Mais elle s'élabore aussi de son propre chef par la suite. Les plans 9 à 12 décrivent de façon quasi cérémonielle le rituel du geste de verser de la bière. Les plans 4 et 8 constituent un montage alterné de Tex et d'un camion transportant cette boisson à travers tout le pays. Aucun risque de tarissement : cette bière est bien distribuée ; on peut donc être heureux à tout moment ; plus encore, il suffit d'un geste banal de la main pour la commander et de la déguster.

L'équivalence bière - bonheur - occasions est établie par des syntagmes en parallèle qui, du plan 13 au plan 23, par exemple, traitent d'une *même manière formelle* sport (course de motos et de chevaux), la réunion d'amis, l'amour (fille et garçon), l'amitié (Tex et le groupe), et la dégustation de bière. De sorte que ce ne sont plus les seules images qui sont de la sorte mises en accolade mais les connotations sous-jacentes. Les deux secondes tant à la bière qu'à l'amour ou à l'amitié, tant aux chevaux qu'à la moto convient à l'impression que toutes ces composantes sont de même poids puisqu'elles méritent ou appellent le même traitement.

De même façon, ce n'est pas seulement à l'abondance des plans ou des images que veut nous convier une telle profusion de moyens et d'illustrations en un espace aussi restreint de temps. Nous avons souligné, plus haut, des montages en parallèle, en alterné, de même que duratifs dans l'ensemble du métrage ; c'est dire qu'on n'a guère lésiné sur le plan technique. Pareille abondance a produit à coup sûr ses effets. Le spectateur, devant une telle pléthore, est d'emblée ahuri, tant au niveau sonore qu'au niveau visuel d'ailleurs. Il promène son regard d'une scène à l'autre et est emporté par le rythme. Il ne comprend tout d'abord rien, sinon qu'on lui en met *plein la vue*.

C'est la figuration, diront les analystes marxistes, de l'opulence capitaliste qui se trouve ici en scène. C'est évident. Mais il y a plus : cette abondance, cette opulence, ce sont surtout celles de notre inconscient à l'intérieur duquel il n'y a aucune limite. En pleine saturation d'images, on rêve, on s'abandonne à la cascade d'illusions d'un grand esthétisme. Pour un instant, on vit dans l'irréel, le fantasmatique.

L'abondance des plans se calque, finalement, sur l'abondance rêvée que l'on retrouve au fond de l'appareil psychique. La publicité, sommes-nous une fois de plus amenés à constater, se construit comme un phénomène de l'inconscient, de défense et de censure mais aussi, on le remarquera, de processus primaires manifestes. Ce à quoi ressemble le plus un tel déroulement d'images, c'est au déferlement fantasmatique. Cette condensation maximale de scènes en un temps minimal, ce déploiement continu et incessant de visions à la fois nouvelles et incongrues les unes par rapport aux autres, cette figuration invraisemblable de la vie : tout cela ne se retrouve, en fait, que dans le rêve. Et c'est certainement en dernière analyse, ce que veut signifier cette abondance et le motif qui la construit. A notre avis, si publicité subliminale, il y a, c'est surtout à ce niveau qu'elle se joue : pareille similarité avec les structures inconscientes ne peut faire autrement que d'entraîner l'acquiescement de notre psyché.

Pour rester en conformité avec l'idéologie régnante, cependant, ce message ne se permet pas d'aller au bout de sa propre fantasmagorie. Il se construit aussi comme un rêve censuré, comme un rêve éveillé. La morale est sauve ; ou, plutôt, on ne dérangera rien. Le quotidien, en effet, nous est quand même rappelé par diverses insertions plus réalistes, par le sigle de la compagnie entre autres, par des scènes de ville ou par une brève évocation de la réalité politique. Quand on est Québécois, on est fier de son choix. Or, dans le réel, ce choix d'être Québécois n'est pas fait ; en 1971, il était même loin d'être effectué. « Simple récupération ? » La « question nationale est résolue ? » On peut certes interpréter dans ce sens les paroles du texte comme une négation de la question nationale... Mais il y a autre chose, à notre avis : un rappel à l'ordre qui empêche une hallucination trop subversive, un retour au réel qui intervient comme une espèce de garde-fou protecteur. Il convient d'enclencher le désir, certes, mais il faut également le tenir en laisse : le dompter, le rediriger vers du produit. L'amitié sert ici de relais dans cette importante médiation. Faute d'atteindre à la suprématie nationale, ce qui est suggéré n'est autre que d'actualiser certaines des caractéristiques rêvées du « Québécois typique ».

Evidemment, un ethnologue pourrait se demander pourquoi il est si important, dans un médium publicitaire comme celui-là d'insister tant sur cette valeur d'amitié. Est-ce un trait culturel authentique ? Ou une définition flatteuse du « Québécois » moyen ? Fait-on de la sorte allusion à la tradition de la « corvée » ; aux vieilles coutumes d'entraide reconnues comme prévalentes tout particulièrement en milieu rural ? La coopérative est certes une des originalités de l'infrastructure économique québécoise. Il y a néanmoins, dans ce populisme amical, une facilité qui peut paraître, à l'analyse, un peu suspecte, sinon mordante. Les peuples sans père sont souvent fratricides. Et il n'est pas, en soi, évident que le Québec fasse nécessairement exception à cette règle. Mais là s'arrêtera, pour l'instant, notre commentaire.

France : une civilisation, un paganisme

Le corpus des messages publicitaires est immense et le seul fait d'y faire un choix pose déjà problème. Nous cherchons, en effet, à demeurer à la fois représentatifs de ce qui se produit et exigeants au niveau de la qualité de réalisation : il n'empêche que certaines publicités tout à fait significatives ne sont pas reproduites dans ces pages et que nous le regrettons. La sélection qui est la nôtre — et il importe de le saisir — ne vise pas tant l'exhaustivité de l'enquête que la compréhension des mécanismes en présence. Ce qui motive donc notre préférence se rapporte davantage au processus qu'à l'étendue et à la diversité de son utilisation. L'on nous pardonnera, en conséquence, de ne pas tout inclure, mais de citer plutôt ce qui nous apparaît le plus parlant d'un point de vue, à la limite, didactique.

C'est le cas, ci-après, des publicités choisies pour tenter de repérer ce qui, en France, paraît se concevoir comme un quelconque portrait-type, du Français - Moyen - Consommateur.

L'intérêt n'est pas tant de savoir si ce portrait est complet ou définitif : l'important, c'est d'apercevoir, à travers un bon nombre de publicités, le portrait qui s'élabore ou se représente ; car ce portrait, même injuste, a le mérite d'inciter à la consommation. Le Français, pourrait-on donc avancer, a l'heure de s'y reconnaître. Notons encore que ce portrait diffère nettement de l'image que le publicitaire québécois reflète à son téléspectateur.

A l'amitié hospitalière de tout à l'heure, se substitue ici un nouveau type humain. Le Français qui se regarde dans son *miroir publicitaire* s'y voit comme très nettement différencié. Il aime conserver ses opinions et il en a sur tous les sujets. Il prétend, dans sa singularité, ne ressembler à personne. Il est aventurier au fond de lui-même, et, dirons-nous, sous des dehors d'extrême civilisation, profondément païen. D'autres traits pourraient ressortir d'une étude plus approfondie de la question. Ceux-ci nous sont en tous cas apparus centraux et relativement constants. Nous allons maintenant tenter d'en parler avec plus de précision.

Renault ou la liberté à bon compte

De 1972 à 1981, la publicité Renault repose sur un argumentaire unique : cette petite voiture économique peut vous conduire à l'aventure, vous mener littéralement du Sahara jusqu'au Pôle Nord. Malgré ses apparences minuscules, elle peut « tout avaler ». Objet tolérant du sadisme de son propriétaire éventuel, elle se pliera, obéissante, à la moindre de ses fantaisies, le tout culminant, en 1981, sur une Renault qui, en plein centre d'une arène romaine, se libère de ses chaines. L'image, créée par Publicis, est efficace et, vraisemblablement, flatteuse pour le consommateur.

Au nombre des réalisateurs de ces mini-métrages, on relève des noms tels celui de Tavernier ou de Leone, de Trintignant ou de Gainsbourg. Rien donc n'a été laissé au hasard pour faire passer le message.

La campagne s'ouvre donc en 1972 avec un film aux allures de documentaire très bien fait. On nous amène au Sahara, dans une région nordique, tout près d'un cap gigantesque, au mont Saint-Michel, dans un escalier puis dans une peinture (comme dans l'expression « se retrouver dans le décor » tandis que la musique marque le rythme, jovial sinon endiablé, de ce tour du monde à la portée de toutes les bourses et que le refrain caractérisé scande : « *Elle* ne te refusera rien. »

La campagne se poursuit, presque inchangée au fil des ans, de sorte qu'on la retrouve, en 1981, quasi identique à elle-même. Le film, cette fois-ci, porte un titre : tour du monde en Renault 4. Et le paysage qu'on nous offre se limite à l'Amérique et à l'Afrique. Il inclut le coup de l'escalier que dévale la Renault pour se retrouver au beau milieu de l'étalage d'un trésor invraisemblable. L'Amérique est identifiée au sigle F.B.I Cependant que le refrain caractérisé précise :

Son	Image
Ouvre un grand livre d'images, la Renault 4 t'invite au voyage, prépare-toi à l'aventure, tu peux faire confiance à ta voiture. Pars, pars encore plus loin, elle super super marche bien.	rencontre avec Bédouins
Le Nil ou les Pyramides, seule ta fantaisie te guide, quitte les sables d'Arabie, pour les forêts de l'Afrique,	marche de chameaux images de forêt vierge
ne prends pas de raccourcis, elle a un petit appétit. Va au pays des Raddjahs, dans la grotte d'Ali Baba n'aie pas peur de la charger son coffre peut tout avaler.	escalier et trésor mystérieux sigle F.B.I.
C'est une robuste mécanique, elle ira jusqu'en Amérique.	Manhattan
Pars, pars encore plus loin, elle super super marche bien. Pars, pars encore plus loin, elle super super marche bien.	image surréelle. une voiture entre mer et ciel premier plan de nuages

La dernière des publicités Renault que nous considérons ici ne concerne plus la Renault 4, mais bien la Renault 18 Diesel. Malgré la différence de produits, l'esprit général est le même. Sauf, dirions-nous, que le publicitaire se permet, cette fois-ci, d'explorer un peu plus avant les dynamiques inconscientes qu'il vise à maîtriser

Le scénario sonore est simple : Musique. Chœurs et son d'ambiance. Voix off : « Renault 18... le diesel se déchaîne !... »

A l'image, l'on aperçoit, sucessivement :

— un plan aérien d'une arène romaine

— une Renault 18 attachée au sol par quatre chaînes immenses

— de la poussière soulevée par la Renault en train de se dégager.

PUBLICITÉ RENAULT

1

2

3

4

5

6

7

8

PUBLICITÉ ÉRAM

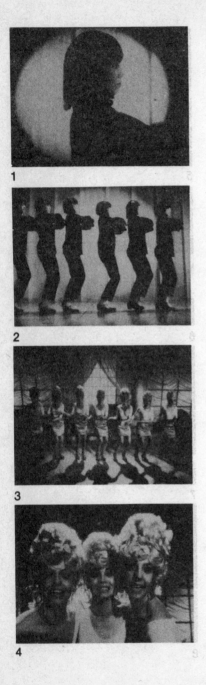

1

2

3

4

5

6

7

8

— gros plan sur un anneau qui cède
— vue du tableau de bord
— Renault 18 à l'intérieur de l'arène, ses chaînes pendant en liberté
— la Renault 18 quitte l'arène (5, 2 l au 100 km)
— gros plan sur la Renault 18, avec vue éloignée de l'arène.

Une certitude est ici absolue : à travers ces messages, c'est à l'idée de liberté que l'on veut convier le téléspectateur.

Paradoxe apparent, toutefois, c'est à la Renault 4 que l'on fait faire le tour du monde de façon économique, soit, mais le tour du monde néanmoins, tandis que c'est à la Renault 18 que l'on confie la mission de ressembler à un esclave romain ou à une bête de cirque en train de se libérer. Y a-t-il là une indication quelconque ?

Nous croyons que oui. Nous croyons que le publicitaire pense volontiers, à l'instar de nombreux chercheurs, que le vécu du cadre supérieur ou, même, du dirigeant d'entreprise s'énonce davantage en termes d'enchaînement et d'esclavage que le vécu de l'ouvrier moyen. Le sort de l'ouvrier moyen n'est pas forcément enviable, ce n'est pas ce que nous prétendons, mais la plupart du temps, son salaire et ses conditions de vie ne lui permettront d'accéder qu'à des biens de consommation : il a très peu la possibilité d'acquérir des actifs. Sauf peut-être une maison, quoique encore, ce ne soit pas si facile... Son fantasme de liberté diffère donc de celui du cadre ou du dirigeant qui, lui, s'éprouve comme enchaîné à son travail, à la maison qui l'embauche, aux hypothèques qui le retiennent sur place, etc.

La publicité d'auto qui s'adresse au cadre (Renault 18) parle donc plus directement de cet enchaînement, tandis que la première (Renault 4) ouvre « le monde » à celui qui est dans une position où il peut très difficilement prendre racine.

Au-delà de cette nuance circonstanciée, toutefois, il est remarquable que les deux messages parlent avec autant de force de cette même liberté, de ce même affranchissement par rapport à l'entrave. Sans pouvoir l'affirmer, nous croyons que le publicitaire a décelé ici un très fort sentiment de contrainte chez son public-cible : un sentiment de contrainte qui paraît assez juste pour fonder une même thématique publicitaire étalée sur une décennie ou presque. Le consommateur type se sentirait-il entravé dans son quotidien par l'administration souvent procédurière ou même par le poids de l'histoire (Nîmes n'est tout de même pas précisément jeune) ? D'autres publicités, axées sur des thèmes très voisins, semblent donner raison à une telle hypothèse. En tout cas, la fréquence du motif de la liberté dans les diverses publicités françaises paraît à la limite suspect ou, disons, digne d'être mentionné.

Eram, ou l'art de la commune extravagance

Les publicitaires d'Eram (C.L.M. & B.B.D.O.) ont adopté, depuis quatre ans, un motif thématique assez intéressant du point dé vue qui nous occupe. Le produit est une chaîne de revendeurs de chaussures à bon marché. Il s'agit donc de traduire publicitairement un concept d'accessibilité d'un produit économique. En revanche, il ne faut surtout pas suggérer à l'acheteur qu'en consommant de l'Eram, il sacrifie la qualité ou, mieux, l'originalité. On a donc simplement imaginé le schéma visuel général suivant : dans chacune des publicités, des *groupes* de gens, habillés de façon identique, se présentent à l'écran successivement. Chinoises, motards, homosexuels, comédiens, écoliers, ballerines ou matelots, ils possèdent visuellement cette caractéristique commune d'être à la fois identiques entre eux mais excentriques.

D'entrée de jeu, l'on assiste donc à une profonde confusion des concepts d'extravagance et d'uniformité. L'on extrapolera volontiers aux concepts d'originalité et de conformité : c'est tout à fait ce que recherche ici le publicitaire.

Comble d'astuce, au plan sonore, alors qu'évoluent sur la scène ces types à la limites du bizarre, le texte, tantôt parlé, tantôt chanté, ne cesse de se référer à l'idée de folie. Eram, il faudrait être fou (ou folle) pour dépenser plus.

Nous disons : « comble d'astuce » parce que, précisément, le but recherché est de convaincre l'acheteur qu'il n'abandonne en rien le côté fou de sa tenue vestimentaire en achetant le produit suggéré. C'est-à-dire qu'on lui laisse entendre qu'en ne faisant pas la « folie » d'acheter ailleurs que chez Eram, il pourra faire ses « folies » à lui. La preuve en est que des gens « fous » ne font pas cette « folie » là, mais ne s'empêchent pas pour autant d'être « fous » dans une certaine uniformité/conformité.

Dans cette optique, chacun des mini-métrages successifs se doit d'apporter sa contribution d'excentricité. L'on verra donc tour à tour des twisteuses, des patineuses ou des gangsters ; des danseurs rock en smoking blanc, des gangsters du meilleur folklore Chicago, des femmes à cornette ou des femmes à voilette, des danseurs en collants zébrés (que le commentaire appelera même « drôles de zèbres », ou des matelots façon Querelle de Fassbinder. Bref, tout sera mis en œuvre pour convaincre de la compatibilité entre un vécu d'uniformité et celui d'une nette marginalité. L'argumentaire est ici très puissant.

On se souviendra peut-être d'une publicité analysée au chapitre troisième et qui prenait pour thème le même conflit de la différence opposée à la ressemblance (Carlsberg, p. 109). Nous affirmions alors qu'il s'agissait d'une question universelle. C'est évidemment elle que nous retrouvons ici exprimée de façon différente, mais identique quant au fond.

Le problème auquel le consommateur est confronté, dans une situation comme celle que nous évoquons, c'est d'arriver à affirmer son originalité tout en respectant un budget qui ne lui permet pas d'aller chez les grands chausseurs. Dans un contexte où chacun tient à son opinion, dans un pays où chacun est persuadé de détenir sa quote-part de vérité inaliénable, dans une culture axée jusque tout récemment sur la petite boutique d'« exclusivités », le passage à une consommation « de masse » ne peut être suggéré qu'avec infiniment de doigté et de tact. Le narcissisme peut facilement être heurté par un message qui détruirait l'impression d'unicité de chacun. Et une publicité qui ne respecterait pas cette nécessité échouerait de manière monumentale.

Est-ce à dire que le Français moyen ne tolère pas de ressembler ? Qu'il ne tolère pas l'idée d'identité avec son semblable ?

La publicité Eram montre qu'il s'agit d'une question importante ; ce qu'elle semble indiquer, par contre, c'est que le Français pourrait tolérer de ressembler à qui ne ressemble à personne. Pour le conscient, ce genre d'argument apparaît comme fallacieux ; l'inconscient, quant à lui, se laisse très volontiers convaincre par ce type même de paradoxe. Les ventes d'Eram tendent à prouver que, dans de telles circonstances, c'est plutôt l'inconscient qui l'emporte.

Saupiquet ou la transgression bien tempérée

C'est aussi à l'agence C.L.M. & B.B.D.O. que l'on doit les publicités récentes de la marque Saupiquet, fabricant de conserves culinaires raffinées. Le problème, cette fois, est d'un ordre légèrement différent. Il s'agit de transmettre au spectateur le goût d'utiliser une conserve commerciale là où la tradition commande de préparer soi-même à la maison de bons repas. Le Français type est encore extrêmement conservateur en ce qui concerne la gastronomie. Le tout est de l'amener à transgresser sans lui faire ressentir de culpabilité.

L'une des publicités de cette série est conçue dans l'esprit d'un théâtre de Pagnol, milieu méridional, donc folklorique et traditionnel à souhait. Une discussion sur la place publique, des réparties vives mais chantées : la langue de Provence n'est-elle pas chantante de nature ? Chacun émet son opinion : la liberté d'expression ne doit pas là non plus être bafouée. La différence, la tradition, même l'esprit des disputes amicales se trouvent respectés. Tout est donc sauf : l'on peut franchir le saut technologique. Mais regardons plutôt le texte de plus près.

Trame sonore	Trame visuelle
« Question hors-d'œuvre Saupiquet Je dis que celui qui me plaît Moi c'est la sardine au citron Monsieur.	scène de café méridional des gens discutent et rient
Et moi je dis que t'es fada	on joue à la pétanque dans un coin
Et que le meilleur, c'est le thon Où Saupiquet met les oignons Imbécile. Et le maquereau printanière Avec les épices à haute dose Est-ce que ça vous dit quelque chose ? Bonne mère, tu connais rien à Saupiquet Et le parfum des tomates Dans l'escabèche Qu'est-ce que t'en fais acrobate ? Question hors-d'œuvre de poissons	affrontement femmes/hommes l'un des hommes porte une toque de cuisinier
Chacun peut faire à sa façon Question hors-d'œuvre Saupiquet, Chacun peut faire ce qui lui plaît »	on danse
Saupiquet	nombreux produits Saupiquet

La discussion de café prend ici valeur d'argument : elle établit le contexte à la fois traditionnel et contemporain de l'événement en cours. L'on discute des hors-d'œuvre Saupiquet comme de cuisine traditionnelle, comme d'événements importants affectivement.

L'évocation de Pagnol, à la fois dans le contexte et dans

l'esprit, donne à ce film une valeur de référence culturelle : on ne devient pas inculte parce que l'on consomme des conserves. Face au reste de la France, cette discussion méridionale peut d'ailleurs acquérir la valeur d'un témoignage. Si les Méridionaux, qui sont au plan fantasmatique les spécialistes des produits de la mer, discutent entre eux des conserves Saupiquet, qui donc, même à Paris, pourra ignorer ce fait de la (nouvelle) culture ?

Au miroir de la publicité, le Français même conservateur se reconnaît ici sans trop d'écorchure essentielle. Son goût de la discussion, son goût de la divergence et son respect de la tradition sont à la fois représentés. Que peut-il, en un sens, demander de plus ?

Lee Cooper ou la fête païenne

La dernière des publicités françaises que nous examinerons ici est un mini-métrage articulé autour d'une musique africaine violente et convaincante. La scène initiale nous présente des ballons multicolores sur un fond noir sur lesquels des danseurs viennent bientôt s'installer en faisant mine de les chevaucher. Il s'agit de noirs qui dansent de façon remarquable. Le tam-tam marque le rythme tandis que, sur une estrade ronde, une femme noire tambourine sur les fesses nues d'une femme blanche qui paraît se réjouir de la chose. Le jeu se poursuit par une scène de peinture corporelle réciproque où chacun s'enduit de couleur. C'est la fête. Un escalier apparaît sur l'écran. Les trois personnages (deux femmes : la noire d'origine et la noire d'adoption et un homme) descendent le long d'un tuyau comme des pompiers en cas de feu, et passent à travers un cyclindre creux pour tomber dans des jeans qui les moulent. On voit alors les femmes de dos et l'homme de face. Rideau de jeans. La marque du produit : Lee Cooper.

L'analyse de cette publicité nous conduit, quant à elle, aux confins d'une civilisation en pleine recherche d'elle-même. C'est, à coup sûr, l'une des plus expressives qu'il nous ait été donné de voir ; mais n'anticipons pas : voyons plutôt.

Le premier tableau de ce scénario nous présente des danseurs africains, c'est-à-dire, dans la logique de ce film, des gens déjà initiés à la vie primitive. Ils savent quoi faire de leurs corps, ils sont en contact avec le rythme et la musique et évoluent avec élégance dans le monde pulsionnel. Point n'est besoin de préciser qu'il s'agit de danseurs professionels.

La femme blanche du second tableau n'est pas une initiée, ce qui justifie qu'on l'initie, c'est-à-dire qu'on la peigne, qu'on lui révèle, les secrets de son corps, de sa jouissance, et de son ryhtme. Mais le coloriage de la noire rend le tableau symétrique. Elle aussi s'y trouve « initiée » à la civilisation. Introduite à la fête. Elle peut porter le jean « primitif dompté .

L'escalier évoqué par la suite représente la façon traditionnelle de descendre (au plus profond de soi-même ?) : les protagonistes, maintenant initiés, refusent cette « civilisation » pour adopter un mode plus primitif, plus enfantin de descente verticale.

Le passage par le cylindre matérialise de façon à peine voilée l'initiation en cours ; il en fait une seconde naissance.

Au-delà de cet utérus théâtral, l'uniforme qui confirme le nouveau baptême peut enfin se porter : l'initié a droit à son jean.

Certains diront qu'il ne faut pas prendre au sérieux les propos de la publicité : qu'il s'agit là de visions de créateurs illuminés. Nous croyons au contraire que ces messages sont extrêmement révélateurs de l'état de notre civilisation, qu'ils lancent, d'une certaine manière, des signaux d'alarme importants et qu'à ne pas les entendre, on ferme tout simplement la voie à une compréhension fidèle de ce que nous vivons.

L'initiation païenne mise en scène ici révèle, qu'on le veuille ou non, un malaise et un sentiment d'étouffement dans le contexte archi-civilisé où évolue le spectateur.

Le mensonge du publicitaire, c'est de faire croire que le port du jean va résoudre cette immense question. Notre mensonge à nous, c'est d'accepter de le croire et de consommer du paganisme sans avoir la sincérité de nous révolter. Ce dont il faut convenir, au-delà de la circonstance, c'est que ce mensonge partagé nous arrange bien l'un et l'autre.

Peu de films ou de livres vont aussi loin dans la dénonciation de notre perte de contact avec le primitif en chacun de nous. Le publicitaire ne fait ici que soulever la question. Aussitôt qu'il a nommé la problématique, il fait barrage et propose le produit pour faire taire en chacun la pulsion qu'il vient d'y réveiller. Ce n'est quand même pas son rôle de définir les voies nouvelles d'une civilisation. Mais à ne pas prendre au sérieux les avis qu'il transmet subrepticement, on risque fort de demeurer aveugles à des indices qu'il s'est fait un métier de découvrir et d'explorer.

Qu'il s'agisse, en effet, de Leone et de son film sur la Renault 18 ou de cette récente initiation à la fête païenne, qu'il s'agisse des hors-d'œuvre Saupiquet ou des chaussures Eram, les

PUBLICITÉ LEE COOPER

1

2

3

4

5

6

7

8

9

10

différents publicitaires semblent révéler une soif de liberté et une envie de créativité peu ordinaires. Est-ce là un phénomène ponctuel ou un trait culturel permanent ? Difficile à dire. Mais cette dénonciation fait vendre, non seulement ses produits, d'ailleurs, mais aussi sa musique et ses images. Ne pas tenir compte de cette réflexion au sens spectaculaire de ce terme pourrait, au contraire de ce que pensent certains intellectuels, s'avérer plus nocif qu'on ne l'imagine.

Le pervers et le subversif ou les charmes discrets d'une vie sans castration

Il est, assurément, plus d'un point de vue à partir duquel on peut ou pourrait envisager la dynamique spécifique au discours dit publicitaire. Et nous avons déjà tenté (voir chapitre second) de qualifier les caractéristiques du panneau publicitaire par rapport au tableau fictif qui serait œuvre d'art. Mais ici, pour des raisons évidentes de commodité, pour êtres fidèles, également, à l'ensemble de nos développements relativistes sur la série associative, nous emprunterons la voie qui nous paraît la plus pertinente et la plus propice : celle d'une dialectique fictive perversion/subversion.

Nos termes, on le devine, méritent toutefois d'être resitués dans leur contexte.

***

Il semble bien que l'être humain soit tout d'abord une machine narcissique, c'est-à-dire une machine qui ne s'intéresse jamais, a priori, qu'à soi.

L'autre, dans ce contexte, est une espèce d'abstraction, à la limite, même, un inexistant. S'il est imaginé, c'est, au mieux, comme réplique exacte de soi, comme projection de ses conflits, comme support à fantasmer l'Autre petit a ou même grand A.

Au fil de son histoire l'être humain se dégage par la suite quelque peu de cette position auto-suffisante. Il apprend petit à petit la différence de l'autre, s'en accommode, établit avec l'autre-différent des contrats qui respectent un « équilibre narcissique » satisfaisant pour les deux partenaires.

L'évolution ultérieure, théorique tout au moins, supposerait qu'on en vienne à endosser de plus en plus, à respecter, voire à aimer (donc jouir de) cette différence de l'autre. Dans bon nombre de cas, ce parcours dévie, s'immobilise ou se fixe. L'autre dans sa pleine altérité est rarement objet de satisfaction.

Dans cette perspective, toutefois, le cas de la perversion se présente comme une sorte de situation idéalement propice à cette étude.

Le pervers, pour quelque raison que ce soit, est incapable de reconnaître à l'autre son altérité. En place de cette altérité, il suppose et propose un fantasme de son cru, ne voit, par exemple, que la chevelure ou le masochisme de son interlocuteur éventuel : il n'entend ni ne perçoit rien d'autre.

Partant, le pervers négociera avec l'autre une relation qui, d'une part, soulignera certains fragments préférés de la personne et, en revanche, scotomisera le reste de la différence : l'altérité proprement dite.

En ce sens donc, la relation perverse est extrêmement voisine de la relation psychotique. Elle propose qu'une image tienne lieu de réel.

A l'inverse, certaines relations confrontent forcément l'un à l'univers de la différence de l'autre. Ce sont de telles relations dont on dit, dans le langage populaire : « J'en ai beaucoup retiré » ou encore : « Son contact me stimule etc. » Nous nommerons subversives de telles relations.

L'appellation nous paraît justifiée dans la mesure où ce qui confronte à date la différence est manifestement plus susceptible de provoquer une reconsidération d'un certain état de faits : cet état de faits fut-il, entre autres, un équilibre narcissique clos.

De façon générale, l'être humain tolère peu la subversion. C'est-à-dire qu'il n'est pas prêt, à première vue, à remettre en cause toute une série d'adaptations, d'ajustements ou d'équilibres personnels qu'il a souvent mis des années à préciser ou à élaborer pour l'unique plaisir (si c'est en un !) de rencontrer de l'autre et, par là même, de se confronter à son désir. De manière générale, donc, toute rencontre avec un autre s'interprétera, a priori, comme une rencontre avec du connu, du même, ou du conforme à certains archétypes personnels. Ce ne sera qu'exceptionnellement, dans certaines relations vécues longitudinalement que s'ouvrira parfois une brèche sur cette altérité. La pratique, par exemple, de l'analyse illustre abondamment cette donnée : on espère que l'écoute de l'autre comme autre y occupera tout l'espace mais l'autre y échappe néanmoins à l'un, à de très brefs intervalles de lumière près. Il en va de même de bon nombre de relations courantes où l'autre dans son altérité ne fait dans la plupart des cas, que s'entr'apercevoir.

Autant dire, donc, que, la plupart du temps, nous sommes auteurs d'une certaine perversion de l'autre, c'est-à-dire d'une réduction de cet autre à une vision « mêmifiante » de lui.

Cette attitude, nous le répétons, a pour but et pour intérêt de préserver un certain nombre d'équilibres narcissiques jugés à la fois précaires et précieux par l'organisme humain.

Ce qu'il importe, par ailleurs, de constater, c'est à quel point certaines démarches et institutions avalisent une telle attitude ou, au contraire, la contrecarrent.

Nous avons souligné plus haut (chapitre 2 : L'histoire d'un passage au même) ce que nous considérions comme l'une des spécificités possibles de l'œuvre d'art, c'est-à-dire l'ouverture sur la brèche possible du désir. Nous ajouterions maintenant que l'œuvre d'art éventuelle se constitue comme une espèce de lieu possible, virtuel, de rencontre avec de l'autre ; avec tout ce que cela signifie de mobilisation libidinale.

Concurremment, pour être cohérents, nous devrons ajouter que l'œuvre d'art n'existe pas en fait, *mais a lieu quelquefois* dans une rencontre spectateur-écran au moment de laquelle le spectateur est prêt à s'ouvrir à de l'autre et, par là même, à du désir.

Se reconnaîtraient, en conséquence, comme œuvres d'art des œuvres susceptibles chez un bon nombre de spectateurs d'enclencher une recherche de désir. En ce sens, il n'y a donc pas de tableau sans spectateur actif ni de théâtre sans participation.

L'art serait un moment, un événement ponctuel. Ou, plus précisément : l'art serait l'art de susciter de tels moments.

A l'inverse de cet art — théorique tout au moins — force nous est de constater dans le quotidien à quel point ce qu'on nomme le « social » cherche généralement à évacuer toute différence.

La raison d'un tel scénario collectif est assez évidente. Le groupe, le collectif doit penser des lois, des fonctionnements d'ensemble. Il est donc, au départ, a priori, à la recherche du plus petit commun dénominateur, du *même* qui rassemble ou réunit chacun. L'individualité, la singularité, la différence, *même en régime capitaliste,* lui paraissent donc, d'emblée suspectes.

Le collectif ne peut pas susciter la différence : il vit de la mort même de toute différence. Au mieux, pour pallier une mono-chromie qui deviendrait stérilisante, les grands groupes ou les sociétés (à entendre ici comme collectifs auteurs de lois) tolèrent

ou même proposent l'établissement de sous-groupes ou catégories sociales dont l'harmonie ou la hiérarchie tombe alors sous
leur responsabilité. Dans ce contexte, le grand collectif délègue
aux différents sous-collectifs (le clan de la Tortue ; l'Ordre des
médecins) la responsabilité d'une première « mêmification. Le
collectif se réserve, quant à lui, une seconde « mêmification » de
ces mêmes regroupés.

Dans les sociétés dites primitives, la partition de l'ensemble se
fait à l'aide, par exemple, de l'institution totémique du clan.
Dans un contexte plus élaboré, celui des méga-collectivités
d'Occident par exemple, la partition est plus complexe et plus
subtile. Les professions, sexes et religions déterminent certes
différentes partitions, mais l'on tient compte aussi de divers
facteurs tels l'âge, le diagnostic social, le mode général de
comportement, etc.

Pour chacune de ces sous-catégories, le collectif ou le
sous-groupe (ou les deux) s'occupent d'énoncer ou de rappeler
régulièrement des avis ou des suggestions comportementales.
Ainsi, on entendra : « Les chrétiens observent l'abstinence
pendant le carême » ; « Les jeunes vivent détendus », « Le
collectif doit être bienveillant envers ses citoyens du troisième
âge ». Chacun interprétera, bien sûr, ces suggestions comme un
rappel à l'ordre et, nommément, à l'ordre qu'on dira social.

Il est clair que dans les méga-collectivités du monde occidental
à mode de production capitaliste, le lieu publicitaire constitue le
dazibaho privilégié de telles consignes.

L'affiche de Howe illustre abondamment ce processus. La
compagnie c'est-à-dire Howe, commence d'abord par montrer
patte blanche. Les fabricants de cycles prouvent en effet qu'ils
sont d'abord en harmonie avec le collectif, informés des
problèmes actuels : vie urbaine ou suburbaine ; trains surpeuplés ; immigration massive ; époque industrielle, etc. Ils sont
informés et se rangent donc dans le Même ; le spectateur, du
coup, se range aussi dans ce Même.

Mais l'affiche précise son adresse. « Vous êtes urbain (catégorie sociale) ou banliusard, vous faites peu d'exercice (autre
catégorie sociale) et vous imaginez que l'ère industrielle tue toute
créativité ou possibilité de s'individualiser ? (cette dernière
catégorie regroupe à elle seule à peu près 80 % de la
population) : triomphez de cette situation (on n'a qu'à choisir) ;
appropriez-vous les merveilles de l'ère industrielle (cycle détail-
lé) : individualisez-vous (en étant même) ou encore laissez
derrière vous (dans la monochronie lointaine de l'affiche) tous

ces soucis : vivez en harmonie avec un collectif qui, dans son même, a prévu toutes les différences. »

L'affiche d'*Easy Rider* s'adresse à des sous-collectifs qu'elle définit comme : jeunes ; épris de liberté ; vivants ; actifs. Elles vise très large.

D'autres publicités, au contraire poseront clairement que, pour appartenir à tel sous-collectif (les riches par exemple) il faut souscrire à telle condition (boire du Chivas Regal ou conduire une Mercedes) : l'effet de partition est ici explicite.

C'est à cette mise en place collective que se réfèrent Brochand et Lendrevie lorsqu'ils parlent de la nécessité d'en arriver à un diagnostic social exact du « public-cible ». Ce diagnostic consiste à repérer les *besoins* de ce public, en termes tout particulièrement de statut puis de structurer le message « communication-nel » en fonction à la fois de ces lois et de ces aspirations d'appartenance. Curieusement, on se retrouve de la sorte dans une espèce de paradoxe intéressant ou inquiétant selon ce qu'on voudra, où ce sont les publicitaires qui, faute de mieux peut-être, explicitent constamment les rites de passage d'une classe ou d'un clan à l'autre... Comme si, ailleurs, dans nos collectivités, peu de gens se consacraient à cette tâche. Ou, alors, comme si le régime de consommation ne pouvait trouver que dans ses agences de consommation les relais nécessaires à l'explication d'un tel code.

Quoi qu'il en soit, le résultat net de cette opération est toujours un renvoi au même, ou à du même préétabli idéologiquement. C'est-à-dire *une perversion pour éviter une subversion.*

**

Toute collectivité, il va sans dire, ne saurait survivre sans la complicité d'un certain nombre de sujets. Et, dans le cas qui nous occupe, cette complicité est d'importance prépondérante.

Le collectif aura beau, en effet, ne proposer que du même, il ne parviendra jamais à en imposer à moins que tout JE n'y trouve d'abord quelque intérêt.

La question exige donc un modèle d'analyse relativement complexe où se combinent des arguments à la fois microscopi-ques et macroscopiques. Ou le « social » et le « psychique » peuvent à la fois (indépendamment ou parallèlement) se mouvoir. C'est à esquisser un pareil modèle que nous devrons maintenant consacrer notre attention.

Dans ce modèle complexe et dynamique, nous parlerons davantage de relation publicitaire/sujet de publicité ou, plus précisément, de contrat publicitaire que de publicité en soi.

Ce qu'il nous faut bien constater, d'entrée de jeu, c'est que l'*effet publicitaire* nécessite d'évidence un proposant et un preneur. La plupart des analyses publiées jusqu'ici considèrent le proposant et l'accusent, la plupart du temps, sinon d'obscénité, tout au moins d'immoralité.

Une telle conclusion est forcément simpliste.

En face du panneau publicitaire, si JE devient preneur, c'est qu'il y trouve quelque satisfaction : qu'il consent au *contrat*.

Cet intérêt envers le contrat, cette satisfaction plausible sont particulièrement sensibles dans le contrat publicitaire télévisuel. Ce contrat, nous l'avons maintes fois signalé, renvoie continuelle à du *même*. Parfois, et nous l'avons relevé, le proposant va jusqu'à montrer au preneur une image perturbée d'une famille où la non-communication est pathologique, ou à lui offrir une trame sonore en pleine discontinuité avec la trame visuelle simple et statique, des conditions adverses à tout contrat publicitaire. Or il y a contrat comme en témoigne l'efficacité marchande du processus : le preneur y trouve donc quelque intérêt.

Ce qui semble se passer, en fait, est d'une nature particulière. Ce qu'il importe de souligner, c'est que le preneur ne s'intéresse absolument pas à la publicité pour y trouver une éventuelle information sur des produits. Ce qui captive le preneur au moment d'aborder une proposition publicitaire — ou un téléfilm ou un livre de science, etc. — ce sont de grandes questions étonnamment fondamentales : la solitude, l'amour, la mort, le travail, la différence, le quotidien des relations intimes. Ce qu'il recherche dans la publicité, mais ailleurs également, ce sont des réponses « satisfaisantes » à ces questions.

Dès lors, deux grandes familles de réponses se découvrent ; les réponses subversives, du type « artistique », d'une part, les réponses réductrices, défensives, ou perverses, du type publicitaire ou idéologique, d'autre part. Or tout se passe comme si les réponses défensives, perverses ou réductrices avaient infiniment plus de chances d'être entendues que les réponses subversives. C'est là, nous paraît-il, une première conclusion majeure. La seconde conclusion — et elle découle directement de la première — concerne les limites inhérentes à la subversion. On ne subvertit, à ce qu'il semble, que peut de fois sa vie : on ne change pas son organisation psychique à tout instant.

S'il fallait une preuve à cette limite humaine à la subversion nous suggérerions à notre lecteur de consulter certaines publicités extrêmement raffinées du photographe Hiro. Ces photos sont des œuvres d'art. Le produit — bijou, sandale, etc. — y devient sujet à transformation esthétique. Ces photos figurent maintenant dans les livres d'art : elles n'ont jamais été publiées en tant que publicités.

La transformation esthétique qu'elles proposent renvoie à de la subversion. Devant ces œuvres, on n'est pas soulagé, mais renvoyé à son *désir,* émerveillé parce que questionné. On n'achète pas : on pense.

Car, il importe d'y revenir, au sein dudit contrat publicitaire, le preneur ne s'informe pas sur le produit. Ce qu'il recherche, en face de la proposition publicitaire, n'est dans les fait, que la plus courante des opérations psychiques : la solution à un conflit. Il semble bien, en effet, que nous prenions un immense plaisir à nous créer un conflit psychique d'une part puis à en ressortir.

En face de l'œuvre d'art, le JE entre en conflit. C'est-à-dire redécouvre du désir et de la castration. Mais l'œuvre d'art ne contient pas de voie de sortie facile. Pour en ressortir, le JE doit repenser les prémisses mêmes de sa quotidienneté.

En face de la proposition publicitaire, le JE entre en conflit. C'est-à-dire redécouvre son désir et sa castration. Mais, aussitôt, on lui propose une voie de sortie élégante. On lui réapprend à refouler, à se défendre, à se consoler de sa castration par le renvoi à l'idée de *même.* C'est ce plaisir que JE recherche. Et il associera le proposant capable de lui procurer ce plaisir à un événement très heureux. Il n'achètera pas d'abord le produit, mais tentera, en achetant le produit, de reproduire cette expérience heureuse. Paradoxalement donc, plus une proposition publicitaire renvoie à du *même* et plus elle a de chances d'opérer. Plus elle renvoie à du *désir* et moins elle incite à de la défense, moins elle a de chances d'être efficace. Nous nous comportons, en face d'une publicité comme à l'intérieur du jeu : nous nous y posons un problème, pour le plaisir... de le résoudre. Les énigmes insolubles ne peuvent pas faire office de proposition publicitaire.

Dans ce contexte dynamique où preneur et proposant s'entendent pour jouer à résoudre une énigme tout en ayant la solution à portée de la main, le phénomène publicitaire se révèle étrangement ressemblant à l'homélie. Celle-ci pose en effet, à compter d'un texte sacré, un problème de vie. A compter de quoi prédicateur et prêché s'accordent à résoudre ce problème selon certains principes. Plus le prédicateur et le prêché y mettent de subtilité, plus le jeu se complique. Mais, au-delà de cette subtilité l'enjeu demeure toujours le même : l'un et l'autre savent bien qu'une réponse cohérente émergera. Le prédicateur subversif, qui ne jouerait pas le jeu selon ces règles, en viendrait simplement à être excommunié pour manquement à son contrat. L'artiste qui propose au publicitaire un panneau ou un scénario télévisuel trop subversif manque, en ce sens, à son contrat. Si l'événement se répète, on l'excommuniera du monde de la publicité. Car l'homélie, en cette fin de siècle, est devenue cathodique et le rassemblement, électronique.

Chacun, dans le cadre familier de son foyer, participe à une nouvelle messe collective qui n'a jamais, en un même lieu-réseau, réuni tant de fidèles. Le NOUS parle à chacun de ses sujets. Sa parole se diffuse à travers un médium qui, du même coup, signale par sa couleur ou par sa qualité sonore les perfectionnements technologiques du groupe. Le JE écoute, entend. Il semble prendre, à ce message, grand intérêt.

Mais de quel intérêt s'agit-il au juste ? C'est maintenant ce que nous tenterons d'élucider dans les pages qui vont suivre.

Chapitre cinquième

RELIGION, PERVERSION, CONSOMMATION

Sur l'intérêt que le JE porte au NOUS, à son discours, à sa parole, à son propos, il est, à ce moment-ci de notre connaissance, plusieurs écoles ou directions de pensée. Selon, en effet, que l'on s'intéresse à certaines paroles spécifiques du NOUS, telle la science ou la mythologie par exemple, selon le point de vue depuis lequel l'on observe ce discours et son effet sur le JE, psychologie de la motivation ou anthropologie structurale, par exemple encore, l'on construira des fictions théoriques fort diverses. Le point de vue que nous élaborons ici est de nature psychanalytique et se réfère *aux signes comme à des porteurs de représentations de désir.* Nous y mettons l'accent sur une notion assez nouvelle, tout au moins dans son expression manifeste, nommément la notion de problématique. Ce point de vue, cependant, avant d'être exposé, mérite d'être situé par rapport à certains travaux contemporains.

Points de vue contemporains sur le discours du Nous

L'avènement de la psychanalyse a amené certains sociologues et anthropologues à reconsidérer, à partir d'une meilleure connaissance des dynamismes propres au sujet, le mode d'opération des appareils collectifs et, plus précisément, des différents systèmes sociaux de représentation. A l'inverse, une certaine ouverture de la psychanalyse au champ des sciences humaines et, tout particulièrement, de la sémiotique, a permis à certains psychanalystes — avec un bonheur parfois discutable —

d'avancer quelques hypothèses à propos du champ social des représentations. C'est dans cette direction que se situe le présent ouvrage.

Du côté de l'anthropologie, un tel mariage psychanalyse-sciences humaines aura donné naissance entre autres à l'école structurale d'anthropologie sous la paternité de Lévi-Strauss. Pour cet auteur et ses disciples, le discours collectif, et plus précisément le mythe, a fonction d'assurer, au sein d'une communauté, *la permanence d'un savoir* fondamental à la pratique de la vie. Par voies de successives dichotomies dans le réel, le *réseau* de mythes et de traditions énoncés parvient à reconstituer tout l'univers de la nuance nécessaire au savoir. L'on repérera donc, dans le matériau mythique, diverses oppositions radicales : le cru — le cuit ; le masculin — le féminin, pour en arriver à des termes d'une infinie complexité où un vocable unique, par exemple, désignera chez un peuple particulier tel type d'arrangement écologique extrêmement précis.

La découverte lévi-straussienne est astucieuse, assurément, et l'on saisit tout naturellement que le réseau des mythes et traditions, légendes et coutumes, constitue en certaines circonstances, une véritable encyclopédie parlée sur la vie.

A Lévi-Strauss, l'on peut toutefois adresser le même reproche qu'à Piaget : l'un et l'autre, en effet, à force de se préoccuper de savoir ou de connaissance, en viennent à fabriquer un modèle d'être humain d'où la vie pulsionnelle — autre qu'intellectuelle — est remarquablement absente.

La publicité d'objet pourrait, par exemple, s'analyser en fonction de critères lévi-straussiens. Et nous avons, entre autres, signalé plus haut que toute publicité se situait nécessairement à la fois dans un ensemble idéologique et dans un panorama plus particulier de familles de publicités. On pourrait aller plus loin et affirmer que de ces oppositions surgissent certains énoncés de savoir (le permanent de l'acier — l'éphémère de certains produits de consommation immédiate par exemple). Il nous apparaîtrait toutefois que, dans un tel contexte, nous négligerions singulièrement la dimension pulsionnelle du sujet à laquelle la publicité d'objet s'adresse à la limite quasi spécifiquement.

Du côté de la sociologie, certains propos nous ont véritablement fascinés, ceux, par exemple, de Moscovici et de Castoriadis. A l'un et à l'autre, nous devons beaucoup. A Castoriadis parce qu'il met en lumière le fait que tout appareil collectif est une fiction en voie d'édification permanente. A Moscovici parce qu'il s'intéresse à un sujet voisin du nôtre à plus d'un titre : la

propagande anti-psychanalytique. Mais nous étions personnelle-
ment intéressés par une aire spécifique d'échange ; celle du
rapport JE ↔ NOUS et, de ce point de vue, les instruments
élaborés par ces auteurs nous semblaient manquer de pertinence.

Roland Barthes, à la fois dans ses *Mythologies* dans son
Système de la mode, et dans ses *Fragments d'un discours
amoureux,* trace plus largement la voie au genre d'élaborations
que nous cherchions. Sans préciser systématiquement le jeu
analysable de la dynamique du sujet, il y fait toujours allusion de
façon ample et stimulante avec une élégance que nous lui
envions. Notre propos, cependant, se voulait plus spécifique et
plus systématique du point de vue du sujet. C'est ce propos que
nous souhaitons ici contribuer à éclaircir.

Ce serait donc plutôt du côté psychanalytique qu'il convien-
drait de rechercher nos pairs. Les considérations psychanalytiques sur le discours du NOUS sont parfois, cependant,
décevantes. Parmi les plus connus des contributeurs dans ce
domaine, il faut certes citer Bruno Bettelheim et *Les blessures
symboliques,* de même que sa *Psychanalyse des contes de fées.*
Ses travaux sont pertinents et montrent à tout le moins que la
fable ou le rituel n'apparaissent pas gratuitement dans le discours
social : qu'ils mettent en présence un sujet en état de conflit et un
NOUS proposant des solutions. Bettelheim, cependant, insiste
presque exclusivement sur la seconde topique (Ça, Surmoi, Moi)
et nous laisse parfois insatisfaits au plan de la compréhension
économique par exemple. Nous ne prétendons en rien combler
ici les lacunes du modèles analytique pour le rendre complètement apte à décrire le rapport du JE au discours ambiant ; nous
croyons cependant que, dans cette perspective, des modèles
moins figés seraient à mettre en place, dont nous souhaitons ici
poser quelques jalons.

D'autres psychanalystes, dont Freud, se sont attachés à ce
décryptage du rapport du JE au rituel, au totémisme, à l'art ou à
toute forme de discours public. Dans la plupart de ces travaux,
toutefois, la thèse est tout d'abord clinique et ne procède
jusqu'au social que par voie d'extension, ce qui, à notre sens,
présente plusieurs lacunes. L'on retrouvera rarement, par
exemple, dans de tels textes, une étude approfondie du matériau
soit littéraire soit anthropologique lui-même, ce qui, évidemment, affaiblira d'autant la pertinence ou la vraisemblance même
de ces démonstrations. A notre sens en effet, il n'est pas plus
judicieux de raconter n'importe quelle banalité sur la psychanalyse sans jamais avoir entrepris de cure que de proposer les plus

étonnantes hypothèses sémiotiques sans jamais avoir analysé d'image ou de signe de manière systématique. Peu d'intellectuels ont eu l'audace ou, tout simplement, la patience d'assurer à ce double égard l'exactitude de leur démarche. La réalité, cependant, de ce type d'études l'exigerait. A l'inverse, nous remarquons que lorsque cette double discrimination est présente et soutenue, elle donne lieu à des travaux d'une remarquable pénétration.

Tel est, par exemple, l'essai de René Girard sur la valeur refoulante du rituel par rapport aux pulsions fratricides de la horde. Mais, parce que nous savons fort bien que, de toute manière, nous serions incomplets, nous ne citerons ici qu'un commentaire de Greenstadt tiré d'un essai sur le mythe d'Héraclès (Hercule) où il nous dit que le mythe est là *pour prévenir et pour guider* celui qui prend plaisir à se l'entendre répéter *(Warn* and *Lead)*. Cette remarque concise résume assez bien, s'il est possible, le sentiment qui se dégage de ces diverses lectures. Le discours collectif, quelle qu'en soit l'expression, s'assigne pour mission une tâche *morale* de « counselling » et de prévention. Ce que l'on dit un peu moins, en revanche, c'est que cette mission, dans la plupart des cas, s'accompagne d'une déviation de l'individualité du JE : d'une *perversion*.

Dans le cas de la publicité, à tout le moins, cette perversion nous est apparue manifeste et, parfois même, confondante.

L'échange JE⟷NOUS : exploration théorique

Le JE et la représentation mythique

Lorsqu'il essaie d'élucider la portée collective de diverses mythologies, grecques ou judéo-chétiennes, Paul Diel construit la métaphore — toujours féconde — d'un combat psychologique. Entre un héros et les forces du destin, entre le bien et le mal, entre le féminin et le masculin. Et, à compter de cette métaphore, Diel conclut que le mythe est là pour *représenter* un conflit de l'existence propre au récepteur d'un tel récit, qu'il est là, par surcroît, pour dénoncer ce que le « récepteur », le JE dirions-nous, aurait tendance à refouler. De la sorte, suggère-t-il, le mythe aurait une fonction de rappel des motifs inconscients qui gouvernent le périple humain et, en même temps, au-delà de cet aveu, une fonction d'exaltation-sublimation des énergies ainsi rendues disponibles pour le sujet.

Poursuivant une tout autre voie et s'intéressant au contenu non scientifique des cosmologies contemporaines, Arlow postule que le JE-lecteur de ces cosmogonies sera rassuré par les images d'un début et d'une fin du monde qu'elles évoquent. Le bing-bang initial qui engendre l'univers en expansion symbolise, d'une certaine manière, le coït initial et donne ainsi accès à la scène primitive refoulée en même temps qu'il projette cette vision sur des corps cosmiques éloignés et par là même rassurants.

Selon Bettelheim, les histoires qu'on raconte à ses enfants, récits complexes mais en même temps grossiers, élaborés à coups de dragons et de princesses merveilleuses, de princes charmants et d'ogres épouvantablement sadiques, permettent, précisément par le biais de la caricature qu'elles dépeignent, la mise en place d'une analyse rudimentaire mais non moins efficace d'un vécu déchirant pour l'auditeur du conte de fées. A travers ce récit, l'enfant entrevoit, précise Bettelheim, comment ses difficultés à lui vont pouvoir éventuellement se résoudre pour qu'il accède un jour à la maturité.

D'après Greenstadt, enfin, le cycle d'Héraclès (Hercule) se constitue comme une vaste entreprise mythique où le lecteur pourra déceler, revoir et mieux cerner non seulement tout son cheminement œdipien mais surtout la totalité du travail de séparation-individuation (d'avec la mère) qui constitue toute existence humaine.

Nous pourrions poursuivre à l'infini cette énumération. Pour l'instant, cependant, une telle entreprise n'ajouterait rien à notre débat. Nous y apprendrions tout au plus que d'autres penseurs, Margaret Mead par exemple, s'intéressent aux mythes et rituels, au rapport féminin-masculin ou à diverses autres questions tout aussi essentielles.

Ce qui nous intéresse, en revanche, c'est de constater que chacun de ces auteurs, sans toujours manifestement l'expliciter, reconnaît que le JE, pour lire ou entendre ces mythes, rites, fables ou légendes se trouve, au départ, en état de *besoin*.

La question de la scène primitive, de la naissance et de la mort, de l'éternité et de la finitude, pourrait-on dire pour prolonger Jacob Arlow, est toujours présente à notre esprit. Si nous acquiesçons aux cosmogonies contemporaines, ce n'est pas pour des raisons scientifiques — du moins pas uniquement — mais bien parce que, d'une certaine manière, cette question de la finitude/éternité nous préoccupe au plus haut point.

Le conte de fées, tout comme la tragédie d'Electre, a prise sur nous dans la mesure où, pour chacun de nous, des questions aussi essentielles que le meurtre du père ou de la mère, le fratricide, la pulsion monstrueuse ou la virginité sublime restent profondément prégnantes.

Si JE lit le cycle mythologique de la vie (ou n'est-ce pas plutôt des vies) d'Héraclès, c'est que JE cherche à comprendre et élucider par lui-même la dynamique complexe, soit de l'émergence de l'identité, soit du destin de la force brute dans le circuit des modèles de pouvoir. Bref, si JE s'intéresse à un mythe, à une fable, à une légende ou si JE donne son adhésion à un rituel de cure ou d'initiation, c'est d'abord qu'à ce propos JE est porteur d'angoisse.

Sinon — et il est relativement facile de le vérifier — le récit ou le rite demeurera pour lui sans intérêt.

Cette remarque, cependant, nous entraîne dans une brève mais nécessaire digression. Après celle-ci, croyons-nous, nous pourrons aborder enfin et avec les outils nécessaires le cas plus particulier de la mythographie publicitaire.

Le concept de problématique opposé à l'idée de stade

Dans les premières formulations psychanalytiques du développement psycho-sexuel de l'être humain, le concept de stade occupe une position centrale. Pour Freud (1905-23), il s'agit là d'étapes de vie à la fois délimitées et relativement discontinues ponctuées par la focalisation du développement de la sexualité sur une zone érogène particulière. On passe donc, successivement, selon ce schéma, d'une polarité oro-cutanée, à une polarité anale, puis à une focalisation strictement génitale des phénomènes de recherche du plaisir.

L'avantage de cette théorisation est important. Elle permet de repérer, dans la vie de l'adulte, des blocages, fixations ou régressions à des étapes particulières de ce développement originel. On l'utilise encore pour dresser une chronologie, voire une hiérarchie des diverses psychopathologies. Bref la psychanalyse se réconcilie, dans ce modèle de pensée génétique, avec le schéma médical des causalités linéaires ou traumatiques et elle accède, par ce biais, au rang des « sciences possibles ».

A l'usage, cependant, ce modèle présente maints désavantages.

Le premier de ses vices résulte de la relative imprécision des étapes ainsi délimitées par Freud. Abraham, Fenichel, Klein et divers autres auteurs ont amplement démontré par la suite qu'il y avait lieu, en plusieurs circonstances, de subdiviser ces stades (Abraham, Fenichel) ou de les présenter dans une toute autre perspective (Klein). Certains penseurs ont cru pertinent d'ajouter à ce schéma qui le stade du miroir (Lacan) qui le stade du respir (Tristani). Où placer, dans ce scénario, les phases transitionnelles de Winnicott ? Sans compter les recherches récentes sur le narcissime qui suggèrent à la fois un stade pré-natal (Grunberger) et l'*étalement* permanent sur l'ensemble de ces stades, d'une importante composante narcissique (Kohut) de l'être humain. Bref, à moins de s'acharner à quadriller à l'infini le phénomène du développement psycho-sexuel, ou à moins de reconsidérer en profondeur ce jeu d'hypothèses sur le développement, on se retrouve ici en pleine impasse.

Une seconde objection que maints auteurs ont apportée à l'idée de stades concerne leur discontinuité même. Il est loin d'être clair, en effet, qu'une fois terminé le stade oral, la totalité de l'investissement libidinal se focalise sur la zone érogène anale et de même, une fois cette phase terminée, que la libido passe entièrement de la zone anale aux zones génitales. Bon nombre d'auteurs soulignent, en conséquence, la perméabilité des différents stades. Mahler remarque que certains processus de séparation-individuation s'étalent non sur un an mais sur l'ensemble de la vie humaine. Erickson, quant à lui, propose l'idée d'*étapes génératives* dont l'intégration cumulative s'étalerait, là encore, sur l'ensemble de l'existence.

On ne le perçoit que trop : une telle diversité de formulations témoigne un malaise théorique profond. Malaise que n'ont pas manqué, en particulier, de souligner certaines femmes analystes fondamentalement insatisfaites du réseau d'explications génétiques ainsi fournies à l'origine du développement de la sexualité féminine (Chasseguet-Smirgel, Irigaray, Olivier, Montrelay pour ne citer qu'elles).

Nous proposons, quant à nous, une perspective radicalement différente et cette perspective s'articule sur la notion de problématique.

Comme Mahler, Grunberger et divers autres auteurs, nous croyons que la question du narcissisme ou de la séparation-individuation met, à se résoudre, une vie entière. Mais nous ajoutons qu'il en va de même des questions anales de pouvoir ou des questions plus génitales de plaisir dans la différence.

Postulant que ces questions mettront une vie à se résoudre,

c'est-à-dire donc qu'elles ne seront jamais entièrement résolues mais plutôt engagées dans un procès d'élaboration constante, nous nommons ces questions : des *problématiques*.

Nous reconnaissons les stades originaires du développement psycho-sexuel, mais, au lieu d'insister sur leur discontinuité, nous suggérons l'hypothèse que ces différents stades (oral - anal - génital) se prolongent ensuite dans la vie par le biais desdites problématiques de séparation-individuation, de pouvoir et de sexuation.

Il est inutile d'introduire à plaisir de nouvelles conceptions théoriques si ces concepts ne risquent pas d'être à la fois utiles et éclairants. L'idée de problématique correspond selon nous à ces deux critères.

Quand nous cherchons à expliquer, en nous servant de la seule notion de stade, les démêlés d'un adulte avec le pouvoir ou le contrôle, nous devons nécessairement faire appel à l'idée de régression-fixation. Dans l'optique que nous élaborons ici, nous postulerons plutôt que la problématique du pouvoir étant toujours vivante pour chaque individu, telle circonstance aura, par rapport à cette problématique, effet de confrontation ou de relance dynamique.

Dans le contexte de la réaction du JE à un discours public qui nous préoccupe ici, cette formulation du phénomène par voie de problématiques interposées paraît infiniment plus justifiable. Devant un mythe, un conte, une fable ou une publicité, il faudrait, en effet, si l'on s'en tient à la notion de stade, supposer qu'à tout coup le sujet régresse à des points de fixation oraux, anaux ou génitaux. Nous préférons penser que le sujet est porteur de problématiques évolutives et que le discours ambiant peut, en tout temps, s'adresser plus ou moins directement à ces problématiques pour les faire émerger, en forcer la remise en cause ou, alors, pour en susciter la mise au silence.

Cette formulation correspond d'ailleurs davantage à l'expérience quotidienne. Il serait étonnant, en effet, qu'après un séjour extrêmement bref au stade oro-cutané un nourrisson ait, derechef, résolu toutes les ambiguïtés qui concernent le bien-être narcissique. En revanche, nous savons fort bien que l'adulte occupe une partie importante de ses énergies psychiques à résoudre certaines questions : « Qui suis-je ? », « Où vais-je ? », « Pourquoi suis-je castré ? », « Comment les femmes sont-elles autres que les hommes ? », etc. Sans la permanence de ces questions ou, mieux des différentes problématiques, le recours du JE au discours ambiant, mythique, religieux, féérique ou, ici plus spécifiquement publicitaire, paraît, à notre avis, inexplicable.

Problématiques et publicités

Dès lors, nous pouvons postuler que ce n'est pas au hasard que le sujet consulte le mythe ou la fable, qu'il apprécie la narration naïve de l'épopée ou le spectacle théâtral. C'est, au contraire, tout à fait *activement*, qu'il recherche dans le monde extérieur une réponse vraisemblable aux problématiques qui l'habitent, au bouillonnement énergétique qui les accompagne et à la quête dynamique qu'elles entraînent.

Pour reprendre, de ce point de vue, la lecture que Greenstadt propose du cycle des mythes d'Héraclès (Hercule), nous ajouterons par exemple que, si le sujet s'intéresse à ce cycle mythique, s'il se passionne ou s'inquiète des démêlés d'Héraclès avec Héra, s'il s'identifie à ses travaux de dressage de monstres ou à ses purifications expiatoires, c'est que, pour lui, cette « problématique » de la maturation-séparation demeure éminemment vivante. Exactement comme l'on peut penser que l'enfant dont parle Bruno Bettelheim a besoin du conte de fées pour s'y voir *représenté* vivant (sorte de transfert en miroir) et s'y re-connaître (c'est-à-dire re-prendre prise sur quelque chose de lui qui lui échappe). L'adulte, parallèlement, quand il lit ou consulte un discours d'ordre mythique, se re-lance à lui-même une question qui le concerne profondément, ne serait-ce d'abord que pour se maintenir vivant.

Habité de questions d'ordre œdipien, anal ou narcissique, ce discours extérieur lui apparaît comme une nécessité première. Ces propositions, en effet, lui offrent une occasion de partage. Elles constituent une tentative de généralisation de certains questionnements humains. Elles élaborent même quelquefois un réseau tout au moins rudimentaire d'explications des phénomènes vitaux. L'individu, dans la plupart des cas, n'en réclame pas davantage. Une certaine paix, parfois même de l'émerveillement s'instaurent dès lors au-dedans de lui. Il est ravi.

Dans le cas des publicités d'objet, ce jeu de la problématique humaine et de son ravissement est, en particulier, notoire. Discours public sur les objets autorisés de satisfaction, la publicité d'objet, en effet, n'opère pas autrement que toute entreprise collective de réponses. Ses thématiques s'organisent et circulent autour de l'inquiétude fondamentale de l'homme et prennent ancrage dans ces questions. C'est plutôt dans le registre de réponses qu'elle apporte à ces différentes interrogations que la publicité d'objet se distingue des autres média d'expression.

Ainsi, si l'on reconsidère, à partir de cette perspective, l'ensemble des publicités de bière analysées dans le présent ouvrage, l'on voit tout à coup leur thème s'unifier. Amitié, disions-nous ; familiarité, grâce au « jingle » ; retrouvailles, être ensemble, mais aussi saut en parachute, rodéo : Que d'oralité, remarquions-nous alors sans pouvoir nous en expliquer. Et nous soulignions même ce propos d'apparence paradoxale (Carlsberg, chap. 4) : « Plus on est différent, plus on se ressemble ». Il n'y a là, en fait, nul paradoxe : ce qui nous est exposé, en clair, n'est autre que cette *problématique de séparation-individuation* qui fonde toute maturation. Le publicitaire nous rejoint en évoquant un thème de vie qui nous angoisse et, par là-même, il s'acquiert notre assentiment. Contrairement au narrateur de mythe, cependant, le publicitaire se refuse ici à toute exploration conflictuelle, à toute élaboration qui montrerait l'ambivalence des êtres. Il coupe court à la jalousie, au chagrin exprimé ou à toute insatisfaction réelle. Il a pris le parti, une fois évoquée quelque problématique, de la faire magiquement se résorber. La fête elle-même ou la complicité humaine, si elle a lieu, ne saurait être que de courte durée. De la difficulté à se différencier, difficulté régie à la fois par l'angoisse de castration et la crainte dépressive de la perte d'objet, tout se dissout ici par enchantement dans le magma quasi trop doux d'une amitié sans heurt, d'un amour inconditionnel et indifférencié.

Dans le récit mythique, le réel abordé est nettement plus complexe. Les dieux et demi-dieux s'aiment et se haïssent tout à la fois, rivalisent entre eux, s'épient ou se trompent. Dans le récit de la guerre de Troie, on les voit chaudement partisans de l'un ou de l'autre camp. Vulcain (Héphaïstos) est laid, alors que Vénus (Aphrodite) est magnifique. Zeus éprouve de redoutables colères ; Héra se montre d'une légendaire jalousie. A coup sûr, en présence d'un tel récit, l'auditeur ou le lecteur est davantage confronté à la diversité ou à la multiplicité humaines. Rien, des querelles divines ou de leurs enchantements, ne se résout facilement. L'Olympe, contrairement au paradis des judéo-chrétiens, n'est pas un lieu de béate inertie contemplative. De tels récits, pouvons-nous postuler, ont eu, à leur époque, valeur de connaissance psychologique rudimentaire. On ne peut, en aucun cas, en dire autant de l'énoncé publicitaire. Bref et orienté vers la consommation, il ne doit permettre ni au conflit de s'étaler ni au regard de s'y poser. A tout prix, il se doit de conclure à l'achat comme solution. Donc de ne surtout pas suggérer de remise en cause [1].

Nous avons signalé plus haut la campagne de publicité Marlboro (p. 45), campagne qui, depuis une vingtaine d'années, gravite essentiellement autour d'une unique image, celle du cow-boy, de son cheval et du Far West. Examinée dans la perspective des problématiques, il est intéressant de constater qu'elle renvoie d'assez près aux questions relatives à l'Œdipe masculin. Pour devenir un homme, le petit garçon, dirons-nous, doit en venir à affronter la menace de castration du père, ce qui, en revanche, lui assurera une relative liberté, et une capacité d'accès à une intimité réelle avec ses pairs mais, particulièrement, avec la femme. Sous l'angle du concept de stade, cette question devrait théoriquement se résoudre au moment de l'Œdipe. La clinique cependant nous enseigne plutôt qu'il s'agit là aussi d'une problématique (donc jamais résolue) où l'identité masculine et la capacité d'intimité avec la femme sont, au mieux, sans cesse en mouvement *progrédient* [2]. C'est bien sur le fait qu'il s'agit d'une problématique vivante que compte ici le publicitaire. Ce à quoi il s'adresse, chez chacun de ses consommateurs, c'est ce fragment d'identité non encore consolidé, encore mouvant.

---

1. Selon Propp, puis selon Greimas qui le reprend et l'élabore, le récit mythique ou féérique serait construit autour de quatre étapes. Disjonction : le prince aperçoit la belle mais elle lui est inaccessible. Contrat : il pourra avoir la belle si… Epreuve : il affronte le dragon, retrouve le trésor. Conjonction : Ils se marièrent et eurent une nombreuse famille. Il nous paraît que, à l'opposé de ce récit de conte, le prototype publicitaire escamote la partie *épreuve* de cette construction séquentielle. Le contrat est à peine esquissé que la conjonction non éprouvante a lieu. Cette omission renforce évidemment le sentiment d'une vie aisée sans castration aucune et évite la relance dynamique d'une problématique : puisqu'il n'y a pas d'épreuve, tout peut dormir en paix.

2. La notion de *progrédience* est ici introduite à un niveau intuitif et risque de ce fait, d'acquérir une connotation morale non recherchée. Pour l'aborder plus rigoureusement, l'on doit la situer par rapport à deux axes théoriques qui font présentement débat au sein de la psychanalyse contemporaine. Comme quoi même la théorie porte aussi ses problématiques propres.

Selon le premier de ces modèles théoriques, l'être est régi par une dualité instinctuelle vie-mort. Et, conséquemment, certains gestes ou comportements (répétition et masochisme par exemple) vont dans le sens de l'inertie tandis que d'autres visent à la vie, à la relance libidinale et pulsionnelle. Dans cette optique, le concept de progrédience qualifierait l'ensemble des comportements qui conduisent à la vie par opposition à ceux qui mènent au retrait libidinal, à une certaine stagnation pulsionnelle, et, métaphore ultime, à l'état de la mort inorganique.

Dès lors, son discours devient limpide. Pour continuer de devenir homme, pour poursuivre le meurtre du père et l'accès à l'affranchissement, « Come to Marlboro Country », au pays des hommes faits et affranchis de la Loi (du père). Est-ce seulement paradoxal ? Vous y trouverez la tétée amère, le lien avec la mère qui tue, c'est-à-dire donc et en même temps, « Ne devenez surtout pas des hommes, c'est trop dangereux ». Tout se passe manifestement comme si le publicitaire savait à la fois que nous vivons de nos problématiques et que nous sommes en même temps inaptes à les résoudre définitivement. L'exploitation de la pulsion de mort fait ici frissonner.

Le dernier exemple de publicité d'objet que nous citerons maintenant est celui des campagnes publicitaires pour « autos européennes construites avec intelligence ».

En fait, la problématique ici concernée est celle du pouvoir. Issue des stades anaux (sadique et de soumission), la problématique du pouvoir s'articule à la fois sur les désirs importants de contrôle et de suprématie et sur une perpétuelle tentation de désaveu de ces mêmes pulsions. Idéalement, au fil des ans, le désir du pouvoir cède le pas progressivement à une mise en place, pour le sujet, de son pouvoir en relation à celui de l'autre. Mais

---

Dans le cadre du second modèle de théorisation, l'être est clivé en composantes narcissiques et composantes pulsionnelles libidinales. Les composantes narcissiques cherchent à reconstituer dans l'existence un état d'être béatifique — correspondant au bien-être fœtal — où nul effort n'a de raison, où tout est fourni par le monde ambiant. A l'inverse, les composantes pulsionnelles recherchent activement dans le milieu des objets d'investissements, acceptent et gèrent le conflit, bref entretiennent la vie de relation. La progrédience, comme nous l'entendons ici, qualifie tout d'abord ce type de comportements plus relationnels.

Nous cherchons toutefois à y insérer une seconde notion, c'est-à-dire celle-là même de progrès. Car il ne suffit pas d'être en quête de réponses pour progresser. Et nous savons fort bien que la pathologie naît la plupart du temps de réponses toutes trouvées, figées ou récursives à des problématiques qui réclament, au fond, davantage d'ouverture. La progrédience qualifie aussi ceux des comportements humains qui vont dans le sens d'une telle ouverture ou, dans le langage plus classique, dans le sens de la *maturation*.

Ces deux axes de théorisation (vie - mort ; libido d'objet - libido narcissique) soulignent par ailleurs une importante difficulté conceptuelle. Si la progrédience se marque, grossièrement, d'investissements libidinaux ou relationnels, il est faux de déclarer que tout investissement narcissique ou toute manifestation des pulsions de mort soit en soi régrédiente. Qui ne s'investit pas narcissiquement périt. Qui ne préconise pas de retour à la paix de l'équilibre meurt d'épuisement. La psychanalyse se confronte ici à une nécessaire théorisation de la norme ou de l'équilibre vital souhaitable. Telle théorisation est loin d'être évidente à ce moment-ci de notre évolution. Et s'il est souhaitable que nous ayons à ce propos des idées définies, il faut bien reconnaître que tel n'est pas le cas et que, dans une très large mesure, nous nous en remettons, en pareille circonstance, à un modèle très intuitif de la maturation humaine.

cette mise en place reste, à son tour, sans cesse mouvante, et, potentiellement, progrédiente.

Le publicitaire que nous évoquons ici ne cherche pas à stimuler un pareil processus de maturation, ce qui pourrait, par exemple, être le cas de certaines représentations mythiques (on pense entre autres au Prométhée enchaîné d'Eschyle). Il aborde donc stratégiquement, comme nous l'avons décrit plus haut (chap. 1 et 4) à la fois le désir de pouvoir (vous voulez affirmer votre puissance) mais aussi bien la défense et l'interdiction susceptibles de tenir en bride ce même désir. Il évoque donc, en même temps que la pulsion, toutes les défenses, rationalisations, intellectualisations, voire formations réactionnelles, susceptibles de garantir la non-émergence brutale de cette pulsion.

Alors que le mythe propose une sorte de catharsis et assume, d'une certaine manière, le risque non sans fondement d'une prise de conscience au moins diffuse des forces qui régissent le comportement humain, ici, dans l'aire publicitaire, tout est bloqué, contrôlé, colmaté. Et surtout la problématique, au sens où nous l'entendons, ne peut pas respirer. Une telle élaboration est interdite. L'institution publicitaire veille à sa mort.

Publicité et pensée à la mode

La tentation est ici grande — et nous y succomberons provisoirement — de ne pas limiter notre commentaire à la seule publicité d'objet. D'autres phénomènes, en effet, se déroulent de façon évidente selon les mêmes lois et principes que ceux qui régissent le discours publicitaire et nous serions incomplets à ne pas en toucher mot. D'autant que leurs manifestations sont d'une observation facile, voire courante, qu'ils concernent à la fois le chanteur populaire, le best-seller ou la dernière pamoison intellectuelle. Ils méritent, à coup sûr, qu'on s'y attarde, ne fut-ce que quelques instants.

Pourquoi, pouvons-nous en effet demander, Barthes est-il populaire ? Pourquoi Edgar Morin séduit-il les foules ? Pourquoi Irving vend-il ses Garp par millions d'exemplaires ? Pourquoi les journaux à sensation jouissent-ils de la vogue qu'on leur connaît ? Ou Asimov, d'une si grande popularité ? Pourquoi, bref, ces différents propos accèdent-ils, à un moment donné, au rang de *discours public* ?

Il y a certes ici plusieurs voies d'analyse possibles et le phénomène même de popularité d'un énoncé ne saurait se réduire, très vraisemblablement, à une grille d'analyse unique. Pourtant, du point de vue des problématiques que nous élaborons ici, bon nombre des composantes de ce phénomène acquièrent, à notre sens, une signifiante transparence.

Le cas des journaux à sensation nous servira de premier exemple. Mme Dupont, pour ne pas la nommer, s'inquiète, peut-on supposer, du devenir de sa famille. Où vont les mœurs ? Quels sont les effets que produit sur une personne un divorce vécu ? Comment vivent les homosexuels ? Quelle sorte de gens prennent de la drogue et quels bienfaits ou méfaits en retirent-ils ? Autant de questions, parmi bien d'autres, qui préoccupent quotidiennement Mme Dupont.

Lorsqu'elle lit ses « potins », Mme Dupont peut, par magie, s'introduire un instant dans un univers marginal, celui des vedettes, où, lui raconte-t-on, ces événements se produisent. Telle vedette prend de la cocaïne ; telle autre se soucie de demeurer svelte. A-t-elle plus d'ennuis ou plus de charme pour autant ? Le journal à potins répond. Oui ou non, peu importe à la limite. Mais il répond. Un tel a divorcé et s'en trouve déprimé, aux bords mêmes du suicide. Voilà, maintenant Mme Dupont sait et peut comprendre que Lise, sa nièce, soit aussi déprimée. Le journal à sensation non seulement justifie sa question mais lui procure un réseau de réponses plus ou moins confortantes et qui la satisfont.

Le phénomène qui se déroule au moment où la collectivité intellectuelle attend avec grande impatience la parution imminente du tout prochain Bernard-Henri Lévy est tout à fait de même nature.

Personne — du moins nous laissons au lecteur le bénéfice du doute — n'est dupe. Le dernier Bernard-Henri Lévy n'apportera pas la réponse définitive à toutes les questions. Mais l'on y retrouvera, sur les problèmes de l'heure, l'essentiel du prêt-à-penser.

Morin laisse pressentir une nouvelle synthèse en sciences humaines. Barthes permet d'associer et donne à entrevoir que tout signe devrait être producteur de sens. Foucault fustige brillamment l'institution. Asimov nous explique la science. Irving nous fait rêver puis nous rappelle que tout rêve peut devenir cauchemardesque.

On ne peut pas ne pas être d'accord ; sur l'essentiel, s'entend, c'est-à-dire sur le superficiel de ces propos par ici l'essentiel souvent, s'apparente aux effets de surface.

Ces auteurs apportent aux questions que l'on se pose des

fragments de paix, de calme, d'apparente solution. Et leur texte, à ce niveau, n'opère pas autrement qu'une excellente publicité.

Vous-mêmes, d'ailleurs, qui lisez présentement ces pages, n'êtes-vous pas en train de vous demander : « Où s'en vont-ils ? Que nous disent-ils que nous ne savions déjà ? De quelle chapelle sont-ils ? Contre qui s'élèvent-ils ? Qu'est-ce que c'est que cette notion de problématique qu'ils cherchent à introduire ? J'ai bien hâte de lire ce qu'Untel va leur répondre. Où se situent-ils dans le débat intellectuel présent ? Qui va gagner ? Qui va perdre ? »

Nous passons tous, au fond, notre existence à régler des conflits, à éclaircir d'imposants débats. En chacun de nous, à chaque instant, des questions naissent qui cherchent réponse. Des réponses surgissent qui nous font illusion un certain temps pour émerger à nouveau, ailleurs et sous une autre forme. Sans cet inlassable processus, la vie n'aurait pas cours.

Les discours que nous élevons au rang de parole publique ne sont que ceux qui, à un instant donné, paraissent le mieux calmer ou résoudre ces mouvements tumultueux.

Leur publicité même n'est pas, en soi, directement liée à leur rapport plus ou moins étroit avec la vérité. Bien sûr, il arrive que ces énoncés soient très fouillés, très honnêtes, même profondément pénétrants. Mais cette qualité ne préjuge en rien de leur plus ou moins vaste diffusion. C'est Asimov qui diffuse Einstein. Et non l'inverse. Plus un ouvrage, un texte ou une pensée paraissent répondre à une question ou plus ils la formulent selon les données du moment, plus ces propos ont de chances d'être retenus comme expression publique d'une problématique donnée. A l'inverse, moins une pensée colmate l'angoisse et plus elle risque d'être rejetée aux oubliettes.

La publicité d'objet a compris la leçon : elle évoque savamment mais n'inquiète jamais.

Institutions, problématiques et mort

Freud soutenait que l'héritier du complexe d'Œdipe, c'était le Sur-Moi. Et, d'un certain point de vue, il avait amplement raison.

Nous présentons, cependant, les événements de la vie psychique dans une autre perspective. Au sortir du complexe d'Œdipe, affirmons-nous, l'enfant a rencontré pour une première fois les données cardinales de sa vie de sexuation. Il a constaté la différence des sexes, a dû se débrouiller une première fois avec des angoisses de castration. Il s'est colleté avec de l'interdit, a lutté pour une place déjà occupée, a expérimenté une première fois ses charmes et ses pouvoirs de séduction : il a accompli, dirons-nous, un premier tour du jardin de la sexualité.

Idéalement — c'est-à-dire si les choses se sont passées sainement — il se sentira pour le reste de sa vie autorisé à explorer avec respect et plaisir la relation avec un autre à la fois différent et sexué. Jusqu'où ira-t-il dans cette exploration ? A quel point sera-t-il prêt à y faire le deuil par exemple de sa toute-puissance, à délaisser un transfert parental pour faire place à l'originalité de l'existence différente d'autrui dans le plaisir et la jouissance éventuelle ? voilà une question qui nous occupe au plus haut point et qui évoque, à la limite, autant de réponses qu'il est d'individus.

Ce que nous savons, en revanche, c'est que certains sujets s'enfermeront, à compter de là, dans un nombre passablement restreint de comportements autorisés et limiteront leur quête à une quantité réduite d'expériences humaines où ils répéteront volontiers les mêmes attitudes figées ; tandis que d'autres, pour les raisons qui appartiennent aussi à leur histoire, ne se sentiront pas blessés mais, au contraire, ravis par la différence de l'autre, enrichis de la découverte plutôt qu'appauvris au contact de leur manque. Certains, dirons-nous, donneront à cette démarche une couleur progrédiente tandis que les premiers, les plus figés, resteront sans cesse sur le seuil d'une éventuelle relation à cette différence. Pour les uns, les progrédients, il sera évident que le sexe s'acquiert et s'élabore jusqu'à la fin de la vie. Pour les autres, souvent, la question sexuelle aura jadis été réglée une fois pour toutes. Ils vivront certes, mais se sexueront peu.

C'est là, à notre sens, la différence capitale entre une existence régie par les pulsions de vie et une autre envahie par la loi narcissique de l'inertie mégalomane de la mort. C'est là, aussi, l'une des questions fondamentales que nous adresse le comportement humain.

Qu'est-ce qui fait que certains progressent, explorent ou osent jouir de la vie tandis que d'autres se renfrognent et boudent l'existence ? Il serait présomptueux de prétendre le savoir alors qu'en fait nous ne disposons, au mieux, pour l'expliquer que d'un jeu à peu près convenable d'hypothèses de recherche. Le fait est là cependant. Et, à coup sûr, il y a du vrai dans cette demi-vérité selon laquelle le discours collectif éteint le désir ou la progrédience. Mais il y a également du vrai dans l'énoncé selon lequel chacun ne trouve jamais dans le discours collectif que ce qu'il y met.

Le destin des pulsions

Avant d'examiner de plus près chacune des problématiques cardinales qui habitent l'être humain, il importe de constater, à un niveau plus général, que le fait en soi d'être lieu de pulsion a quelque chose d'inquiétant. Tout à coup, en effet, l'on se découvre qui en rut, qui acharné de destruction. Une motion pulsionnelle vient d'émerger qu'on ne prévoyait pas, qu'on ne savait pas si forte. C'est un besoin de pouvoir, une nostalgie de tendresse, une faim insatiable, une révolte incoercible.

La première question qui se formule devant un tel insolite ressemble étrangement à un : « Qu'est-ce que j'en fais ? », « Comment vais-je gérer ce monde à la fois fascinant et terrorisant des pulsions qui émergent en moi ? » Surcharge libidinale, diront les analystes, les analystes d'enfants et de psychotiques, tout particulièrement ; aiguillon de la chair, dira saint Paul. Comment gérer ce monde pulsionnel, se demandera le simple particulier, pour ne pas perdre les objets d'amour auxquels je tiens ; pour ne pas me confronter à une éventuelle castration, pour ne pas éprouver de blessure narcissique ?

La morale religieuse joue ici d'une astuce sublime et radicale : la pulsion n'a de sort possible que d'être évacuée. Tout désir est morbide, vilain, péché. L'être idéal s'est dégagé de ce fatras charnel pour atteindre au spirituel de son évolution. Mort avant l'heure puisque déjà désincarné, il est, déjà aussi, plus près de Dieu et de l'éternité.

Telle notion de péché étonne dans la mesure où l'on constate que l'être n'est pas fait que de ça, de pulsions qui le traversent. Pourtant, si cette notion a perduré un petit fragment d'éternité, c'est bien que, quelque part, elle console ou rassure. Non pas dans la mesure où elle approuve tel ou tel comportement donné ; mais surtout et d'abord en ce qu'elle fournit un mode de pensée, un modèle vraisemblable de métabolisation d'une telle situation de surcharge pulsionnelle.

Le village crétois de Zorba ne se comporte pas autrement qui épie cyniquement la mort de Bouboulina l'illégitime. Le ragot qui circule dans les chaumières, l'Inquisition médiévale, le propos normatif du médium télévisuel n'opèrent pas non plus autrement : tous n'ont qu'une même intention, c'est-à-dire assurer la permanence d'un raisonnement (ou serait-ce d'un arraisonnement ?) autour du devenir pulsionnel. Foucault (1975) a magistralement décrit les astuces du *Surveiller et punir* carcéral : il n'y a pas que dans les prisons établies que se manifeste une telle surveillance de l'agissement humain en vue de son redressement et de sa normalisation ; nous le savons tous. Le socius vit en grande partie de cette gérance de la stabilité instituée du groupe qui le compose. Or, en termes d'ouverture et de fermeture, de progrédience et de régrédience, *l'institué n'est jamais que du côté de l'inertie et de la mort* et l'on se demande un peu quels sont les avantages d'une telle position.

Cet avantage, en fait, est triple.

Le Nous, c'est évident, en tire une profonde stabilité, une sorte de garantie inébranlable de permanence et, de la sorte, il s'assure en partie sa pérennité. Il a donc intérêt à encourager le refoulement collectif du monde pulsionnel dans la mesure où celui-ci risque de bouleverser les modes prévus et prévisibles de circulation énergétique. Il incitera en conséquence ses membres à un désaveu de leur désir propre en faveur d'une pseudo-sublimation normalisante. Et, de là, il tirera les bénéfices d'un certain « ordre régnant ».

Le premier avantage que le JE tire d'un tel marché de dupes réside en une certaine harmonisation de son monde intérieur. En effet, grâce à ce procès de refoulement, la tension pulsionnelle se résorbe au moins partiellement et le tiraillement conflictuel s'apaise tout au moins provisoirement.

Le second avantage que le JE tire d'un tel contrat est encore plus considérable. Par ce biais, en effet, du désaveu partiel du monde pulsionnel, le conflit d'origine intrapsychique se trouve projeté à l'extérieur de soi de façon manifeste. Le péché est le fait d'une instance démoniaque qui habite aux « Enfers », c'est-à-dire hors du lieu courant. Le Capital et le Travail, le Bien et le Mal, le Désordre et la Loi sont pareillement extérieurs au sujet, abstraits et, par là même, insaisissables en tant que phénomènes *privés*. Le JE tire de cette extériorisation une importante compensation. Il n'a plus à assumer pour lui un phénomène dont on lui répète qu'il le déborde. C'est en échange de cette paix relative qu'il est prêt, semble-t-il, à renier l'espace de son propre désir ; en échange de cette force du NOUS qu'il est prêt à céder ses volontés de puissance.

Le parallèle nous frappe ici entre discours moral et rhétorique publicitaire.

Si l'on considère, en effet, que le JE, aux prises avec certaines problématiques impliquant l'émergence d'une pulsion, consulte à ce propos ou la morale religieuse ou la publicité, l'on sera forcé de constater que, dans l'un et l'autre cas, il recevra le « même ordre de réponses ».

Devant, par exemple, un « Je veux me différencier », la réponse morale opposera l'interdit narcissique du péché d'orgueil et amènera le sujet à une banalisation de sa problématique. L'idée de faute désamorcera le projet sous-jacent tandis que la généralisation (tout le monde éprouve ce désir mauvais) désingularisera l'enjeu. Au même type de question, la rhétorique publicitaire répliquera dans le même esprit que « plus on est différent, plus on se ressemble », que le projet ou désir d'individuation n'a pas lieu d'être puisque tout est prévu à ce sujet : témoin la bière qui nous rassemble tous dans un magma parfait. Le conflit entrevu n'a pas d'existence propre : il est abstrait, extérieur ; c'est l'affaire d'un ailleurs.

Le développement humain, soutenons-nous ici, n'est pas la résultante cumulative d'une séquence de stades clos et disjoints entre eux, mais, au contraire, le produit manifeste d'un *continuum évolutif* où étapes et procès se synergisent en permanence. Pour tenter de rendre compte de ce phénomène complexe, nous avons introduit, jusqu'ici de façon intuitive, la notion de *problématique*. Pour cerner plus avant l'objet de notre débat, et atteindre à plus de rigueur dans le développement conceptuel que nous proposons, nous allons maintenant examiner avec plus d'attention l'une de ces problématiques : celle de la séparation-individuation pour ensuite la relier à l'effet de certaines expressions de type publicitaire.

Lorsque l'enfant naît, chacun s'entend au moins sur ce point initial, il s'éprouve comme dépendant entièrement de l'entourage pour l'expression et la satisfaction de ses besoins fondamentaux. Son univers relationnel gravite donc, au départ, autour d'un axe bi-polaire : bien-être/mal-être dont l'aire de conscience et d'expression (plaisir-déplaisir) est, en essence, oro-cutanée. Cette description correspond historiquement aux toutes premières formulations freudiennes du stade oral.

Chez Abraham, déjà, les événements vécus dans les tout premiers mois de la vie se révèlent plus complexes. L'oralité bienheureuse se double de sadisme. L'enfant souhaite à la fois le paradis fusionnel et l'autonomie distanciatrice. Il se délecte mais souhaite mordre.

Melanie Klein décrit les articulations du développement de l'immédiate petite enfance comme des phases bi-polaires : passive-dépressive d'une part ; schizoparanoïde de l'autre. Avec un Œdipe qui, déjà, se met en place dans les nuances du corps-à-corps parent-enfant.

Lacan insiste sur le rôle du tiers-père et de sa loi dans la désolidification du projet fusionnel du couple Mère-Enfant.

Malher, enfin, discerne dans les tout premiers mois de la vie un procès d'individuation qui passerait par de l'autisme, de la symbiose, de l'éclosion et une étape d'essais.

Bref, si au lieu d'opposer ces diverses écoles comme on l'a trop souvent voulu, l'on cumule ces différentes réflexions pour en tirer une sorte d'image intégrative, il nous faut constater que la vie du nourrisson, loin d'être une béatitude végétative, se constitue d'abord et avant tout comme un fourmillement pluripolaire de tensions et pulsions : comme une expérience pluriconflictuelle, dont le nourrisson, malgré ses moyens extrêmement réduits, devra tirer une ébauche de solution synthétique.

A cette étape du développement, les questions sont grossières, mais néanmoins premières : trouver de l'amour, de la chaleur, s'attacher sans dépendre, se fâcher, vivre dans la terreur du morcellement, se détacher, avoir peur de l'isolement glacial.

Il est évident que le nourrisson ne peut résoudre définitivement aucune de ces questions. Elles resteront implantées dans son appareil psychique sous forme d'une problématique fondatrice de son évolution ultérieure.

Cette problématique résulte de plusieurs composantes : l'autre, l'autre-corps, l'horreur de l'autre (Kristeva), la blessure due à l'impuissance, le nécessaire investissement narcissique des contours du sujet.

En tant que *problématique,* ce réseau de questions se prolongera dans l'ensemble de l'existence. L'objet transitionnel aidera l'enfant à tolérer l'absence de l'autre. Grâce à la symbolisation, la capacité d'autonomie affective s'accroîtra encore. D'autres paliers de questions s'ajouteront aussi. Quel est le sens de l'autre-loi ? Quel est le sens de l'autre-sexe ?

La question est insoluble ou, plutôt, se propose a autant de solutions qu'il est de sujets. On la reconnaît plus tard dans le choix d'une carrière, le choix du partenaire ; la décision d'appartenir à tel ou tel groupe politique ou affectif. Elle persiste comme inquiétude, et le discours collectif le sait bien. La problématique ayant, en effet, pour principe de n'être jamais résolue, appelle la recherche d'une représentation qui lui fournisse apaisement ou relance, l'apaisement plus que la relance, d'ailleurs. Le discours collectif se charge de lui procurer de telles représentations.

Au second chapitre du présent ouvrage, nous tentions de dégager les traits qui distinguaient l'œuvre d'art du panneau publicitaire, et nous énoncions l'hypothèse qu'au-delà de ses mérites esthétiques, ce qui caractérisait surtout l'œuvre d'art, c'était la proximité d'une certaine béance : d'une certaine ouverture-désir.

Dans les termes que nous utilisons maintenant, nous signale-rions davantage encore — ou est-ce la même chose ? — le non-désaveu des problématiques humaines.

Pour Bergman ou pour Joyce, la problématique de la séparation-individuation existe. Il en va de même pour Rothko. Dès lors, la représentation engendrée ne peut plus ne pas tenir compte de cet aveu ; en marquer la difficulté ou l'espoir ; en assumer les grandeurs et misères ; en proposer un commentaire, en témoigner.

Certaines œuvres, à l'inverse, restent aveugles à ce déploie-ment dynamique, le nient ou le résolvent : ce qui revient au même. Dans ce continuum des témoignages plus ou moins lucides sur la condition désirante, la publicité représente un pôle extrême : celui de la cécité absolue.

« Quand on est Québécois, on est fier de son choix » clame la réclame. Mais de quel choix s'agit-il au juste ? Est-ce que l'on pourrait dire « Quand on est Français, Roumain ou Argentin, on est fier de son choix » ?

« Nous sommes différents, pourtant on se ressemble » raconte la bière Carlsberg ! Personne ne se demande plus s'il est marxiste ou fasciste, athée ou janséniste. La différence fonde la ressemblance. Tout se résorbe magiquement. La symbiose et l'individuation sont synonymes au fond. Pourquoi ne pas y avoir pensé plus tôt ? Tout se banalise. L'univers est étale. C'est à bon compte que l'on se retrouve ici en pleine omnipotence maniaque. Il y a là un comble.

Certains diront — et c'est fondé — qu'il est impossible de soutenir en permanence la tension propre à la béance ; qu'il faut aussi des lieux, des moments de répit. C'est juste et c'est peut-être là, au bout du compte, ce qui assure à la publicité sa popularité.

Mais c'est de là aussi qu'il faut convenir qu'elle n'a rien à voir avec la relance d'une problématique ou la mise en œuvre du désir. Son institution en appelle presque exclusivement à la défense ou à l'inhibition. Sa fonction, nous le répétons, est celle de l'aplanissement des destinées qu'on réservait hier à l'homélie ou au rite du sorcier.

La mythologie grecque, par exemple, offrait des diverses problématiques humaines, une représentation beaucoup plus polymorphe et mouvante. Héraclès se défend de sa mère Héra, s'associe à diverses femmes, se libère, s'amourache, expie. Héphaïstos est laid. Aphrodite est superbe. Zeus fait figure de, personnage impulsif ; Dionysos se préoccupe de plaisir. Plus important encore, cette trame demeure sans cesse mouvante, imprévisible jusqu'à un certain point. Au cours de la guerre de Troie, les dieux interviennent selon une certaine logique ; mais ils peuvent aussi changer de camp. Rien n'est plus tout à fait définitif. Le sujet confronté à sa problématique de séparation — individuation a ici de quoi se régaler ; une panoplie de choix possibles est à considérer.

Dans la publicité, plus on est différent, plus on se ressemble. L'individuation n'est pas une problématique. Par le rituel magique et religieux de la consommation, tout se résorbe, se désamorce. Clairement, les deux média de représentation ne se situent pas au même pôle d'ouverture-fermeture du conflit humain. L'un, manifestement est « plus ouvrant » que l'autre.

Lévi-Strauss dans l'ensemble de son œuvre démontre, par rapport aux mythologies amérindiennes, une pareille diversité. Ici, la mère est aimante, là, elle est farouchement hostile. Contre le père gentil, certaines ethnies dressent l'oncle acariâtre. L'ensemble de ce système de représentations offre un support à une image diversifiée du cheminement humain. L'exploration de la problématique peut, à partir de là, progresser. Rien de tel dans le cas de la publicité.

La bande dessinée semble offrir un autre type de support à la représentation du cheminement humain. Régie, tout comme le conte de fées, par la loi du « Happy end », elle nous montre un héros sans cesse triomphant des multiples obstacles de l'existence. Tintin est un enfant qui s'allie aux adultes impuissants pour triompher à lui seul des menaces de castration que représente la vie. La problématique paraît donc respectée dans une certaine mesure ; mais le « happy » end en garantit la ferme-ture. On est quelque part à mi-chemin entre publicité et mythe, quelque part à mi-chemin dans le continuum qui mène de l'aveu parfois déchirant de la béance dans l'œuvre d'art à la plus totale fermeture dans le cas de certains média tels que la publicité.

La problématique du pouvoir

Le stade anal se marque d'un investissement libidinal des zones corporelles du même nom et se ponctue d'une recherche de plaisir articulée sur les gestuelles d'expulsion-rétention. Il est, du même coup, l'occasion de la mise en place — et ce, pour l'existence entière — d'une problématique que nous appelons ici celle du pouvoir.

Abraham a situé les deux temps de cette première exploration des systèmes de pouvoir, l'un masochiste, l'autre sadique. Bouvet, quant à lui, a tenté de dépeindre le type de relation d'objet qui émergeait d'une telle rencontre avec le constat d'un contrôle possible dans la relation. Son concept central, celui de la relation à distance, suggère bon nombre de réflexions dans le développement ultérieur de la relation d'intimité. L'objet fécal est un objet que l'on prend plaisir à retenir ou à expulser au gré de sa fantaisie, à retenir de façon possessive ou inquiète, à expulser de façon sadique ou contre-dépressive. Cette dynamique, c'est entendu, se développe et s'étale sur l'ensemble de l'existence. Possession de l'objet maternel, soit, mais possession aussi du conjoint ou du partenaire, contrôle sur son objet scientifique, domination de ses subalternes, critique du pouvoir ou engouement, sens de la propriété, transactions par objets désincarnés interposés.

L'enfant, une fois de plus ne peut en rien résoudre pour lui cet ensemble de questions et propositions par trop complexes. Leur lente compréhension de même que l'élaboration d'une position personnelle et cohérente par rapport à ces données réclame, en fait, une existence entière.

Chacun, par devers soi, se doit en effet de dénoncer ses propres abus de pouvoir, de retrouver ou inventer la sécurité nécessaire au vivre et laisser vivre. Chacun a la responsabilité de démasquer ses propres institutions qui tentent en lui d'analyser tout objet.

Chacun aussi doit, au fil de ce raisonnement, découvrir son champ propre de pouvoir réel et dénoncer ses refus de pouvoir. La question est subtile, polymorphe. Le discours collectif tente, en maints endroits, d'y apporter réponse et soulagement.

Au cœur de la mythologie grecque, l'on retrouve, à ce propos précis, une variété impressionnante de représentations de ces problématiques de pouvoir. Pygmalion veut pétrir l'objet de ses rêves de ses propres mains ; les dieux donnent vie à sa Galatée ; mais on apprend que, par ce souffle de vie lui-même, Galatée échappe à son créateur. Héphaïstos domine la matière, crée des objets plus ingénieux les uns que les autres ; mais se met en colère en découvrant qu'on le trompe. Dans les tragédies du cycle œdipien, l'on retrouvera des commentaires sur le pouvoir usurpé. En ce qu'Œdipe tue son père, bien sûr, mais aussi dans la dramatique intrinsèque des rivalités qui régissent l'*Œdipe à Colonne* par exemple. La question du pouvoir est encore reprise dans la description de la conquête de la Toison d'or. Jason, Orphée, Héraclès et Thésée, les héros de ce récit, sont autant de « solutions » à cette problématique. Jason veut reprendre un pouvoir légitime. Orphée, le « faible » règne par sa douceur et sa tendresse, calme les flots et apaise la tempête. Héraclès, l'homme-force-incarnée, tente ici une fois de plus d'exorciser l'emprise d'Héra sa mère jalouse. Thésée, enfin, représente une espèce de juste milieu de sagesse, lui dont on sait qu'il dominera le Minotaure en acceptant le fil d'Ariane (en s'alliant la femme) et qu'il refusera la royauté en fondant la démocratie.

L'univers des publicitaires est, de loin, beaucoup plus pauvre en nuances.

Les documents qui nous concernent ici sont ceux où le publicitaire entreprend la promotion d'appareils techniques et semi-professionnels. Publicités d'ordinateurs ou de microscopes, d'appareils très sophistiqués, mais également publicités de chaînes haute fidélité, d'autos, de motos ou de divers appareils ménagers à haute technicité. Ces publicités sont, à un point de vue du moins, étonnamment unanimes : toutes proposent, comme *solution* à la problématique du pouvoir, *le contrôle de l'objet*. Comme si l'allusion à l'analité de ses propos risquait d'échapper à ses lecteurs, Yamaha, dans un supplément publicitaire de 1979, propose une « machine » (moto) construite « dans l'esprit terre-à-terre des roues boueuses ». « From the dirt up (de la boue vers le haut) », ces machines, nous assure leur fabricant, permettent une parfaite maîtrise de toute situation. Mercedes Benz est, nous dit la publicité du fabricant allemand, si bien construite qu'elle vous protégera de dangers dont vous ne serez même pas conscients. Les appareils Canon permettent un contrôle parfait de l'image. Plus haut, nous signalions les chaînes haute fidélité Radiola : juste ce qu'il faut pour séduire (position féminine soutenue par une lèvre où s'applique du rouge) : tout ce qu'il faut pour convaincre (contrôler). Moulinex, fabricant d'appareils ménagers, vous offre « demain » « dès aujourd'hui » ; vous promet donc d'avoir, dès aujourd'hui, emprise sur l'à-venir. Nous arrêterons là cette liste : il s'agit, à nos yeux, du modèle dominant de stratégie publicitaire et le lecteur intéressé le retrouvera presque à chaque page du moindre hebdomadaire.

Ce qui nous paraît signifiant, ici, c'est que ces discours nient, pour l'essentiel, le centre même de ce que nous appelons la problématique du pouvoir. En effet, pour que le sujet évolue dans son rapport au pouvoir, il est indispensable qu'il prenne conscience des limites de sa maîtrise de l'objet ; c'est-à-dire que la castration anale produise son effet et que l'abandon du contrôle sadique sur l'objet cède la place à un rapport de mutualité réelle. Cette tâche est certes difficile : il n'empêche que certaines productions discursives soutiennent davantage une mise en mouvement de cette dynamique. Les diverses publicités que nous évoquons ici ont ceci d'univoque qu'elles proposent leur produit comme *objet idéal* du fantasme inconscient de contrôle absolu dont l'acheteur est porteur.

« Vous pouvez maltraiter à l'infini la montre Timex. » Ou faire rouler dans toutes les boues du monde les motos Yahama. « Vous ne serez jamais assez dur avec notre Volvo. » Nikon résiste à tout, etc. Une publicité relativement récente illustre, à ce propos, tout ce que l'on peut faire subir au pneu Michelin. Sans culpabilité et sans angoisse. Donc sans avoir à percevoir que la pulsion à quoi il est fait appel dans ces propos, n'est autre que sadique et qu'elle appellerait, autrement, la remise en cause du sujet.

Le Nous, dans une situation de ce genre, occupe une position — et joue un rôle — tout à fait confortant : au désir de contrôle sadique et tyrannique de l'objet (par le JE), il propose des objets tout à fait acceptables et entièrement soumis. L'auto, dirait René Girard, est ainsi sacrifiée au sadisme de son acheteur pour sauvegarder quelque chose de l'ordre social. Nous ajoutons quant à nous que, de la sorte et en avalisant le statu quo de l'échange social, l'institution collective, une fois de plus, va dans le sens de l'inertie et de la mort. *Le collectif,* c'est une constante, *ne peut, de lui-même, supporter massivement la vie.*

Relation sexuante ; processus de sexuation

Considéré sous l'angle des *problématiques,* un sexe n'est jamais véritablement acquis. Depuis les phases phallique et œdipienne qui marquent en effet le début de cette longue évolution et ce jusqu'aux réflexions synthétiques d'un sage en fin de parcours existentiel, le sexe de tout sujet s'acquiert et s'élabore peu à peu, se heurte au sexe de l'autre, se re-définit, se re-découvre, s'approfondit ou se ré-invente quasi à l'infini.

Dans ce lent processus, homosexualité et hétérosexualité prennent, par exemple, peu à peu « leur » place. Pénétration et ouverture acquièrent progressivement du sens, *s'enrichissent* de sens nouveau. Virilité ou féminité s'explorent et se déploient, s'émancipent ou se libèrent en fonction d'un procès qui n'est autre que la vie elle-même. C'est là, du moins, une trame idéale utile à une compréhension du parcours sexuel humain.

Evidemment, dans cet itinéraire, certaines forces seront à l'œuvre qui, les unes, réclameront l'arrêt d'une telle progrédience, les autres en encourageront l'épanouissement. Il nous sera apparent que certaines relations, en ce qu'elles contribuent à une évolution de la définition du sexe-soi seront proprement *sexuantes* alors que d'autres, plus fermantes, visant pour ainsi dire au statu quo sinon à la répression franche seront nettement anti-sexuantes. Il en résultera, selon l'âge de chacun, son goût du risque ou ses pathologies particulières, des êtres plus ou moins diversement sexués. Il en résultera la mosaïque humaine.

La sexuation se présente donc d'abord et avant tout comme une recherche étalée sur l'ensemble de l'existence. Confrontations et complicités nourrissent et relancent cette recherche. Peurs énoncées puis dépassées la ponctuent tour à tour. Le sexe s'acquiert à force de s'apprivoiser.

Evidemment, selon les réponses plus ou moins satisfaisantes ou plus ou moins définitives apportées aux deux autres aires de problématiques signalées précédemment — pouvoir et individuation — l'on observera que le sujet, tout en poursuivant sa recherche d'identité sexuelle, tentera du même coup de répondre aux autres questionnements qui l'habitent sur le pouvoir-domination et sur l'individuation - plaisir - dépression. Il en résultera une aire de dynamisme humain extrêmement complexe et riche de paliers multiples dont on ne cerne guère l'étendue et la profondeur que dans le champ de la pratique analytique.

Le NOUS n'ignore pas la réelle complexité de ce questionnement.

Le « Qui suis-je comme homme ou femme ? » appelle consultation. « Que fais-je de mon désir, de cette pulsion complexe qui émerge en moi ? »

Le champ étant ici subtil, complexe et, en un sens, presque explosif tant l'énergie contenue dans ce débat importe, on se retrouvera, côté Nous, dans une surenchère de discours. Religieux ou moraux, politiques ou mythiques, ces discours tireront leur pouvoir de l'ambiguïté même de la question du JE. A fermer la question, ils obtiendront l'adhésion au moins momentanée de ceux qu'angoissent trop une telle recherche et ses incertitudes particulières. A l'ouvrir davantage, ils se gagneront, en général, peu de popularité.

Le féminisme de manifestation récente constitue un excellent exemple de discours collectif « conscient » de la problématique de sexuation. Ces propos féministes montrent en effet à quel point cette question de l'identité sexuelle n'est jamais définitivement acquise, à quel point elle doit sans cesse être relancée pour qu'on arrive non pas un jour à y voir clair mais peu à peu à y voir de plus en plus clair. Et l'on peut affirmer qu'à partir d'une telle position, le féminisme a relancé à son tour la sociologie aussi bien que la psychanalyse : qu'il n'a pas fini de faire parler ce qui importe.

Le discours des publicitaires paraît, de ce point de vue, un peu plus ambigu.

Le premier constat qu'il nous faut énoncer, en effet, à ce propos, c'est que, contrairement à d'autres discours, la publicité n'est pas aveugle à la complexité du processus sexuant. Homosexualité, fétichisme, sado-masochisme, recherche d'affirmation phallique, enjeux de la séduction, barrières propres aux lois de l'interdiction, problème de l'apparent et de l'authentique dans la relation à l'autre : il est, dans la publicité d'objet, fait *allusion* à tout.

Aubade et Kim suggèrent ouvertement l'homosexualité. Max Factor, Helena Rubinstein ou Clairol parlent volontiers de leurres. Real, Marlboro ou Winston donnent ouvertement prise aux questions de réalisation phallique. Et nous ne sommes pas exhaustifs.

D'un certain point de vue — et, nommément, du point de vue de l'énonciation — on pourrait donc affirmer que la publicité est plus complète que divers média. Plus complète que la bande dessinée, par exemple, qui, sauf exception, se garde de toute allusion à la différenciation sexuelle. Ou plus diversifiée, encore, que le discours moral, qui, à force de réduire l'expression humaine à l'idée de faute en vient à désavouer la progressivité de toute démarche.

En revanche, et contrairement à l'esprit même de ce que nous nommons ici processus de sexuation la publicité dénie à ces questionnements leur valeur dynamique ou mieux, dynamisante.

« Comme j'ai osé, à travers les modes, choisir mon style ; comme j'ai osé, à la banalité, préférer la beauté ; comme j'ai osé, malgré les autres, être moi-même ; j'ai osé mon parfum. J'ai Osé, nouveau parfum de Guy Laroche. »

Tel est le texte d'une publicité connue.

Si on l'examine plus attentivement, l'on y constate d'abord une allusion à deux au moins des problématiques déjà citées, soit celles de l'individuation (choisir *mon* style, être *moi-même*), puis celle de la sexuation en tant que libération vis-à-vis de l'interdit (malgré les autres) → j'ai choisi mon parfum (mon sexe) ; mais l'on y repère, presque aussitôt, une volonté de fermeture. Le choix est fait, passé, révolu et définitif ; il n'est plus à faire et n'est en rien objet d'une permanente transaction.

Mais ce choix de la femme « J'ai Osé » est-il si clair ? On la voit, ascétique et presque asexuée, ici enrobée d'une fourrure-vagin tout à fait artificielle, là d'un vêtement aux allures masculines (complet très élégant) : mais partout consentante aux attributs stéréotypés de la femme-objet. Qu'a-t-elle vraiment choisi, osé, sinon de se conformer ?

Le processus de sexuation tel que nous le présentons ici est de loin plus complexe qu'un simple accès aux attributs convenus de la mode. Il est le cheminement, depuis les théories sexuelles infantiles jusqu'aux théories personnelles et créatrices de la maturité, d'un être qui, peu à peu dépasse le préjugé pour en venir à une espèce d'auto-définition de son rapport à son corps sexué.

Ici, le produit, une fois de plus, offre une solution. Il permet de considérer comme clos l'ensemble de la problématique.

Jontue est « sensuel sans s'éloigner de l'innocence », alors que Nice'n'Easy en faussant la couleur des cheveux, permet au sujet d'être d'autant plus soi : « It lets me be me ».

Le paradoxe se dissipe. Toute contradiction en tant que lieu possible d'évolution se désamorce. L'enjeu est clos, mort, banalisé. On consomme des réponses dans la mesure où toute question ouverte demeure vectrice d'angoisse, on consomme de la répression dans la mesure où le non-refoulement suppose la mise en place d'une lucidité insoutenable.

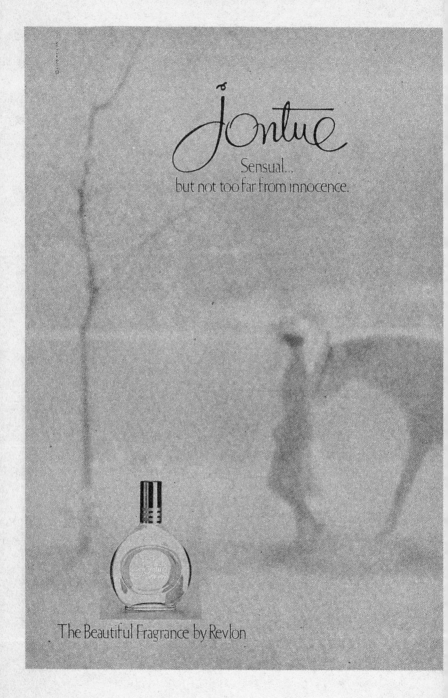

La perversion comme rapport au monde

Ce que nous postulons, depuis le début du présent chapitre, c'est que les questions qu'adressent à l'enfant les divers stades de son développement psycho-sexuel sont — a priori — beaucoup trop vastes et trop complexes pour trouver, dans le seul moment de leur première formulation, une réponse satisfaisante. Il résulte donc, de ces diverses étapes de développement, une sorte de résidu dynamique, un ensemble de questions ouvertes, sur l'individuation, le pouvoir ou la sexuation que nous avons appelées, en raison de leur insolubilité même, des problématiques.

Ce qu'il convient maintenant d'aborder, c'est le fait que des problématiques déterminent, à leur tour, et pour chacun, ce qu'il y a lieu de nommer des « rapports au monde ».

En raison de notre sujet, à savoir : l'effet publicitaire, l'un de ces rapports au monde, nommément le rapport pervers, sollicitera ici notre attention de façon très particulière. Mais il nous faut d'abord, tout au moins brièvement, situer dans un ensemble, ce que nous entendons par ces rapports au monde.

Retour sur la psychopathologie

On a l'habitude, du point de vue psychanalytique, de relier l'ensemble ou une partie d'un tableau clinique observé à des « erreurs » de développement survenues en des points particuliers de l'évolution individuelle et de parler, dès lors, des diverses pathologies comme de régressions ou fixations à ces points d'achoppement du développement. Ce schéma théorique explique un certain nombre de phénomènes observables, mais il comporte aussi de sérieuses limites dans son exploration, par exemple, du temps présent ou du projet futur, ou, encore, dans la mise en place qu'il permet d'un modèle utile ou utilisable de santé mentale.

Nous lui préférons un schéma qui tient compte à la fois des problématiques engagées dans la vie de relation et du type de réponses privilégiées par un individu donné. Ce schéma recoupe le premier en plus d'un point. Il en diffère cependant à plus d'un titre : il postule, en particulier, qu'une fois l'Œdipe terminé, le sujet continue de vivre dynamiquement et demeure donc mobile jusqu'à un certain point.

Si nous considérons les trois problématiques principales abordées jusqu'ici, individuation, pouvoir, sexuation, il est certain que, déjà, nous pouvons repérer qu'elles habitent différentes personnes à des degrés divers. Certaines gens formulent leur rapport à l'univers qui les entoure presque uniquement en termes de sexuation, d'autres, surtout, en termes de pouvoir et, déjà, nous pouvons distinguer des typologies particulières. Parallèlement, nous constatons que les réponses ou attitudes adoptées en face de ces problématiques peuvent varier en termes de progrédience ou de récursivité, de créativité ou de stéréotypie. Et il nous devient explicite que quelqu'un qui lirait tous les événements de sa vie à partir d'une unique problématique et en leur apportant sans cesse la même réponse récursive sera moins « en santé » qu'un autre qui sera capable de situer divers événements en fonction de problématiques diverses et en osant y apporter des réponses plus originales — au sens de moins pré-déterminées ou stéréotypées.

Le champ de la névrose se caractérise par la prédominance des problématiques de pouvoir (névrose obsessionnelle) et la sexuation (hystérie-phobie). Le genre de solution que le névrotique propose à ces problématiques est particulièrement récursif et témoigne d'un champ de lecture réduit du monde ambiant.

L'obsessionnel, par exemple, qui lit tout événement en termes de domination-soumission et qui a du mal à se détendre dans sa baignoire de peur d'un prix à payer pour cet abandon à sa pulsion illustre assez ce phénomène. Cependant, ce qu'il importe de noter, chez le névrotique, c'est que, malgré la récursivité des solutions adoptées, les problématiques — et à plus d'un titre — demeurent ouvertes.

La problématique de séparation-individuation, de même que les sous-questions qu'elle enclenche, domine l'existence d'un bon nombre de sujets. A quelle distance de l'Autre convient-il de vivre ? Pourquoi la douleur nécessaire de la sépération ? Comment investir ses contours ? Quel est le lieu de l'amour ?

A ces questions, le psychotique « choisit » d'apporter une réponse de son cru : une réalité qu'il hallucine. Le « borderline », quant à lui, sans pour autant halluciner, sera sans cesse à la recherche d'un monde plus doux et plus moelleux. Tandis que le déprimé, autour de cette même question de séparation-individuation, vivra dans l'affre et le désespoir paralysant de l'objet égaré.

Il y aurait certes à réfléchir sur ces problématiques et nous y reviendrons dans un prochain ouvrage, mais ce qui nous importe pour l'instant, c'est de constater que, dans ce champ particulier des psychopathologies, la *perversion* a une vocation spécifique. Le pervers, en effet, a grand mal à tolérer que la problématique soit vivante, ouverte, béante, insoluble. Et ce qu'il « choisit » d'entreprendre, en face de ces problématiques, c'est de les bloquer, c'est-à-dire d'y répondre de façon définitive. L'une des questions qui paraît le préoccuper au plus haut point est celle de l'altérité et, entre autres, de l'altérité sexuelle de tout vis-à-vis. Et, pour échapper au mouvement même que pourrait susciter en lui un tel aveu (d'altérité), le pervers interpose, entre l'autre et lui, une image réductrice et confortante du réel : une image qui dénie toute question. Il allait regarder la femme, voir son sexe-béance et l'absence de pénis et la vulve-présence. Il s'est arrêté au soulier, à la jarretière. Juste avant de constater, juste avant de poursuivre. L'économie d'aller plus loin ne leurre personne, ni même le pervers. Mais la réponse confortante a ceci de jouissif qu'elle apaise tout au moins provisoirement, qu'elle paraît colmater une brèche libidinale pour la combler au moins ponctuellement. Evidemment, ce mouvement appelle la répétition. Mais celle-ci à son tour reste jouissive. Le pervers n'entre que rarement en analyse et pour une raison fort simple : tout se passe, pour lui, comme s'il n'était pas le lieu de questions, mais un système permanent de réponses à toute question. On parle de perversion lorsque ce type de comportement s'adresse à l'altérité sexuelle de l'autre et qu'il conduit à des comportements manifestes de désaveu. Mais il existe aussi une perversité qui consiste, en divers secteurs de vie, à produire de la sorte une réponse qui fait taire la question. Nous sommes ici au cœur de notre sujet de l'effet publicitaire.

Perversité - consommation

Ce que nous énonçons ici au sujet de la perversion, c'est qu'elle prend racine dans l'intolérable de l'infinitude d'un questionnement. Et que, ce faisant, elle procède par voie de désaveu-réponse à cette problématique.

Or, ce que nous disons aussi de la publicité depuis le début du présent ouvrage, c'est qu'elle sollicite le désir non dans le but d'en susciter l'aveu mais bien dans l'intention de nous en occulter la béance par le jeu d'un objet - réponse - désaveu qui, de ce point de vue tout au moins, revêt toutes les caractéristiques de l'objet pervers.

Ce que le pervers ne peut tolérer, c'est le manque, la différence. Il invente donc, en lieu et place de cette différence, une image quasi délirante d'un non-manque. Il constitue une scène contrôlée de type sado-masochiste ou il dessine un soutien - gorge - réponse ; peu importe puisque l'essentiel, c'est qu'il se protège d'un aller au bout du constat de béance.

Or ce que la publicité propose n'est rien d'autre : allusion au désir, au manque, à la béance ; dans chacune des publicités analysées jusqu'ici nous avons pu le démontrer abondamment. Mais aussitôt cette béance évoquée, ce que la publicité — et le rituel de consommation du même coup — propose, c'est une réponse cache-béance. Un objet comme si nous en étions véritablement comblés. C'est-à-dire donc que nous consommons pour éviter l'intolérable du désir, pour maintenir l'économie de notre béance ; tout comme le nécrophile évite que l'autre, étant vivant, ait pouvoir de lui échapper. *Et, en celà, nous sommes tous, ici, pervers.* Pas des pervers sexuels, peut-être, au sens strict de ce terme, mais tous atteints de perversité, et cela, d'une certaine façon, n'a rien de radicalement étonnant : la solution perverse pour peu qu'elle paraisse à l'analyse se révèle clinique-ment extrêmement efficace et avantageuse. Par ce leurre, en effet, du prototype relationnel pervers, quelque chose d'un déroulement de vie, se permet une escale, un temps d'arrêt (notons que le pervers est cependant frustré parfois de demeurer en permanence à ce palier) : quelque chose se fige qui, autrement, bougerait et par là inquiéterait, révélerait un réel que le pervers préfère désavouer.

La consommation opère de même manière ; elle permet au désir de ne pas s'explorer en son fondement mais de faire escale en un objet-fétiche et par là de se désavouer. Tout comme le sado-masochisme permet à ses protagonistes par un jeu complexe sinon compliqué de contrôles et de mises à distance d'éviter une relation qui prendrait plus amplement en compte le champ de la différence et de l'altérité, l'objet produit-gadget permet de faire silence sur le désir ou sur le manque : de le prétendre — au moins ponctuellement — comblé.

L'avantage est immense d'un point de vue économique (au double sens du terme) et nous en jouissons tous ; d'une jouissance, d'ailleurs, qui a, pour l'appareil collectif, d'infinies vertus lubrifiantes.

A n'en pas douter, dans cet échange, c'est un peu de la mort et de l'inertie qui l'emporte sur la vie. Mais est-ce vraiment si simple ?

Mort/perversion/consommation

Ainsi donc, l'éjaculation précoce porte sa part de perversion. Ayant rencontré l'autre-femme au seuil de sa tolérance propre, ayant croisé pleinement une représentation qui lui suffit, notre homme jouit en bordure d'un abîme anticipé. Il jouit d'être venu « si près » de ce que, justement, il s'effraie d'aborder un jour. Ce palier le conforte. Il n'a, au seuil de l'autre, ni à déployer son être-homme, ni à entendre plus avant ce que dit l'être-femme. Il conclut là, avant la fin. Il consomme avant le constat de sa béance.

Perversité sans malice, diront les uns, puisque assortie, au fond, d'une impuissance relative. Mais est-ce si clair, puisqu'à ce jeu, l'autre, précisément, est privée d'un plus-jouir qu'on lui refuse ? Un être-homme se recroqueville qui interdit à un être femme de se déployer. La relation potentielle se court-circuite dans une sorte d'abrégé touristique de l'autre. Quelque chose de la profondeur se défend d'avoir lieu.

Et c'est vrai en un sens, que l'éjaculation précoce est tout à fait inoffensive. Elle se situe plus du côté d'un manque à être-plus que du point de vue d'une lacune absolue. Elle n'est pas du côté de la mort, puisque ça vit, ça bouge ; ça désire, ça se tend et détend. Pas du côté du narcissisme enfermant non plus, puisque l'autre y est abordé, effleuré. Il n'empêche qu'au fond, l'éjaculation précoce est du côté de la non-progrédience, du côté d'une difficulté à pousser plus avant sa pénétration de l'autre et la connaissance de soi que l'on pourrait y rencontrer.

La logique du publicitaire ne dépasse pas cette logique de l'éjaculation précoce. L'autre - désir - béance s'y effleure ou évoque mais jamais ne s'y rencontre en profondeur. Comme dans le cas de la perversité clinique, l'on ne peut jamais affirmer qu'il s'agit d'une lacune majeure ; mais plutôt d'un manque à aller plus loin. D'un manque à déborder les apparences. Ça vit, ça bouge, mais simplement, ça ne va pas plus loin.

Mais plus loin que quoi, au juste, puisqu'à coup sûr l'absolue non-consommation serait elle aussi du côté de la mort ?

N'est-il pas propre à la structure même des divers appareils désirants de recourir à ces multiples temps d'arrêt ? A ces paliers où reprendre son souffle ? A ces états convenus de repos relatifs ? Est-ce qu'autrement l'on ne mourrait pas tout simplement d'inanition ou d'épuisement ?

L'on sait, par exemple, que la compulsion à toujours tout recommencer, à n'avoir jamais de cesse parle à son tour d'une obsesssion qui s'évite la vie. Et le pervers, à l'examen, paraît précisément appartenir à un groupe clinique où cette compulsion à relancer tous les débats domine entièrement l'existence.

Nous croyons, quant à nous, qu'il y a, sur ce thème même, un champ de recherche à prospecter abondamment. Le temps d'arrêt n'est pas pervers en soi. L'on pourrait même postuler que, devant tout autre, il y a sans cesse une plus grande ouverture possible et que nous n'en sommes jamais qu'à un point très particulier de nos évolutions : donc pervers à de l'à-venir, fermés à de l'im-perçu, en palier par rapport à un dynamisme plausible. La perversion publicitaire ne consisterait donc pas en sa proposition, en soi, de palier : elle naîtrait de son intention de confondre palier et vie, défense et désir, arrêt et progrès : bref en son vœu de nous faire adopter comme mouvant ce qui, à l'analyse, apparaît comme étrangement immobilisant.

Publicité, morale et propagande

La question qui se pose ici est curieusement complexe. D'une part, en effet, l'on pressent aisément que la vie circulera dans la mesure où une certaine ouverture-béance en permettra la progrédience ; d'autre part, nous sommes certains de ce que, en soi, la vie ne peut se réduire à cette seule notion de mouvance. Les paliers que nous évoquons sont aussi nécessaires à la survie que les temps plus mouvants. Ne serait-ce que pour « reprendre son souffle », ou « faire le point ». Autrement, c'est la mort par épuisement : par pure inanition.

Ce que nous savons de la publicité d'objet, c'est qu'elle ouvre sur du désir : qu'elle le laisse entrevoir mais propose aussitôt, en pare-déferlement, en temps d'arrêt : un produit-*écran*. Ce qu'il nous arrive de souhaiter, idéalement, peut-être naïvement, c'est un discours qui soutienne et encourage la mise en œuvre du désir sans désaveu, sans masque à propos de la béance. Mais est-ce seulement possible ?

Ce qui semble clair, c'est que les problématiques qui nous habitent : individuation - pouvoir - sexuation représentent un potentiel quasi infini de développements possibles. Pour les siècles à venir, ces problématiques continueront de fonder l'essentiel de la réflexion de l'homme sur l'homme. Elles ne seront donc jamais, à proprement parler, fermées définitivement.

En revanche et en un point précis du temps, nous disposons, comme humanité, d'un certain ensemble de prétendues réponses à ces questions. Et manifestement, certains discours ont pour fonction de faire l'éloge de ces solutions provisoires : de les interpréter comme suffisantes. C'est le rôle, par exemple, de la propagande ou de la morale religieuse comme c'est aussi celui de la publicité d'objet.

Malgré tous les romans de science-fiction, nous ignorons de quoi aura l'air l'auto quotidiennne des années 2020. Encore moins de quelle façon se posera, en l'an 3000, la question générale du transport des sujets. Ce que nous devinons tous, c'est que cette auto ou cette question du transport aura évolué. Du même coup, ce que nous admettons n'est autre que la précarité des propositions actuelles.

L'auto idéale est de l'ordre du fantasme. Entre temps, divers fabriquants nous assurent qu'ils la produisent *déjà*. Leur publicité agit donc à la manièrs d'un cran d'arrêt, d'un pare-déferlement du désir absolu. L'expression consacrée : « stade - of - the - art - technology » prend ici tout son sens. Il s'agit de « ce qui s'offre de meilleur » : la rhétorique doit donc, en conséquence, être assez astucieuse pour ouvrir à la fois sur un « plus » désiré et fermer sur « ce qui est ».

La ressemblance de cette dynamique avec celle de la réconciliation à la mère « suffisamment bonne » n'est qu'apparente. Dans le cas de la mère « correcte », l'on sous-entend un important travail de deuil en relation avec les attentes mégalomaniaques de l'enfant : ici, ce travail propre au deuil est nettement éludé. Ce que souhaite le publicitaire, c'est que le parfum X ou l'auto Y tiennent lieu de l'objet de désir : entraînant, à la limite, un refoulement du désir même.

La logique qui préside à l'élaboration d'un texte de propagande idéologique reflète le même type d'intentions. Le groupe idéologique — et nous en sommes tous partie prenante — découpe dans le réel un certain nombre d'énoncés ou de vérités qui préservent le sujet d'une recherche plus aventureuse, d'énoncés plus précaires ou plus mouvants.

Là aussi se constitue un répertoire d'énoncés-écrans qui prémunissent le penseur contre l'affolement conséquent à une position plus relativiste.

Le jeu, une fois de plus, se reproduit de béances partiellement comblées ; de demi-vérités qu'il apparaît intolérable de ne pas percevoir comme absolues.

Khun, dans le champ des sciences exactes, a étudié un phénomène parallèle en abordant la question de la production des « sciences normales ».

L'existence du sorcier et la présence d'une théorie qui l'accuse d'engendrer la maladie est de loin préférable à l'absence de toute théorie, nous rappelle Lévi-Strauss. « Un tien vaut mieux que sûr tu l'auras » dit plus simplement le proverbe. Nous y croyons puissamment puisque à travers cet échange dynamique, c'est le désir, dans son potentiel même de progrédience, que nous abandonnons à la sécurité du même. L'ordre établi retrouve en chacun de nous son pendant psychologique. La propagande porte ou la publicité est efficace dans la mesure précisément où nous les souhaitons ardemment.

La morale religieuse opère dans des vecteurs de nature identique. Mieux vaut s'adapter, même pesamment, au fardeau de l'interdit et du péché que d'avoir à se confronter aux méandres délirants de l'inconscient. C'est du moins la proposition économique qu'adoptent bon nombre de sujets. Ou alors, ils optent pour une morale autre, libérale ou de gauche, sartrienne ou philantropique ; peu importe puisque au fond ce qui est en jeu c'est la recherche d'une cohérence qui protège du déferlement, et que cette recherche paraisse suffisamment importante pour justifier le sacrifice qu'on lui offre.

Notre enquête reconduit à une seconde enquête qui serait son inverse : quel est donc, en effet, ce mystérieux désir qui exige contre lui tant de remparts ?

C'est la dualité vie-mort qui nous vient à l'esprit presque aussitôt ; la rythmique des arrêts (paliers) progrédience ; mais cete dualité nous apparaît ici plus comme une loi harmonique que comme un couple d'opposants. Et, du même coup, la réflexion sur la publicité nous conduit au cœur même de la théorie analytique.

La dimension sacrificielle du rituel consommatoire

René Girard, dans *La Violence et Le Sacré*, propose une hypothèse intéressante sur la fonction sociale du rituel. L'animal sacrifié, dit-il, représente et, de ce fait, évite au groupe social, le fratricide agi. Sa thèse a pour objet entre autres, de s'opposer aux énoncés freudiens selon lesquels toute organisation religieuse ou totémique renverrait en essence à une représentation-consécration de l'immortalité/mortalité du Père originel. Et, à coup sûr, Girard ouvre une perspective que Freud taisait sur le lien de parité. Mais ce qui nous apparaît encore plus probant, à la lumière de son texte, c'est que le rituel, le geste religieux ou la cérémonie publique ont pour fonction d'agir sur une scène symbolique des pulsions ou désirs dont l'agissement, sur une scène plus concrète, serait préjudiciable, de façon générale, au plus grand bien du groupe.

Or, la consommation comporte, tout comme le rituel, une dimension sacrificielle. Contrairement à ce qui se passe dans l'échange amical, dans le troc ou dans certaines autres formes de commerce, la consommation (de produits) n'a lieu que contre une cession de son argent — de son pouvoir — au profit d'un objet qui vient sceller l'entente. Au-delà de son évidente fonction économique, il nous semble que cette cession de pouvoir opère de façon extrêmement signifiante au plan symbolique.

Au lieu d'agresser violemment la jeune fille sensuelle qui se profile aux côtés de la Porsche rouge flamboyant, « JE » choisit d'acheter la Porsche (donc cession de sa violence ou de sa libido primaire) et de matérialiser ce contrat rituel par la cession — tout au moins provisoire — de son pouvoir d'achat. Ce faisant, il consent donc — à plus d'un titre — à renforcer l'ordre social qui soutient qu'il vaut mieux savoir secondariser son désir primaire que de l'agir aveuglément. Et il s'assure, de ses semblables, un respect dû à ceux qui « maîtrisent le code ».

La publicité, sous cet éclairage, acquiert un double statut. Elle dirige le regard vers tel ou tel produit, mais surtout devient réellement discours public sur le destin des pulsions de chacun. Aux pulsions qui se cherchent des objets, elle propose des produits que, du même coup, elle désigne comme acceptables. Elle est donc, au sens plein de ce terme, *instance morale*.

Le sacrifice, cependant, n'est pas que matériel. Au-delà du pouvoir d'achat, ce que le « JE » sacrifie ici, c'est également une partie importante tant de sa libido d'objet que de sa libido narcissique.

La réflexion psychanalytique sur le destin du pervers, son manque de créativité et l'absence, finalement, d'une libido qui lui soit propre, éclaire ici le débat de façon dramatique. Joyce McDougall, entre autres, insiste avec raison sur cette permanente reconduction par le pervers de son tableau stéréotypé. Chez Masud Khan, la formulation sera plus lapidaire encore : le pervers, nous dit-il, accepte de se nier lui-même, c'est-à-dire de désavouer les forces de son propre destin, pour s'agripper au palier protecteur de la scène perverse tant l'angoisse l'autre scène qui pourrait, au-dehors de cette fiction figée, avoir cours s'il lui donnait lieu. Il s'agit là, à notre sens, du sacrifice principal propre à la fois au rituel pervers et au geste consommatoire : le sujet s'y détourne lui-même de son propre désir au profit de la survie d'une dyade perverse dans le cas de la perversion, d'un régime collectif dans le cas de la consommation. En termes mahlériens, nous dirions que, pour éviter les affres anticipées de la séparation, le sujet fait ici le deuil de son individuation. Le fratricide n'a pas lieu. La belle fille n'est pas violée. JE achète sa Porsche ou boit sa bière pour éviter que le désir ne s'accomplisse et scelle, de ce sacrifice de soi, tout comme de son pouvoir d'achat, un contrat rituel qui maintient « l'être ensemble » du groupe. Un tel deuil exige une pression énorme et constante. Le rôle que jouent ailleurs la propagande ou l'homélie, le cérémonial ou la fête nationale, est repris en compte par une publicité qui, de ce seul fait, ne peut pas ne pas être et répétitive et omniprésente ; l'enjeu où elle s'insère étant, en effet, trop primordial pour être relégué à l'ombre de la discrétion ou du silence.

Publicités paradoxales et perversion

A première vue, certaines publicités ou certains éléments publicitaires paraissent paradoxaux. Ainsi, dans la publicité déjà analysée (chap. 4) de La Métropolitaine, l'on se demande un peu ce qui attire le spectateur vers un paysage familial aussi morcelé que celui de cette famille américaine tout à fait éclatée. Ailleurs, dans la publicité d'Esso, par exemple (chap. 4), l'on s'interroge sur le comment d'une « séduction » du spectateur à partir d'un système de communications tellement marqué de doubles entraves *(double bind)*. Le sadisme presque à l'état pur se retrouve dans bon nombre de publicités (Absorbine Jr, par exemple) et l'on s'interroge une fois encore sur l'attrait de ces spectacles. On peut même, à ce sujet, suggérer que, dans la plupart des dyades ou interactions parlées représentées dans les publicités télévisuelles, on est en présence de pseudo-mutualité ou de double entrave, de généralisations outrancières ou, de façon plus globale, de modes de communication aux limites du morbide et ce, selon les termes mêmes de l'école de Palo Alto sur les diverses pathologies de la communication (Watzlawick, Bateson et autres).

Notre étonnement provient pourtant d'une méprise profonde tant par rapport à la séduction publicitaire en soi que par rapport à la séduction au sens plus global du terme.

Dans une conception classique de l'acte de séduire, le séduisant se pare de ses plus beaux atours pour induire chez le séductible une sorte de rêve-aspiration : une sorte d'image idéalisée de la relation possible. Ce n'est là, il faut bien l'admettre, qu'un cas extrêmement particulier de séduction possible. C'est le prototype, par exemple, de l'amour courtois ou de la ballade romantique. D'autres démarches sont tout aussi plausibles ; elles risquent même, dans bon nombre de cas, de se révéler infiniment plus efficaces. C'est ainsi que l'on découvre, à l'analyse, que la séduction par idéalisation interposée impose au sujet à séduire un important travail de dépassement-sublimation tandis que le réseau des complicités gratuitement offertes sous forme de clin d'œil paraît dépourvu de toute exigence restrictive. C'est là un avantage immense que la publicité d'objet utilise volontiers à son profit.

— Vous êtes faible ? Embarrassé ? Gêné ? J'ai compris. Moi aussi, d'ailleurs ! N'est-ce pas que l'on peut tout de même s'amuser ensemble ?

Famille éclatée ? Communication pernicieuse ? Qu'à cela ne tienne. L'on ne va quand même pas s'acharner à vous proposer un modèle exigeant de communications parfaitement saines !

Vous vous défendez de votre désir ? Vous souhaitez des paliers où vous reposer plutôt que de poursuivre vos questions jusqu'à leur terme ? Soit. Nous serons complices à compter de là où vous en êtes.

Après tout, est-ce le rôle du miroir de réfléchir l'image de ce qui devrait être ?

Dans le quotidien de la séduction, ne recourons-nous pas, tous et chacun, bien plus à ces clins d'œil pour une facilité consentie qu'à ces idéaux épuisants de parachèvement ?

Le succès de la publicité indique, entre autres, que nous aimons bien être séduits de la sorte.

L'on objectera, sans doute ici, que le théâtre est aussi représentation de ce qui est et qu'il séduit son spectateur grâce à ce type de clins d'œil. Mais, indéniablement et tout à fait contrairement à la publicité, le théâtre à ce propos se donne pour intention de nommer ou de cerner, d'illustrer ou d'approfondir la compréhension d'un conflit. En ce sens, le théâtre ou le cinéma *dérange* son interlocuteur, le provoque ou le stimule. La publicité, dans la mesure où elle a pour mission de présenter les objets propres à assouvir le désir dans ses expressions les plus diverses ne saurait donc à la fois mettre en cause le sujet et le rassurer, c'est-à-dire à la fois ouvrir et fermer un débat humain. Concernée par l'arrêt de la dynamique désirante autour d'un objet = produit, elle visera fondamentalement à clore le débat, voire tout débat. Sinon, elle serait autre chose : une réflexion sur la vie, un essai ou un roman, n'importe, mais elle ne serait plus texte publicitaire.

Evidemment, ici encore, il y a lieu d'introduire un bon nombre de nuances et de ne pas idéaliser, a priori, une sorte de pseudo-réalité qui serait l'art en soi.

Le théâtre ou la peinture, la littérature ou l'architecture sont souvent complaisants, faciles et chatoyants. Il n'est pas évident — a priori — qu'ils dérangent toujours ou nécessairement leur interlocuteur. Il est même plutôt remarquable que le théâtre ou l'art qui dérange trop vieillisse longtemps dans les quartiers les moins recherchés d'une ville avant de rencontrer le succès. L'exemple, assez récent, de Musil reconnu plutôt après sa mort qu'avant est ici éloquent. Et il n'est pas unique.

En revanche, l'on voit maintes pensées, en apparence subversives mais finalement fort complaisantes, trouver preneurs en vertu d'un facteur promotionnel analysable. Lacan, à bien des égards, n'a pas toujours été le plus profond des analystes contemporains mais il a, à coup sûr, su assurer de façon remarquable son auto-publicité. Dans le même sens, certains média ont su trouver dans le monde intellectuel une place enviable non pas toujours en fonction de la pertinence absolue de leur propos mais, au-delà, eu égard à une fonction tout autre : celle en particulier d'assurer à la communauté intellectuelle une relative identité de vues sur des sujets primordiaux. C'est le cas, par exemple, du *Nouvel Observateur* qui s'est donné pour mission une telle propagation de la vérité intellectualo-socialiste en France, ou de *L'Humanité* dans le camp communiste. *Atlantic,* aux États-Unis, aura, d'une certaine manière, une fonction similaire de bréviaire pour les intellectuels. Il est sûr qu'à lui seul ce sujet vaudrait un livre entier.

Ce qu'il importe en revanche d'apercevoir ici c'est que la fonction d'homélie rassurante ou d'institution idéique ne connaît ni frontière ni loi de classe ni d'avis politique : elle nous concerne tous à plus d'un titre. Et, qu'il s'agisse de consommer du Dali — parce que ça se consomme aussi — ou du plus banal *Paris-Match,* l'enjeu est profondément le même. Le tapage autour du discours est identique au bruit qu'on fait autour de la dernière des voitures américaines. L'invitation à s'y réduire, à s'y pervertir, à s'y désamorcer pour se standardiser y est tout aussi opérante.

C'est toujours au sujet et à lui seul qu'il revient, en dernière analyse, de se dépervertir ou de se subvertir. Tout ce que l'on peut dire de l'art utilisé ici comme métaphore c'est qu'il paraît, dans l'ensemble, suggérer davantage de dé-perversion à davantage de gens que la publicité ordinaire. C'est tout.

Le plus publicitaire des messages n'est pas toujours ou nécessairement inscrit sur un panneau-réclame. Quelque part, nous avons tous plus ou moins besoin de propagande pour survivre et nous nous en référons tous, de façon plus ou moins avouée, à de constantes homélies qui nous rassurent sur notre appartenance et sur le devenir téléguidé de nos pulsions.

L'alibi et le signifiant

Au départ de cette recherche, nous avions adopté, à l'instar de maints chercheurs, une position à la fois naïve, et, dirons-nous, paranoïde. La publicité était, dans ce regard, l'objet mauvais. Elle manipulait subtilement notre désir, attirait l'attention malgré la foule et la légende de nos préoccupations. La question que nous posions alors se résumait au comment de cette séduction. Nous étions à la quête de l'artifice ou de l'astuce qui, au creux de la rhétorique, nous happait puis nous détournait de notre « désir réel ».

C'était, en fait, méconnaître profondément la nature même du processus nommé désir.

L'objet « réel » ou « authentique » que nous supposions au

désir n'existe pas. Mais nous continuions à le poursuivre pressentant à coup sûr que, dans le phénomène consommatoire quelque chose était détourné : quelque chose qui, à l'origine, devait donc être dirigé *ailleurs*.

Peu à peu, ce qui s'est éclairé, en revanche, c'est que ce désir à l'état brut était profondément intolérable. Béance sans objet spécifique ; quête d'objet A ou d'absolu, ce mouvement de la libido ne trouvait jamais dans l'univers réel de satiété totale.

Nous le savions, certes, puisque d'autres avant nous avaient parlé de ce phénomène. Mais, nous ne le savions pas non plus, dupes à notre manière de ce détournement publicitaire que nous ne pouvions nommer, pointer du doigt. Or n'est-ce pas là, précisément, au fond de cette duperie, la nôtre, que réside l'essence même du phénomène publicitaire ?

Le désir est béance, insupportable, intolérable, soif d'absolu, manque d'objet A. Le désir appelle la défense. Il sollicite son propre détournement. Et c'est peut-être, finalement, ce que cette étude nous aura simplement rappelé.

On se scandalise volontiers de la propagande ; surtout de la propagande de l'autre : Quelle étroitesse de vue, pensons-nous volontiers. Pourtant la propagande opère à un niveau auquel nous sommes tous extrêmement sensibles. Elle consolide le discours collectif, nous dit Moscovici, projette à l'extérieur du groupe une aire de débat qui, autrement, sera conflictuelle. Nous ajouterions qu'elle prétend nommer, dans le réel, les objets qui « en valent la peine », les débats qui « méritent » nos efforts. Sans elle, peut-être, nous serions en présence de l'affolement de nos pensées. Il y a là matière à réflexion.

Le désir est béance et, partant, recherche à jamais insatisfaite de l'objet de rêve. Certains discours tirent profit de cette mouvance quelquefois inquiétante pour nous proposer des paliers de vie étale ; des crans d'arrêt ; des objets de pseudo-satisfaction. Autrement, et il faut bien le répéter, c'est l'affolement ou, en tout cas, la prise en charge, à un autre niveau, de l'angoisse qui émerge. En ce sens précis, la publicité de produit opère comme une propagande. L'objet qu'elle nous propose n'est *pas l'objet du désir : mais alibi pour ne plus désirer l'objet.* Ce qu'elle projette à l'extérieur du groupe comme « phénomène étrange », c'est la quête de l'objet fantasmatique. Le lieu où elle consolide la pensée collective, c'est la conviction qu'elle propage que ce monde de « libre circulation des biens » contient tous les objets nécessaires à nous satisfaire. Grâce à elle, donc, il n'est plus besoin de désirer.

Au début de la présente recherche nous étions convaincus de ce que la publicité sollicitait puis redirigeait le désir : ce que nous aurions davantage tendance à affirmer maintenant, c'est que la publicité, tout comme la religion, la propagande ou la pornographie, sert davantage à juguler ou enrayer toute forme de désir, à en encourager le refoulement, qu'à en proposer quelque forme d'exploration que ce soit.

Dans la pornographie, tout s'étale, tout s'affiche : tout se vérifie à l'échelle brutalement anatomique des choses. Le désir n'a plus de place. Est-il exploité ? Ce n'est pas évident, mais plutôt désavoué ; contourné. La pornographie se constitue comme *alibi* pour pouvoir éluder le désir tout comme la notion de péché est *alibi* à ne pas explorer l'idée plus angoissante de libre arbitre ou de progrédience.

Qu'avons-nous donc tous à nous effrayer autant du désir et de sa béance ? C'est là, au fond, la vraie question. Dans la publicité de produit, entre autres, ce à quoi nous consentons plus ou moins, c'est à un déplacement du lien ou de la relation vers une circonstance plus ponctuelle, c'est à éviter l'intimité au profit d'une surface de contact expéditive.

Qu'avons-nous donc tous à nous effrayer tant de la béance ?

Le monstre maternel et l'acte illocutoire

L'objet grand A, le signifiant premier S_1, l'absolu pare-béance n'existe pas, se représente à peine (Aulagnier, *Violence de l'interprétation*). Pourtant, tout aussi bien, il est finalement seul à exister, seul à nous dominer, à nous préoccuper vraiment. Surgi de nulle part ; pourtant omniprésent, il nous obsède. C'est encore lui qu'on recherche à travers l'individualisation (l'autre), le pouvoir ou la sexuation. Et cette quête n'aurait ultimement aucune fin vraisemblable si n'intervenait quelque part une voix pour dire « Vous êtes marié, propriétaire, coupable, condamné, père ou mère. » Un voix qui, par son acte illocutoire, tranche dans le réel, impose une date à l'événement, met un terme au plan de l'association. Cette voix, décrite par Ducrot, nommée performative par Austin, n'est pas seulement la voix de la raison ni celle de la juridiction. Elle est l'énoncé du contour possible du désir. Sans elle, on est infiniment en quête de partenaire, à jamais à la recherche de son exacte responsabilité. L'illocutoire ou le performatif tranche dans le vif, prétend savoir, pouvoir délimiter. A partir de là, quelque chose peut se défaire ou se reconstruire. La voix permet l'ancrage.

« J'ai osé » prétend Guy Laroche.

« Quand on est Québécois, on est fier de son choix » raconte Molson.

« Voici les Must » de Cartier.

Tout cela est mensonge, bien sûr.

Cette femme de Laroche allongée sur un banc public près de l'Hudson à Manhattan porte peut-être la dernière création du couturier le plus chic ; elle ose peut-être le décolleté le plus profond qu'on puisse imaginer ; elle reste stéréotypée, parfaitement accordée aux images qui circulent. Elle a acquis les signes à compter de quoi il est permis d'énoncer le « J'ai osé » qu'elle profère publiquement. Elle nous indique la limite actuelle, le rebord à partir duquel, dans le réel contemporain, l'on se doit d'affirmer que l'on a accédé à l'audace absolue.

« J'ai Osé ». « Comme j'ai osé, à travers les modes, choisir mon style ; comme j'ai osé, à la banalité, préférer la beauté ; comme j'ai Osé, malgré les autres, être moi-même ; j'ai osé mon parfum. J'ai osé, nouveau parfum de Guy Laroche ». Curieux message par où la transgression en vient à se confondre avec la totale obéissance au code normatif. La norme à la marge sans ambage se marie : la différence c'est d'être un modèle d'exception ; l'audace, celle de ressembler. Pourtant, du même coup, le lieu s'indique par où il est plausible de donner suite à son désir, tout en s'en *défendant*. Une règle s'énonce par où l'être excentrique connaît l'exacte issue possible de son démêlé avec l'ordre social.

Récupération, dirait à ce propos Marcuse ? Peut-être. Nous disons surtout : empressement à fournir au désir un lieu d'exécution au sens mortifère de ce terme : un lieu où s'assouvir pour ne pas s'accomplir.

« Sensuous but not too far from innocence » dira le texte de Jontue. Tout reste sauf. Le désir est intact. Intouché. Inviolé.

Le masque (Nice'n'Easy) permet à cette femme d'être enfin elle : « It lets me be me. »

« Emeraude, the liquid emerald. »

« Precious. Sensual, Slightly dangerous. »

L'objet grand A, c'est l'image de la mère : la représentation du monstre maternel capable à la fois d'assouvir tous les instincts et d'offrir à son désirant la béatitude fusionnelle la plus totale. L'objet grand A, c'est l'ouverture du nirvâna sur la mort : sur l'ultime jouir. Entre temps, il importe de se convaincre que les

objets du monde réel peuvent satisfaire à quelque chose, peuvent
enrayer le déferlement. La parole est illocutoire : « Vous osez. »
A partir d'ici, de ce parfum, c'est de l'audace. Voilà ce que c'est.
Voilà ce que nous avons prévu, programmé, établi. Voici les
« Must » de Cartier. Les objets bien. Ceux qu'il convient de
posséder. Une route nous est tracée, jalonnée, balisée. Le
produit se présente comme le relais à partir duquel il faudra bien
considérer que l'on a agi son désir ; pour le faire vendre : bien
sûr, mais aussi — et ce n'est pas moins important — pour que le
déferlement désirant cesse quelque part.

Ailleurs, dans l'autre voie, ce qu'il faut assumer, c'est la
confrontation à la béance du désir : le face à face avec le désir qui
ne sait pas très bien où il s'en va ni ce qu'il veut au juste. Mais
ailleurs, c'est aussi la progrédience possible. J'ai Osé à la banalité
préférer la beauté ; malgré les autres, être moi-même. Qui ne le
souhaite pas ? Dans la vie de castration, ce désir passe cependant
par un conflit ou un débat ; par de lentes négociations ou de
difficiles émergences. Ici, l'audace s'achète et le désaveu de
castration s'envole avec l'échange des monnaies d'illusion.

Sera-t-on assez masochiste pour s'avouer sa castration en dépit
d'une telle offrande ?

Pourtant, le rituel consommatoire consigne un autre sacrifice,
celui de l'investissement narcissique de sa propre démarche
d'ouverture à sa béance historique.

Le NOUS tire sa force de tous ces petits investissements qu'on
y dépose en catimini. Le NOUS est une banque multimilliardaire
des petites épargnes de JE qu'on espère y voir fructifier.

Du côté du désir, c'est la chute libre vers la mère béance ; de
l'autre, une grande invitation nous est adressée qui nous propose
de ne pas sombrer dans le désir. L'alibi nous est fourni. Est-ce un
crime, au fond, de ne pas se désirer ? Précieux, sensuel, un rien
dangereux, précise la publicité d'Emeraude de Coty où, dans une
pénombre luxueuse, un couple épris s'enlace tendrement.
L'accent est porté sur ce rien de danger que suggère ce parfum.
Ce rien de dangereux qui permet d'effleurer la relation, d'y
toucher presque sans avoir par ailleurs à s'y engager.

A sa limite génitale, à son palier supérieur, à son échelon le
plus sophistiqué, c'est à ce jouir évitement d'autre jouir que la
publicité accepte de conduire son spectateur. Chatoyances et
couleurs, textures et symétrie des courbes, ombres et brillances,
raffinement de la construction des images, cette publicité-là, celle
du dimanche et celle des magazines de grand luxe s'habille de
soie et de peau de chagrin. Elle est presque odorante à force

d'étaler ses formes et ses coloris magnifiques. On est dans l'antichambre du plaisir. Mais ce n'est que pour apprendre qu'il est dangereux, qu'il vaut mieux l'éviter de justesse. L'abîme s'évanouit. Aux abords de la rampe, un main trop secourable nous soutient fermement. On observe en contre-plongée ce qui pourrait nous advenir, côté mouvance. Nous sommes aux toutes premières loges, mais avec l'absurde assurance de n'entrer jamais en scène. Car il ne faut pas jouir. Si l'on jouissait, l'on ne consommerait peut-être pas. « Sensuous », si, « but not too far from innocence ».

Ouverture pour une subservion

Il n'y a guère d'intérêt à vouloir absolument conclure un ouvrage de cette sorte ; il n'est pas évident, non plus que nous ayons, de toute manière, quelque aphorisme à proposer en pareille circonstance. Pourtant, une sorte de vérité émerge pour nous au bout de ces travaux, une demi-vérité un peu inattendue qui a nom intuition et qui voudrait que la coïncidence historique de l'ère industrielle et de l'ère publicitaire ne prenne pas racine seulement dans des mobiles financiers. Ce qu'il nous semble, en effet, c'est que la publicité n'a pas pour unique fonction l'écoulement des produits de consommation mais qu'elle vise aussi bien la libre circulation des pulsions partielles. Or, si cette intuition est juste, plus l'être se libère du travail et en confie une part importante à la machine, plus il faut veiller avec vigilance à l'informer sur le devenir plausible de ses énergies libidinales. En contrepoids de cette hypothèse, l'on constate, de façon tout à fait parallèle, que l'effrondrement relatif des morales religieuses implique pareillement un transfert de la charge morale à l'appareil para-industriel : sorte d'ultime laïcisation d'une fonction autrefois cléricale au sens premier de l'expression. Parallèlement encore, l'on constate, en des champs connexes, que plus les appareils scientifiques permettent d'ouvrir authentiquement diverses questions, plus il émerge de fabricants de réponses toutes faites. Et que tout se passe donc comme si, à mesure qu'un contact plus intime avec notre béance devenait matériellement possible, nous devenions plus ingénieux à contrer ce mouvement d'éventuelle progrédience.

Evidemment, ce n'est là qu'une hypothèse, et, n'étant pas

historiens, nous ne disposons pas des instruments nécessaires à sa démonstration.

Si elle est juste, cependant, c'est-à-dire s'il est vrai que la morale s'est récemment laïcisée pour ne pas dire post-industrialisée, l'on peut se demander de quelle nature devra être la force subersive capable de faire contrepoids à cette énergie perversive.

Non pas que nous croyions qu'il y ait d'un côté les mauvais pervers et, de l'autre, des subvers géniaux. Ce serait trop simple et le réel semble plutôt se constituer d'une sorte d'équilibre permanent perversion/subversion. Mais nous restons parfois songeurs, quelquefois même inquiets devant une telle disproportion entre les rares énergies subverses et le gigantisme institutionnel des appareils de perversion.

Une telle disproportion est peut-être le fait d'une loi de la nature humaine, c'est en tout cas ce que l'observation nous amène une fois de plus à constater ici. Mais nous restons songeurs. Tout de même...

*
**

Bibliographie

Nous ne donnons ici que les principaux ouvrages qui ont été utilisés pour le présent travail.

1. Publicité

BARTHES, R., *Mythologies*, Paris : Seuil, 1957.

BEDELL, *How to write advertising that sells,* New York : McGraw-Hill.

BOGART, Léo, *La stratégie publicitaire,* Paris : Ed. d'Organisation, 1971.

BOUCHARD, Jacques, *Les 36 cordes sensibles des Québécois,* Montréal : Editions Héritage, 1976.

— *L'autre publicité : la publicité sociétale,* Montréal : Editions Héritage, 1981.

BROCHAND, Bernard et Jacques Lendrevie, *Le publicitor,* Paris : Dalloz, 1983.

BRUNE, François, *Le bonheur conforme,* Paris : Gallimard, 1981.

CADET, André et Bernard Cathelat, *La publicité,* Paris : Payot, 1968.

CHENZ, « Marty Evans... représentant de la 'grande' photographie publicitaire », *Zoom,* 60 (mars 1979), pp. 42-56.

CLUB DES DIRECTEURS ARTISTIQUES, *Bilan,* Paris : 1968-1981.

COLLET, M., *Publicité et Arts graphiques,* Genève : 1969.

DICHTER, E., *La stratégie du désir,* Paris : Fayard, 1961.

DURAND, J., « Rhétorique et Image publicitaire », L'Analyse des images, *in : Communications,* 15 (1970) : pp. 70-96.

ENEL, F., *L'affiche, fonctions, langage, rhétorique,* Paris : Mame, 1971.

GALLI, G., *et al,* « Modelli e valori nella publicita' televisiva », *Quaderni di IKON,* 12 (IV trimestre 1970).

GLATZER, R., *The New Advertising,* New York : The Citadel Press, 1970.

HIRSCHBERG, L., « When You Absolutely, Positively Want the Best », *Esquire* (août 1983), pp. 53-60.

JOANNIS, H., *Le processus de la création publicitaire,* Paris : Dunod, 1978.

KEY, W.S., *Subliminal Seduction,* Englewood, New Jersey : Prentice-Hall, 1973.

— *Media Sexploitation,* New Jersey : Prentice-Hall, 1976.

KLUZER, Andrea, « Consumi sociali e pubblicità », *il millimetro,* 33 (février 1972), pp. 4-31.

LAGNEAU, Gérard, *Le faire-valoir,* Paris : S.A.B.R.I., 1969.

LAVOISIER, Benedicte, *Mon corps, ton corps, leur corps,* Paris : Seghers, 1978.

LEDUC, Robert, *Le pouvoir publicitaire,* Paris : Bordas, 1974.

LEDUC, Robert, *La publicité, une force au service de l'entreprise,* Paris : Bordas, 1982.

« Les mythes de la publicité », *Communications,* 17 (1971), textes de Georges Friedmann, Péninou, Lagneau *et al.*

LONGMAN, *Advertising,* New York : Harcourt Brace Jovanovich.

MANESCAU, J., « Les meilleures campagnes publicitaires de Ben Oynes », *Le photographe,* 1367 (janvier 1980), pp. 39-52.

— « Pub télé : érotisme en direct », *Il,* 49 (mars 1983), pp. 48-55.

OGILVY, D., *Les confessions d'un publicitaire,* Paris : Dunod, 1977.

PÉNINOU, G., *Intelligence de la publicité,* Paris : Laffont, 1978.

PORTER, M., « That's Why the P.C. is a Tramp », *P.C. Magazine* (1983), pp. 329-336.

SÉGUÉLA, J., *Ne dites pas à ma mère que je suis publicitaire,* Paris : Flammarion, 1979.

— *Hollywood lave plus blanc,* Paris : Flammarion, 1982.

SWINNERS, J.L. et J.M. Briet, *Les dix campagnes du siècle,* Marello-Veyrace, 1978.

VICTOROFF, D., *Psychosociologie de la publicité,* Paris : P.U.F., 1970.

— *La publicité et l'image,* Paris : Denoël Gonthier, 1978.

WATIER, Maurice, *La publicité,* Montréal : Pauline & Médiaspaul, 1983.

2. Sémiotique, histoire, sociologie

« L'analyse structurale du récit », *Communications,* 8 (1966), articles de Barthes, Eco, Griti *et al.*

ARENDT, H., *The life of the mind : Thinking,* New York : Brace, Harcourt Jovanovitch, 1978.

— *Willing,* New York : Harcourt Brace Jovanovich, 1978.

BARNICOAT, John, *A Concise History of Posters,* London : Thames and Hudson, 1972.

BARTHES, Roland, *Systèmes de la mode,* Paris : Seuil, 1967.

BAUDRILLARD, J., *Le système des objets,* Paris : Gallimard, 1968.

— *De la séduction,* Paris : Galilée, 1979.

BENVENISTE, E., *Problèmes de linguistique générale,* Paris : Gallimard, 1966.

Brecht, B., *Sur le cinéma,* Paris : L'Arche, 1970.

Castoriadis, C., *L'institution imaginaire de la société,* Paris : Seuil, 1975.

Châtelet, F., *Histoire des idéologies,* Paris : Hachette, 1978.

« Cinéma », *Revue d'Esthétique,* numéro spécial (1973), textes réunis par Dominique Noguez.

Collectif, *Sémiologie de la représentation,* Bruxelles : Complexe, 1975.

Covin, M., « A la recherche du signifiant iconique », *Revue d'Esthétique* (1977).

De Saussure, F., *Cours de linguistique générale,* Paris : Payot, 1960.

Diel, P., *Le symbolisme dans la mythologie grecque,* Paris : Payot, 1966.

Duca, L., *L'affiche,* Paris : P.U.F., Que sais-je, 1969.

Dumont, Fernand, *Les idéologies,* Paris : P.U.F., 1974.

Eco, U., *L'œuvre ouverte,* Paris : Seuil, 1965.
— *La structure absente,* Paris : Mercure de France, 1972.

Foucault, M., *Histoire de la folie à l'âge classique,* Paris : Gallimard, 1972.
— *Surveiller et punir,* Paris : Gallimard, 1975.

Fresnault-Deruelle, Pierre, *L'image manipulée,* Paris : Edilig, 1983.

Gallo, M., *L'affiche, miroir de l'histoire,* Paris : Laffont, 1973.

Genette, G., « Essai d'analyse narrative », *Problèmes d'analyse textuelle* 1971, pp. 177-189.

Girard, René, *La violence et le sacré,* Paris : Grasset, 1972.

Goffman, E., *Les rites d'interaction,* Paris : Minuit, 1974.

Greimas, A.J., *Sémantique structurale,* Paris : Larousse, 1966.
— « Conditions d'une sémiotique du monde naturel », *Langages,* 3-35 (1968).
— *Du sens,* Paris : Larousse, 1971.
— « Image(s) et Culture(s) », *Communications,* 29 (1978), articles de Metz, Rio, Zemsz, *et al.*

Kracauer, S., *De Caligari à Hitler,* Lausanne : L'Age d'Homme, 1973.

Kristeva, J., *Narration et transformation,* Paris : Semiotica, 1964.
— *Recherches pour une sémanalyse,* Paris : Seuil, 1969.
— *Polylogue,* Paris : Seuil, 1977.

Kuntzel, T., « Le travail du film », *Communications,* 23 (1978), pp. 136-190.

Lasch, Christopher, *The Culture of Narcissism,* New York : W.W. Norton & Company, 1978.

Lévi-Strauss, C., *La pensée sauvage,* Paris : Plon, 1962.
— *Anthropologie structurale deux,* Paris : Plon, 1973.

Les sciences humaines et l'œuvre d'art, Bruxelles : La Connaissance, 1969, textes de Marin, Lascault, *et al.*

Lyotard, J.F., *Discours, Figure,* Paris : Klincksieck, 1971.
— *Economie libidinale,* Paris : Minuit, 1974.

Marin, Louis, *Etudes sémiologiques,* Paris : Klincksieck, 1972.

MARTINEZ A., *Eléments de linguistique générale,* Paris : Armand Colin, 1970.

MELON, M., *La télévision dans la famille et la société moderne,* Paris : Les éditions sociales, 1969.

METZ, C., « Remarques sur le mot et sur le chiffre », *La linguistique* (1967).

— « Spécificité des codes et spécificité des langages », *Semiotica* (1969).

— *Langage et cinéma,* Paris : Larousse, 1970.

— *Essais sur la signification au cinéma,* I, II, Paris : Klincksieck, 1968-72.

— « L'étude sémiologique du langage cinématographique », *Revue d'Esthétique,* 2-3-4 (1973).

— « Le film de fiction et son spectateur », *Communications,* 23 (1975a), pp. 108-136.

— « Le signifiant imaginaire », *Communications,* 23 (1975b), pp. 3-56.

MORIN, Edgar, *La méthode : La nature de la nature,* Paris : Seuil, 1977.

NIGLI, A., *International Poster Annual,* Tefven, 1967.

PROPP, V., *Morphologie du conte,* Paris : Seuil, 1965.

ROPARS-WILLEUMIER, Marie-Claire, *L'écran de la mémoire,* Paris : Seuil, 1970.

— *Le texte divisé,* Paris : P.U.F., 1981.

SEARLE, J., *Les actes du langage,* Paris : Flammarion, 1978.

SERRES, M., *La naissance de la physique dans le texte de Lucrèce,* Paris : Minuit, 1977.

— *Le parasite,* Paris : Grasset, 1980.

TCHAKHOTINE, S., *Le viol des foules par la propagande politique,* Paris : Gallimard, 1952.

TODOROV, T., *Dictionnaire encyclopédique des sciences du langage,* Paris : Seuil, 1972.

VERNET, M., *La diffraction paradigmatique et syntagmatique,* Bruxelles : Degris, 1973.

WALDAMN, Diane, *Mark Rothko 1903-1970,* New York : Harry N. Abrams in collaboration with the Solomon R., Guggenheim Foundation, 1978.

WARNER, Rex, *The Stories of the Greeks,* New York : Farrar, Straus & Giroux, 1967.

YANKER, Gary, *Prop Art,* Paris : Planète, 1972.

3. Psychanalyse

ABRAHAM, Karl, *Œuvres complètes Tome I,* Paris : Payot, 1965.

AMADO, G., *Fondements de la psychopathologie,* Paris : P.U.F., 1982.

ARLOW, J.A., « Ego psychology and the study of mythology », J. Amer.

Psychoanal. Assn, 9 (1961), pp. 371-393.
— « Fantasy, memory and realty testing », *Psychoanal. Q.*, 38, (1969), pp. 28-51.
ARLOW, J.A. et C. Brenner, *Psychoanalytic Concepts and the Structural Theory*, New York : Int. Univ. Press.
BETTELHEIM, B., *Les blessures symboliques*, Paris : Gallimard, 1971.
— *Psychanalyse des contes de fées*, Paris : Robert Laffont, 1976.
BIGRAS, J., *Les images de la mère*, Montréal : Hachette, 1971.
BION, W.R., *Aux sources de l'expérience*, Paris : P.U.F., 1979.
— *Eléments de la psychanalyse*, Paris s: P.U.F., 1980.
— *Transformations*, Paris : P.U.F., 1982.
BOUVET, M., *Œuvres psychanalytiques*, Paris : Payot, 1967.
BOWLBY, John, *Separation, Anxiety and Anger*, New York : Basic Books, Inc. 1973.
« Cinéma et Psychanalyse II », *Ça Cinéma*, 16, articles de Metz, Bellour, Rose, *et al.*
DE M'UZAN, M., *De l'art à la mort*, Paris : Gallimard, 1977.
Désir et Perversion : textes de Joyce McDougall, De M'Uzan *et al.*, Paris : Seuil, 1967.
DUFRENNE, Roger, *Bibliographie des écrits de Freud*, Paris : Payot, 1973.
ENRIQUEZ, E., *De la horde à l'Etat*, Paris : Gallimard, 1983.
Entretiens sur l'art et la psychanalyse (Cerisy-la-Salle, 1962), La Haye : Mouton, 1968, articles de Clancier, Green, *et al.*
FENICHEL, *The Psychoanalytic Theory of Neurosis*, New York : Vail-Ballou Press, 1945.
FRÈUD, S., *Cinq psychanalyses*, Paris : P.U.F., 1954.
— *Inhibition, symptôme et angoisse*, Paris : P.U.F., 1951.
— *Délire et rêve, dans la Gradiva de Jensen*, Paris : Gallimard, 1943.
— *Essais de psychanalyse appliquée*, Paris : Gallimard, 1933.
— *Malaise dans la civilisation*, Paris : P.U.F., 1971.
— *Totem et tabou*, Paris : Gallimard, 1911.
GREEN, A., *Narcissisme de vie, narcissisme de mort*, Paris : Minuit, 1983.
GREENSTADT, M. William, « Heracles : A heroic figure of the rapprochement crisis », *International Review of Psycho-Analysis*, vol. 9, part. I (1982), pp. 1-23.
GRUMBERGER B., *Le narcissisme*, Paris : Payot, 1971.
HAINEAULT, D.-L., *L'arrache-désir*, Interprétation (1979), pp. 255-64.
HAINEAULT, D.-L et J.-Y. Roy, Les dieux que l'on consomme *in :* Recherches québécoises sur la télévision, Montréal : Ed. coopératives Albert St-Martin, 1980.
JACOBSON, Edith, *Le soi et le monde objectal*, Paris : P.U.F., 1975.
IRIGARAY, Luce, *Ce sexe qui n'en est pas un*, Paris : Minuit, 1977.
KHAN, Masud, *Le soi caché*, Paris : Gallimard, 1976.
— *Figures de la perversion*, Paris : Gallimard, 1981.
KLEIN, Mélanie, *Essais de psychanalyse*, Paris : Payot, 1968.

KLEIN, Mélanie, Paula Heimann et Roger Money-Kyrle, *New Directions in Psycho-analysis*, Londres : Maresfield Reprints, 1977.

KRYS, *Psychanalyse de l'art*, Paris : P.U.F., 1978.

KRISTEVA, Julia, *Pouvoirs de l'horreur*, Paris : Seuil, 1980.

— *Histoires d'amour*, Paris : Denoël, 1983.

LACAN, J., *Ecrits*, Paris : Seuil, 1966.

LACAN, J., *Séminaire XI : Les quatre concepts fondamentaux de la psychanalyse*, Paris : Seuil, 1973.

LECLAIRE, S., *On tue un enfant*, Paris : Seuil, 1975.

— *Rompre les charmes*, Paris : Inter Editions, 1981.

LUSSIER, A., *Les déviations du désir*, Montréal (1, 2, 3 et 4 sept. 82), quarante-deuxième congrès des psychanalystes de langue française.

MacDOUGALL, J., *Plaidoyer pour une certaine anormalité*, Paris : Gallimard, 1978.

— *Théâtres du Je*, Paris : Gallimard, 1982.

MAHLER, Margaret, *Psychose infantile*, Paris : Payot, 1973.

MAJOR, R., *Rêver l'autre*, Paris : Aubier-Montaigne, 1977.

— *L'agonie du jour*, Paris : Aubier Montaigne, 1979.

MELTZER, D., *Le processus psychanalytique*, Paris : Payot, 1971.

— *Les structures sexuelles de la vie psychique*, Paris : Payot, 1977.

Metaphor and Thought, Edité par Andrew Ortony, Londres : Cambridge University Press, 1979.

MONTRELAY, Michèle, *L'ombre et le nom*, Paris : Minuit, 1977.

MOSCOVICI, Serge, *La psychanalyse, son image et son public*, Paris : P.U.F., 1961.

— *Introduction à la psychologie sociale*, 1 et 2, Paris : Larousse, 1972-1973.

OLIVIER, C., *Les enfants de Jocaste*, Paris : Denoël Gonthier, 1980.

PONTALIS, J.B., *Entre le rêve et la douleur*, Paris : Gallimard, 1977.

Psychanalyse des arts de l'image, Colloque de Cerisy, Paris : Clancier-Guenaud, 1981, textes d'Anne Clancier, Henriette Bessis, *et al.*

« Psychanalyse et Cinéma », Textes de Metz, Kristeva et Rosolato, *Communications*, 23 (1975).

« Psychanalyse et engagement », *Interprétation*, vol. 3, n° 3 (juillet-septembre 1969).

REIK, Theodor, *Listening with the Third Ear*, New York : Farrar Straus Giroux, 1983.

ROY, J.-Y., *Etre psychiatre*, Montréal : Etincelle, 1977.

SEARLES, H., *L'effort pour rendre l'autre fou*, Paris : Gallimard, 1977.
— *Le contre-transfert*, Paris : Gallimard, 1981.

TRISTANI, J.L., *Le stade du respir*, Paris : Minuit, 1978.

VIDERMAN, S., *La construction de l'espace analytique*, Paris : Denoël, 1970.

— *Le céleste et le sublunaire*, Paris : P.U.F., 1977.

VOLMATR, Wiart, *Art and Psychopathology,* Amsterdam : Excerta
  Medica Foundation, 1969.
WINNICOT, D.W., *Jeu et réalité,* Paris : Gallimard, 1975.
— *De la pédiatrie à la psychanalyse,* Paris : Payot, 1969.

Index des principales publicités utilisées

Table des matières

ACHEVÉ D'IMPRIMER EN SEPTEMBRE 1984.
SUR LES PRESSES DE JUGAIN IMPRIMEUR S.A.
A ALENÇON (ORNE)
DÉPÔT LÉGAL : NOVEMBRE 1984
N° D'ÉDITEUR : 1734
N° D'IMPRIMEUR : 22925